PELHAM

OUVRAGES DU MÊME AUTEUR

QUI SE VENDENT A LA MÊME LIBRAIRIE

Œuvres de sir Edward Bulwer Lytton, traduites de l'anglais, sous la direction de P. Lorain. 25 vol.

Eugène Aram. 2 vol.
Devereux. 2 vol.
Ernest Maltravers. 1 vol.
Le dernier des Barons. 2 vol.
Le Désavoué. 2 vol.
Le dernier jour de Pompéi. 1 vol.
Mémoires de Pisistrate Caxton. 2 vol.
Mon Roman. 2 vol.
Paul Clifford. 2 vol.
Qu'en fera-t-il? 2 vol.
Rienzi. 2 vol.
Zanoni. 2 vol.
Alice ou les Mystères. 1 vol.

COULOMMIERS — Typ. A. MOUSSIN

SIR EDWARD BULWER LYTTON

PELHAM

OU

AVENTURES D'UN GENTLEMAN

TOME SECOND

PARIS

LIBRAIRIE HACHETTE ET Cie

79, BOULEVARD SAINT-GERMAIN, 79

1874

PELHAM

CHAPITRE LVIII

Ma brochure eut un succès prodigieux. On en attribua la paternité à l'un des membres les plus habiles de l'opposition, et quoiqu'il y eût çà et là quelques écarts de style et (j'y pense maintenant, mais alors je n'y songeais guère, autrement je ne les aurais pas commis) quelques sophismes ; cependant elle atteignit le but que se propose l'ambition dans tous les genres, elle fut goûtée du public.

Quelque temps après, je descendais l'escalier du cercle d'Almack, lorsque j'entendis une altercation vive et bruyante qui avait lieu à l'entrée du salon de réception. A ma grande surprise, je vis lord Guloseton et un très-jeune homme, tous deux fort courroucés. Ce dernier venait pour la première fois à Almack et il avait oublié d'apporter sa carte d'introduction. Guloseton, qui appartenait à un tout autre monde que celui d'Almack, prétendait que son nom seul devait servir de garantie et d'introduction à son jeune ami. L'inspecteur des billets était irrité et inflexible. Comme il avait vu rarement ou peut-être même jamais lord Guloseton lui-même, il ne tenait aucun compte de son nom et de son autorité.

Comme je prenais mon manteau pour sortir, Guloseton s'adressa à moi, car la passion rend les hommes communicatifs. Enchanté d'avoir une bonne occasion de faire la connaissance de cet Épicurien, je m'offris à faire ouvrir les portes du cercle à son ami à l'instant même. L'offre fut acceptée avec empressement, et grâce à un mot écrit au crayon par lady *** le gardien des enfers, Caron, fut apaisé, et le malheureux put traverser tranquillement le Styx pour pénétrer jusqu'à l'Élysée.

Guloseton m'accabla de remercîments. Je remontai l'escalier avec lui, je manœuvrai de façon à me mettre dans ses bonnes grâces, je me fis inviter à dîner, pour le lendemain, et je revins enchanté de ma bonne fortune.

A huit heures du soir, le lendemain, je faisais mon entrée dans le salon de lord Guloseton. C'était un petit appartement meublé avec un grand luxe et avec assez de goût. Une Vénus du Titien, placée au-dessus de la cheminée, étalait la richesse et les grâces voluptueuses de sa beauté sans voile. De chaque côté se voyait un tableau à la touche délicate et aux tons dorés, de Claude le Lorrain ; c'étaient les seuls paysages qu'il y eût dans ce salon. Les autres tableaux étaient plus en harmonie avec la Vénus du luxurieux Italien. Il y avait un chef-d'œuvre de Peter Lely, une admirable copie du tableau : Héro et Léandre ; sur la table les *Basia* de *Johannes Secundus* et quelques ouvrages français sur la gastronomie.

Quant au *genius loci*, figurez-vous un homme de taille moyenne, d'un âge moyen, ayant les apparences d'une santé plutôt délicate que florissante. A le voir, rien n'annonçait qu'il fût adonné à la bonne chère. Ses joues n'étaient ni gonflées ni bouffies, son corps sans être mince, était cependant d'une obésité légère à porter, l'extrémité de son organe nasal avait, il est vrai, une teinte un peu plus rouge que le reste ; son front était haut et chauve, et quelques mèches qui l'ombrageaient encore étaient disposées avec art et bouclées à l'antique. Une paire de gros sourcils grisonnants que ce noble personnage avait, on ne sait pourquoi, l'habitude de relever et d'abaisser alternativement en parlant, protégeaient deux petits yeux ronds, perçants, malins, d'un vert tendre, qui roulaient sans cesse dans leurs orbites. Sa large bouche et ses lèvres épaisses, toujours souriantes, avaient une expression sensuelle.

Tel était lord Guloseton. À ma grande surprise, je ne vis pas paraître d'autre invité que moi.

« Un nouvel ami, me dit-il, comme nous descendions à la salle à manger, est commé un nouveau plat, il ne faut le partager avec personne si l'on veut en jouir et le déguster comme il faut.

— Voilà un noble précepte, lui dis-je avec enthousiasme. De tous les vices, le plus pernicieux est une hospitalité où l'on admet tout le monde sans distinction. Elle ne nous permet ni de causer ni de dîner ; et, réalisant la fable mythologique de Tantale, elle nous laisse mourir de faim au milieu de l'abondance.

— Vous avez raison, me dit Guloseton d'un air solennel, je n'invite jamais plus de six personnes à dîner, et je ne dîne jamais hors de chez moi ; car un mauvais dîner, monsieur Pelham, un mauvais dîner est la plus sérieuse, je le répète, la plus sérieuse de toutes les calamités.

— Oui, répliquai-je, car c'est une calamité sans remède ; un ami enterré peut être remplacé par un autre, l'honorabilité même se regagne, et l'on peut réparer une constitution délabrée. Un dîner perdu ne se remplace jamais, il en faut faire son deuil. L'appétit une fois chassé ne saurait revenir avant que l'estomac ait accompli de nouveau le travail long et compliqué qui le rend apte au grand œuvre de la digestion.

— Vous parlez comme un oracle, comme « *l'Oracle des cuisiniers,* » monsieur Pelham. Voulez-vous de ce potage à la *Carmélite* ? Mais qu'allez-vous faire de cet étui ?

— Cet étui, lui dis-je, contient ma cuillère, mon couteau et ma fourchette. La nature m'a affligé d'un défaut auquel je tâche de remédier par l'art, voilà pourquoi je me sers de ces instruments ; autrement dit je mange *trop vite.* C'est une très-malheureuse infirmité, car cela vous force à engloutir en une minute ce que l'on devrait savourer pendant cinq minutes à loisir. C'est un vice qui émousse le plaisir et qui l'abrége, c'est une affreuse profanation, une triste dilapidation d'un des bienfaits les plus précieux dont nous ait gratifiés la Providence. Aussi avais-je la conscience tourmentée ; mais cette habitude invétérée et datant de ma première enfance était difficile à vaincre. A la fin je résolus d'inventer pour mon usage une cuillère de si petite dimension, et une fourchette si mignonne, que je ne pusse porter à ma bouche que de très-petits morceaux ; et un couteau tellement émoussé et ébréché, que je fusse obligé de prendre un temps raisonnable pour découper les biens gastronomiques que le ciel mettrait à ma portée. Mylord, l'aimable Thaïs est assise près de moi sous la forme d'une bouteille de madère, permettez-moi d'en boire un verre avec vous.

—Avec plaisir, mon bon ami ; buvons à la mémoire des Carmélites à qui nous devons ce potage inimitable.

— Oui, m'écriai-je, laissons de côté les préjugés de sectes, et rendons justice à ces solitaires incomparables, qui, retirés loin des soucis, des vanités et des péchés de ce monde, se consacrèrent avec un zèle et une ardeur pieuse à perfectionner la théorie et la pratique de la science gastronomique. Il nous était réservé de payer un juste tribut de reconnaissance à la mémoire de ces illustres reclus qui, au milieu des horreurs et des ténèbres de la barbarie, enfermés dans la solitude de leurs cloîtres, nous ont gardé intacts le dépôt et la tradition du luxe et des délicatesses romaines, dont grâce à eux nous avons encore aujourd'hui le secret. Buvons donc à la secte des Carmes, mais buvons aussi aux moines en général. Si nous avions vécu à cette époque, nous aussi nous aurions été moines !

— C'est une chose bien curieuse, me dit lord Guloseton, (entre parenthèse, comment trouvez-vous ce turbot ?) que l'histoire de la cuisine. On y trouve de puissants enseignements de morale et de philosophie. Les anciens paraissent avoir apporté plus de spiritualisme et d'imagination pure que nous, dans l'invention de leurs mets. Ils nourrissaient leur corps, comme leur esprit, d'illusions ; par exemple ils attachaient un prix inestimable aux langues de rossignols, et en mangeant l'organe musical de ces oiseaux ils se figuraient déguster leur musique même. C'est là ce que j'appelle la poésie de la gastronomie.

— Oui, lui dis-je avec un soupir, ils ont sans doute eu

l'avantage sur nous en quelques points. Qui pourrait songer sans regrets et sans envie aux fameux soupers d'Apicius ? Le vénérable Ude insinue que cet art n'a pas fait de progrès. La cuisine (dit-il, dans la première partie de son ouvrage) ne compte que peu de novateurs.

— C'est avec la plus grande défiance de nous-mêmes, me dit Guloseton, la bouche pleine de vérités et de turbot, que nous devons nous hasarder à être d'un avis différent de celui de ce grand homme. En vérité, ma vénération pour son autorité et sa sagesse est telle que, si j'avais d'un côté l'évidence et la raison, de l'autre la parole du grand Ude, j'inclinerais, que dis-je ? je *me sentirais déterminé* à passer quand même de son côté.

— Bravo ! lord Guloseton, m'écriai-je avec enthousiasme, *qu'un cuisinier est un mortel divin !* Pourquoi ne serions-nous pas fiers de nos connaissances en cuisine ? n'est-ce point l'âme des fêtes en tout temps et à tout âge ? Combien de mariages ont été le résultat d'un dîner de gala ! Combien de bonnes fortunes ont été la conséquence d'un bon souper ! A quel moment de notre existence sommes-nous plus heureux que quand nous sommes à table ? Là, toute haine, toute animosité sommeillent, et le plaisir règne seul. Là, le cuisinier habile et attentif sait aller au-devant de nos goûts par le choix heureux des mets et la décoration élégante de la table. Là, nous trouvons la satisfaction de nos désirs ; notre esprit et notre corps se retrempent, et nous devenons aptes à goûter les délices de l'amour, de la musique, de la poésie, de la danse et de tous les plaisirs. Est-il juste de reléguer l'homme dont le talent a produit de si beaux résultats, au rang infime de simple domestique ?

— Ouî, s'écrie le vénérable maître lui-même, dans un vertueux et prophétique paroxisme d'indignation : oui, mes disciples, si vous suivez attentivement les préceptes que j'ai formulés, l'amour-propre des hommes finira par être vaincu et ils avoueront à la fin, que la cuisine doit être rangée au nombre des sciences, et que ceux qui la professent méritent le nom d'artistes.

— Cher, cher monsieur, me dit Guloseton dans un élan

chaleureux et sympathique, je découvre en vous des sentiments semblables aux miens. Buvons ensemble à la prolongation des jours du vénérable Ude.

— De tout mon cœur, lui dis-je, en remplissant mon verre jusqu'au bord.

— Quel malheur, reprit Guloseton, qu'Ude dont la science pratique était si parfaite, ait écrit ou laissé écrire par d'autres l'ouvrage qui a été publié sous son nom ! Il est vrai que l'introduction dont vous venez de réciter un passage avec tant d'âme, est composée avec une grâce et un charme inimitables ! mais les préceptes du livre sont insipides et même si erronés parfois, que nous avons lieu d'en suspecter l'authenticité. Mais, après tout, la cuisine n'est pas susceptible de devenir jamais une science écrite ; c'est une philosophie pratique.

— Ah ! par Lucullus, m'écriai-je, en interrompant mon hôte, que voilà une Béchamelle idéale ! oh ! quelle inimitable sauce ; voilà des poulets dignes de l'honneur qu'on leur a fait de les servir sur votre table ! Mylord, croyez-moi, de votre vie n'acceptez de poulet à la campagne :

> J'ai toujours redouté la volaille perfide
> Qui brave les efforts d'une dent intrépide,
> Souvent par un ami dans les champs entraîné,
> J'ai reconnu le soir le coq infortuné
> Qui m'avait le matin, à l'aurore naissante,
> Réveillé brusquement de sa voix glapissante ;
> Je l'avais admiré dans le sein de la cour ;
> Avec des yeux jaloux j'avais vu son amour.
> Hélas, le malheureux, abjurant sa tendresse,
> Exerçait au souper sa fureur vengeresse.

Pardonnez la longueur de ma citation en faveur de son à-propos.

— Je pardonne, je pardonne, me répondit Guloseton en riant de bon cœur de cette tirade ; puis s'arrêtant tout à coup, il me dit : Soyons sérieux, monsieur Pelham, il ne faut pas rire, cela pourrait troubler notre digestion.

— C'est vrai, répondis-je en reprenant mon sérieux, et si vous voulez me permettre encore une citation, vous verrez ce que dit mon auteur d'un dîner interrompu :

Défendez que personne, au milieu d'un banquet,
Ne vous vienne donner un avis indiscret,
Écartez ce fâcheux qui vers vous s'achemine :
Rien ne doit déranger l'honnête homme qui dîne.

— Admirable précepte ! dit Guloseton qui était aux prises avec un *filet mignon de poulet*. Vous rappelez-vous ce que fit le bailly de Suffren, alors qu'il était dans l'Inde, un jour qu'il fut dérangé de son dîner par une députation de gens du pays. « Dites-leur, répondit-il, que la religion chrétienne défend formellement à tout chrétien, lorsqu'il est à table, de s'occuper d'autre chose que de manger. » La députation se retira pénétrée du plus profond respect pour la dévotion de l'amiral français.

— Très-bien, dis-je après que nous nous fûmes épanouis gravement et tranquillement pendant quelques minutes pour donner à notre digestion le temps de bien s'établir ; très-bien, l'invention était bonne assurément, mais l'idée n'était pas absolument neuve, car les Grecs estimaient que manger et boire copieusement c'était rendre hommage aux Dieux. Aristote explique le sens du mot Θοιναι qui veut dire festins, par une dissertation étymologique d'où il résulte que l'on regardait comme un devoir de l'homme envers la Divinité, de s'enivrer ; cela donne assez bonne idée de nos modèles classiques de l'antiquité. Dans le Cyclope d'Euripide, Polyphème, qui était sans aucun doute un profond théologien, dit que son estomac est son seul Dieu ; Xénophon nous apprend que les Athéniens dépassant tous les autres peuples par le nombre de leurs divinités, les dépassaient également par le nombre de leurs festins. Votre Seigneurie veut-elle que je lui serve une de ces cailles ?

— Pelham, mon enfant, dit Guloseton dont les yeux commençaient à rouler dans leurs orbites et à briller d'un éclat proportionné à la quantité et à la variété des liquides qu'il s'était assimilés, j'aime votre littérature classique. Polyphème était un garçon d'esprit, de beaucoup d'esprit, et ça a été une indignité de la part d'Ulysse de lui crever l'œil. Il n'est pas étonnant que cet ingénieux sauvage se fît un dieu de son estomac ; n'était-ce pas pour lui sur cette terre, la source d'où découlaient visiblement les plaisirs les plus vifs, les délices les plus ravissantes et les plus constantes ? Il était tout naturel qu'il honorât cette source de jouissances et qu'il lui fît des offrandes pieuses ; imitons un si bel exemple. Faisons des réceptacles de notre digestion, un temple auquel nous consacrerons les biens les plus précieux que nous possédions ; qu'il n'y ait point de sacrifice pécuniaire trop grand pour nous quand il s'agira de faire à notre autel un don digne de notre divinité ; regardons comme une impiété d'hésiter en face d'une sauce extravagante ou d'un ortolan hors de prix ; et que le dernier acte de notre existence sublunaire soit un festin solennel en l'honneur de notre estomac, notre bienfaiteur de tous les jours.

— Amen, dis-je, l'épicuréisme en gastronomie est la clef de toute moralité. En effet, ne voyons-nous pas combien on est coupable de se laisser aller à une intempérance exagérée et dégoûtante ? Ne serait-ce pas faire preuve d'une ingratitude impardonnable envers cette grande source de jouissances que de la surcharger d'un poids qui l'oppresserait, la rendrait languissante, harassée, et lui ferait souffrir de cruelles douleurs ; et enfin de couronner cette œuvre impie par l'ingurgitation de quelque boisson nauséabonde dont le résultat serait de révolter notre divinité, de la torturer, de la bouleverser, de l'irriter, de l'affaiblir et de porter le trouble dans tout son être. Combien nous avons tort de nous abandonner à la colère, à la jalousie, aux projets de vengeance et à toutes les mauvaises passions ; en effet tout ce qui agit sur l'esprit ne réagit-il pas en même temps sur l'estomac ? Et comment pouvons-nous être assez vicieux, assez endurcis, pour oublier, un seul instant, nos devoirs envers ce que vous avez si justement désigné sous le nom de notre bienfaiteur perpétuel.

— Vous avez raison, me dit lord Guloseton, buvons une rasade à la moralité de l'estomac. »

On servit le dessert. « J'ai bien dîné, dit Guloseton en étendant les jambes avec un air de suprême satisfaction. Mais (et ici mon philosophe soupira profondément) *nous ne pouvons plus dîner d'ici à demain !* Heureux, trois

fois heureux, le menu peuple qui peut souper ! Plût au
ciel que j'eusse un appétit perpétuel. Hélas ! instabilité des
joies humaines ! Mais puisque pour le moment nous n'avons
plus rien à désirer, livrons-nous à des joies rétrospectives.
Que pensez-vous du *veau à la Dauphine ?*

— Permettez-moi d'hésiter à donner mon avis avant
d'être éclairé par le vôtre.

— Eh bien, à dire vrai, j'avoue que j'ai été quelque peu
mécontent, désappointé, à l'endroit de ce plat ; le fait est
que le veau doit être tué dès sa plus tendre enfance. On le
laisse trop grandir ; il devient alors quelque chose d'hybride
qui n'a du veau que l'insipidité, et du bœuf que la dureté.

— Oui, lui dis-je, la seule supériorité des Français sur
nous est dans le veau. Toutes leurs autres viandes manquent de ce jus rouge, de cette fraîcheur et de cette élas-
ticité qui caractérisent les nôtres.

— Monsieur L*** convient de ce fait avec une candeur
digne de sa grande âme. Mon Dieu! quel Bordeaux! quel
corps, et permettez-moi d'ajouter quelle âme !

— Ce vin-là n'est pas fait pour être bu, il ne devrait
être permis que de le goûter. Est-il possible, mylord, qu'il
ne soit point d'usage de servir des parfums au dessert, ne
seraient-ils pas bien là à leur place ? La confiserie (délicate
invention des sylphes) imite la forme de la rose et celle du
jasmin ; pourquoi n'emprunte-t-elle pas leurs odeurs ?
Qu'est-ce que la nature sans parfums? Tant que notre
dessert en sera privé, c'est en vain que le Barde s'écriera :

> ... L'observateur de la belle nature
> S'extasie en voyant des fleurs en confiture !

— Vous avez eu là une idée exquise, dit Guloseton, et
la première fois que nous dînerons ensemble, nous aurons
des parfums. Un dîner digne de ce nom doit s'adresser à
tous les sens à la fois :

> Joie au cœur, au toucher, au goût, à tous les sens !

Après un instant de silence, — Mylord, lui dis-je, quelle
succulence dans cette poire! Cela ressemble au style des

vieux poëtes anglais. Que pensez-vous de la bonne entente apparente qui a lieu entre M. Gaskell et les Whigs.

— Je m'en tourmente peu, répliqua Guloseton en se servant des confitures, la politique trouble la digestion. »

Bien, me dis-je, si je m'attaque à l'épicuréisme de cet homme, je n'en tirerai rien ; attaquons-le sur un autre point ; tous les hommes sont vains, il s'agit de découvrir où mon hôte met sa vanité.

« Les Ultra-Tories, lui dis-je, affectent une sécurité absolue ; ils ne tiennent aucunement compte des membres du juste milieu. L'autre jour, lord *** me disait qu'il s'inquiétait fort peu de M. *** quoiqu'il disposât de quatre voix. Vit-on jamais pareille arrogance !

— Certes ! dit Guloseton, d'un air de nonchalance et de profonde indifférence. Aimez-vous les olives ?

— Non, lui dis-je, je ne les aime pas ; ce goût aigre mêlé à une saveur huileuse, offense la délicatesse de mon palais. Mais, comme je vous le disais, les Whigs au contraire se mettent en frais pour leurs partisans ; c'est un parti dont un homme d'un rang élevé et d'une grande fortune jouissant de quelque influence parlementaire n'aurait pas de peine à devenir le chef, sans encourir aucun des ennuis attachés en général à une pareille situation.

— C'est très-possible, » dit Guloseton d'un air assoupi.

Il faut que je change de batterie, me dis-je. Tandis que je songeais à un nouveau plan d'attaque, un domestique entra et me remit le billet suivant.

« Au nom du ciel, Pelham, descendez ; je vous attends
« dans la rue, venez à l'instant si vous ne voulez pas qu'il
« soit trop tard pour me rendre le service que j'attends de
« vous. »

« R. GLANVILLE. »

Je me levai aussitôt. « Excusez-moi, dis-je à lord Guloseton, on me demande sans retard.

— Ha ! ha ! fit le gourmand en riant, je sais ce que c'est, quelque gibier appétissant : *Post prandia Callirhoë !*

— Mon cher lord, lui dis-je, sans répondre à son insinuation, je suis au désespoir de vous quitter.

— Et moi de vous voir partir ; c'est une véritable bonne fortune que d'avoir à dîner une personne comme vous.

— Adieu ! mon hôte. — *Je sais vivre et manger en sage.* »

CHAPITRE LIX

Je trouvai Glanville se promenant devant la porte, d'un pas rapide et inégal.

« Dieu soit loué ! me dit-il, sitôt qu'il me vit ; j'ai été deux fois chez Mivart pour vous rencontrer. La seconde fois, j'ai trouvé votre domestique qui m'a dit où vous étiez. Je vous connais assez pour être sûr de votre amitié. »

Glanville s'arrêta brusquement ; et après un instant de silence il me dit à voix basse et en parlant vite : « Le service que j'ai à vous demander c'est d'aller trouver immédiatement sir John Tyrrell avec un cartel de ma part. Depuis la dernière fois que je vous ai vu, j'ai donné la chasse en vain à cet homme. Il avait quitté Londres ; il y est revenu ce soir et doit en repartir demain ; vous n'avez pas de temps à perdre.

— Mon cher Glanville, lui dis-je, je ne désire point apprendre les secrets qu'il vous convient de me cacher ; mais laissez-moi vous demander quelques instructions plus précises : comment dois-je provoquer en votre nom sir John Tyrrell ? et quelle réponse dois-je faire aux excuses qu'il pourrait présenter ?

— J'ai prévu votre demande, me dit Glanville avec une impatience mal dissimulée, vous n'avez qu'à lui remettre ce papier, cela évitera toute discussion. Lisez-le, je ne l'ai laissé décacheté que pour cela. »

Je jetai les yeux sur la lettre que Glanville avait remise entre mes mains, elle était ainsi conçue :

« Le temps est enfin venu pour moi de vous demander
« une satisfaction si longtemps différée. Le porteur de ce
« billet, qui est probablement connu de vous, conviendra,
« avec telle personne que vous désignerez, du lieu et de
« l'heure de notre rencontre. Il ignore la nature des torts
« dont j'ai à me plaindre de votre part, mais il s'en rap-
« porte à mon honneur ; votre second, je le présume, en
« agira de même avec vous. Quant à moi j'ai le droit de
« ne pas croire à *votre honneur* et de déclarer hautement
« que vous n'avez ni principe ni courage et que vous n'êtes
« qu'un manant et un poltron.

« Réginald Glanville. »

« C'est vous qui avez été mon premier ami, lui dis-je,
après avoir lu cette flatteuse épître, et je ne déserterai pas
le poste que vous me confiez ; mais je vous dirai en toute
franchise et sincérité, que j'aimerais mieux me faire couper
la main droite que de remettre ce billet à sir John Tyrrell. »

Glanville ne répondit pas ; nous marchâmes côte à côte ;
tout à coup il s'arrêta et me dit : « Ma voiture est au coin
de la rue, partez vite, Tyrrell loge à Clarendon ; vous me
trouverez chez moi à votre retour. »

Je lui serrai la main et me hâtai d'aller accomplir ma
mission qui était, je l'avoue, des plus déplaisantes et des
plus désagréables. D'abord, il m'était pénible de prendre
parti dans une affaire dont j'ignorais complètement la
nature ; ensuite, je me disais que si cette rencontre devait
se terminer par quelque catastrophe, le monde serait en
droit de me blâmer hautement d'avoir accepté la mission
de porter à un homme riche et de bonne famille une lettre
aussi insultante, sans connaître les motifs de l'insulte.
D'un autre côté, j'étais plus attaché à Glanville qu'on n'eût
pu le croire à en juger par mon caractère apparent, et
quoique je fusse par tempérament d'une complète indifférence à l'endroit d'un danger personnel, je tremblais
comme une femme à l'idée du danger que je lui faisais
courir en portant ce cartel. Mais ce qui pesait plus que
toutes ces réflexions, sur ma résolution, c'était le souvenir
d'Hélène. Si son frère venait à succomber dans cette ren-

contre, que je devais passer pour avoir conseillée, comment
pourrais-je espérer qu'elle me garderait ces sentiments qui
étaient, pour le présent, mes plus chères et mes plus douces
espérances. J'étais assiégé par ces pénibles pensées lorsque
la voiture s'arrêta à la porte de l'hôtel de Tyrrell.

Le garçon me dit que sir John Tyrrell était à l'estami-
net; je m'y rendis aussitôt. Dans un cabinet voisin du
poêle, je trouvai Tyrrell assis avec deux hommes, espèces
de roués de l'ancien régime, de ceux qui prennent la
débauche pour une marque de virilité, qui veulent montrer par là qu'ils sont forts et vraiment anglais, et affichent
comme une vertu ce qu'ils devraient cacher comme un
vice. Tyrrell me salua familièrement lorsqu'il m'aperçut;
je compris en voyant des bouteilles vides placées près de lui
et l'éclat dont brillait sa face habituellement pâle, qu'il n'a-
vait pas été précisément sobre ce soir-là. Je lui dis à l'oreille
que j'avais à l'entretenir d'un sujet d'une grande importance; il se leva avec une répugnance visible, et après avoir
bu un grand verre de vin de Porto pour se donner du cœur,
il me conduisit dans un petit cabinet. Là, il commença par
s'asseoir, après quoi, avec cet air moitié rude moitié poli
qui lui était habituel, il me demanda ce qui m'amenait. Je
ne lui répondis pas. Je me contentai de lui mettre dans la
main le *billet doux* de Glanville. La chambre où nous
étions n'était éclairée que par une seule chandelle et là
flamme légère du foyer auprès duquel le joueur était assis
projetait par intervalles une lueur subite sur ce visage
sombre et fortement accentué. On eût dit une étude de
Rembrandt.

J'approchai ma chaise de la sienne, et, recouvrant mes
yeux de ma main, je me tins assis en silence, attendant
l'effet qu'allait produire la lettre. Tyrrell (je le crois) avait
été originairement d'une forte trempe, et avait contracté
au milieu des désordres et des aventures de sa vie acci-
dentée l'habitude de dissimuler ses émotions et de paraître
insensible. Mais soit que son corps fût usé par les excès,
soit que le langage insultant du billet le touchât au vif, il
parut tout-à-fait incapable de maîtriser ses sentiments. La
lettre avait été écrite à la hâte d'une main mal assurée; les

caractères en étaient mal formés, la lumière était insuffisante, et il était forcé de s'arrêter à chaque mot, de sorte
que le fer entrait en quelque sorte peu à peu dans son cœur.

La passion se traduisit autrement chez lui que chez
Glanville; chez celui-ci, c'était une rapide succession de
sentiments violents, qui se pressaient comme les flots
agités; c'était la passion d'un cœur fort et sensible à l'excès, pour lequel un coup d'aiguille était un coup de poignard, et qui déployait la force d'un géant pour écraser
l'insecte qui l'attaquait. Chez Tyrrell, c'était la passion
agissant sur un cœur endurci et sur un corps usé, sa main
tremblait, sa voix était hésitante, il ne pouvait plus commander aux muscles qui président à la parole; mais il n'y
avait chez lui ni ces élans d'indignation, ni ces étincelles
que l'injure fait jaillir d'une âme bien trempée; chez lui
c'était le corps qui dominait et paralysait l'esprit; chez
Glanville c'était l'esprit qui gouvernait et faisait mouvoir le
corps.

« M. Pelham, me dit-il, après avoir fait quelques efforts
pour donner à sa voix de l'assurance, ce billet mérite réflexion. Je ne sais pas pour le moment qui sera mon second. Voulez-vous revenir me voir demain matin?

— Je suis désolé, lui dis-je, mais j'ai pour instructions
de vous demander une réponse immédiate. Sans doute que
l'un de ces messieurs que j'ai vus tout à l'heure avec vous,
voudra bien vous servir de second? »

Tyrrell demeura un instant sans me répondre. Il s'efforçait de se donner une contenance, et il y réussit assez
bien. Il éleva la main comme pour porter un défi et déchirant le papier d'un air délibéré, malgré le tremblement de
ses doigts, il en éparpilla les fragments et les foula aux
pieds.

« Reportez-lui d'abord ceci, dit-il, c'est que je lui renvoie
les paroles infâmes et calomnieuses qu'il a proférées contre moi, que je foule aux pieds ses assertions avec le mépris que je ressens pour sa personne; et qu'avant vingt-
quatre heures je veux l'affronter devant la mort, comme
je le brave pendant la vie. Du reste, M. Pelham, je ne puis
pas dire avant demain matin quel sera mon second. Lais-

sez-moi votre adresse et je vous ferai rendre réponse demain avant votre lever. Avez-vous quelque chose à ajouter.

— Rien, lui dis-je, en posant ma carte sur la table, j'ai accompli la plus ingrate mission dont j'aie jamais été chargé. Je vous souhaite le bonsoir. »

Je remontai en voiture et me fis conduire chez Glanville. Je pénétrai brusquement dans sa chambre ; il était appuyé sur une table et regardait attentivement une miniature. A côté était une boîte de pistolets. L'un des deux pistolets était en bon état et prêt à servir, l'autre était démonté ; la chambre était, comme d'habitude, remplie de livres et de papiers et sur les riches coussins de l'ottomane reposait ce grand chien noir, son vieux compagnon que j'avais vu souvent avec lui, le seul être au monde dont il pût supporter en tout temps la société. L'animal était roulé en boule, tenant ses yeux vifs et noirs fixés attentivement sur son maître ; sitôt que j'entrai il fit entendre, sans bouger de place, un grognement sourd en signe d'avertissement.

Glanville se redressa et, un peu confus, cacha le portrait dans un des tiroirs de la table, puis il demanda quelles nouvelles je lui apportais.

Je lui dis mot pour mot comment les choses s'étaient passées ; Glanville grinça des dents et sa main se crispa, puis, comme si sa colère était apaisée, il changea subitement de sujet de conversation. Il se mit à parler avec beaucoup de verve et d'entrain des affaires du jour, de la politique, de Guloseton, dont il rit ; en un mot il parut aussi indifférent et insouciant à l'endroit des événements du lendemain que j'aurais pu l'être moi-même avec mon tempérament flegmatique.

Lorsque je me levai pour sortir, car je prenais trop d'intérêt à lui pour en prendre le moins du monde aux sujets dont il parlait, il me dit :

« Je vais écrire une lettre à ma mère et une autre à ma pauvre sœur ; vous les leur remettrez si je tombe, car j'ai décidé que l'un des deux doit rester mort sur la place. Je suis impatient de savoir de quelle heure vous conviendrez avec le second de Tyrrell. Dieu vous garde et à bientôt ! »

CHAPITRE LX

Le lendemain matin, j'étais à déjeuner quand il me vint
un message de Tyrrell ; il y avait une lettre cachetée pour
Glanville, et une autre à mon adresse, ainsi conçue :

« Mon cher Monsieur,

« La lettre ci-jointe adressée à sir Réginald Glanville
« expliquera les motifs pour lesquels je ne tiens pas ma
« parole. Il vous suffira de savoir que ces motifs sont de
« nature à me justifier complètement et à satisfaire plei-
« nement sir Réginald. Il sera inutile de chercher à me
« voir ; j'aurai quitté Londres avant que vous ayez reçu
« cette lettre. Le respect de moi-même m'oblige d'ajouter,
« que, quelles que soient les raisons que j'aie de ne pas
« accepter une rencontre avec sir Réginald Glanville, cela
« ne m'empêchera pas d'exiger satisfaction de *quiconque*
« se croirait permis de me demander les raisons pour les-
« quelles il m'a convenu d'en agir ainsi.

« J'ai l'honneur, etc.

« John Tyrrell. »

Je ne pouvais en croire mes yeux et je relus cette lettre
jusqu'à trois fois. D'après tout ce que je connaissais du
caractère de Tyrrell, je n'avais pas de raisons pour le
croire moins courageux que la plupart des hommes. D'ailleurs, quand je considérais la violence du langage de Glan-

ville d'une part, et de l'autre la résolution que Tyrrell avait montrée le soir précédent, je ne savais à quel sentiment autre que la peur rapporter sa conduite actuelle. Au surplus je m'empressai de faire porter l'une et l'autre lettre à Glanville avec un mot de ma main, pour lui dire que je le verrais dans une heure.

Lorsque je me présentai chez lui, son valet de chambre me dit qu'aussitôt ma lettre reçue il était sorti précipitamment en disant seulement qu'il ne rentrerait pas de toute la journée. Le soir même il devait faire une motion importante à la chambre. Il avait écrit une lettre dans laquelle il prétextait une maladie grave et subite et priait un autre membre de son parti de prendre la parole à sa place. Lord Dawton fut au désespoir, la motion fut rejetée à une grande majorité ; les journaux ne furent remplis pendant toute une semaine que de quolibets et de plaisanteries fâcheuses contre les Whigs. Jamais ce malheureux parti n'avait été réduit à un tel état d'abaissement ; jamais il n'avait paru plus dépourvu de toutes chances d'arriver au pouvoir. Ils étaient anéantis, *nominis umbra*.

Le huitième jour après la disparition de Glanville, il arriva tout-à-coup dans le cabinet, un événement qui mit tout le pays en émoi ; les Tories en tremblèrent jusqu'à là semelle de leurs pantoufles et virent avec effroi osciller leurs sinécures et leurs fructueux emplois. Tous les yeux se tournaient vers les Whigs et le hasard sembla leur donner en un instant ce que tous leurs efforts, toute leurs éloquence, tout leur art avaient été impuissants depuis plusieurs années à faire considérer même comme une éventualité éloignée.

Il y avait dans l'État un parti fort quoique secret qui se cachait sous un nom général mais qui travaillait avec un but personnel et croissait en nombre et en influence sans qu'on y prît garde. Parmi les chefs de ce parti était lord Vincent. Dawton qui le craignait et en était jaloux, considérait la lutte comme engagée plutôt entre eux deux que de Whigs à Tories. Il s'efforçait pendant qu'il en était encore temps, de grouper autour de lui une troupe d'alliés capables, dans le cas où le conflit aurait lieu, de lui assurer

la supériorité. Le marquis de Chester était l'un des personnages les plus puissants du juste milieu ; il était de la plus
haute importance de le gagner à la cause. C'était un homme
vigoureux, indépendant, grand chasseur, qui vivait sur ses
terres, mettant son ambition plutôt à améliorer les races de
quadrupèdes, qu'à gouverner les mauvaises passions des
hommes. Tel était le personnage auquel lord Dawton me
supplia de porter un message en me chargeant de faire tous
mes efforts pour l'amener à ses fins ; il fallait pour réussir
toute mon habileté. C'était la mission la plus considérable
qui m'eût été confiée jusque-là ; et je fus ravi d'avoir une si
belle occasion de déployer mes talents diplomatiques. En
conséquence, un beau matin, je m'enveloppai de mon manteau, j'installai ma précieuse personne dans une chaise de
poste et volai vers Chester Park dans le comté de Suffolk.

CHAPITRE LXI

J'aurais dû dire que, le lendemain du jour où j'avais fait
remettre la lettre de Tyrréll à Glanville, j'avais reçu de lui
en réponse un billet très-court et écrit à la hâte, dans
lequel il me disait qu'il avait quitté Londres pour se mettre
à la poursuite de Tyrrell et qu'il n'aurait point de repos qu'il
ne l'eût contraint à lui rendre raison. Activement engagé
comme je l'étais depuis quelque temps au milieu du tumulte
des événements politiques, je n'avais pas eu le loisir de
songer beaucoup à Glanville, mais lorsque je me trouvai
seul dans ma voiture, la pensée de cet être singulier et du
mystère qui planait sur sa conduite, s'empara de vive force
de mon esprit, en dépit de la préoccupation où devait me
jeter l'importante mission que j'allais accomplir.

J'étais mollement couché dans ma voiture, à un relai,
c'était à Ware, je crois, lorsqu'une voix dont le souvenir
se reliait à l'objet de mes méditations, vint frapper mon
oreille. Je regardai à la portière et vis Thornton vêtu avec
cette bizarre recherche qu'il affectionnait : culottes col-
lantes et bottes à l'écuyère. Il fumait un cigare, tenait à
la main un verre de grog, et exerçait ses talents oratoires
dans un langage mêlé d'argot et de termes de jockeys, en
s'adressant à deux ou trois hommes de son espèce qui paraissaient ses camarades. Ses yeux perçants m'eurent bientôt
découvert et il s'élança à la portière de ma voiture avec
cette assurance imperturbable qui lui était particulière.

« Ah ! ah ! monsieur Pelham, me dit-il, vous allez à

Newmarket, je suppose? c'est comme moi, et je compte trouver là quelques bons amis. Combien risquez-vous sur Favorite?... Quoi! vous ne comptez pas parier, monsieur Pelham? Motus pour le moment, n'est-ce pas? vous faites le mort, *brebis qui bêle perd sa goulée*, n'est-ce pas?

— Je ne vais pas à Newmarket et je ne m'occupe pas de courses.

— Vraiment! répondit Thornton, ah! si j'étais riche comme vous, j'aurais bientôt fait de gagner ou de perdre une fortune sur le turf. Avez-vous vu sir Jonh Tyrrell? Non. Eh bien! il doit y venir. Rien ne peut le guérir de l'habitude de jouer; il est joueur jusqu'à la moelle des os. Bonjour, monsieur Pelham, je ne veux pas vous retenir plus longtemps, il va tomber une fameuse ondée; *le diable va battre sa femme avec un gigot de mouton*, comme dit le proverbe : votre serviteur, monsieur Pelham. »

A ces mots, mon postillon fit partir les chevaux et me débarrassa de ma *bête noire*. J'épargne au lecteur les différentes réflexions que je fis sur Thornton, Dawton, Vincent, la politique, Glanville et Hélène, et je l'introduis sans plus tarder à Chester Park.

Je fus conduit à travers un immense vestibule en vieux chêne du temps de Jacques Ier, dans une chambre qui ressemblait au salon principal d'un club : deux ou trois tables rondes étaient couvertes de journaux, de brochures, de calendriers des courses, etc. Il y avait une énorme cheminée devant laquelle étaient groupés des hommes de tous les âges et, je pourrais dire aussi, de tous les rangs ; mais quelque inégalité apparente qu'il y eût dans leur air et dans leur costume, ils appartenaient tous à l'aristocratie. Il y avait une chose dans cette chambre qui empêchait qu'on la prît pour un salon de club, c'était la présence d'un grand nombre de chiens qui étaient couchés à terre par groupes. On voyait dehors, devant les fenêtres, plusieurs chevaux avec la housse sur le dos, conduits à l'exercice dans le parc sur une plaine aussi unie qu'un jeu de boules de Putney. A l'une de ces fenêtres, penchés sur le balcon, se tenaient deux hommes qui prenaient le plus vif intérêt à cette scène. Le plus grand des deux était lord Chester. Il y avait dans son air une roideur et un défaut d'élégance qui me disposèrent mal en sa faveur : « *Les manières que* « *l'on néglige comme de petites choses, sont souvent ce* « *qui fait que les hommes décident de vous en bien ou* « *en mal.* »

Alors que j'étais à l'université (il y avait longtemps de cela), j'avais été présenté à lord Chester ; mais j'avais oublié sa figure et lui ne se souvenait même pas que je lui eusse été présenté. Je lui dis, à voix basse, que j'étais porteur d'une lettre assez importante à lui adressée par un ami commun, lord Dawton, et que je sollicitais l'honneur d'un entretien particulier à la convenance de lord Chester.

Sa Seigneurie me fit un salut qui tenait du jockey par la civilité et du grand maître des courses par la hauteur, et me conduisit à un petit appartement qui était le sien. (Entre parenthèse, je n'ai jamais compris pourquoi, en Angleterre, c'est toujours la plus mauvaise chambre de la maison qui est réservée au maître et honorée du titre d'appartement de Monsieur.) Je remis au seigneur de Newmarket la lettre qui lui était adressée et, tranquillement assis, j'attendis qu'il se prononçât.

Il la lut avec attention et sans mot dire, puis prenant dans sa poche un portefeuille rempli de billets de paris, de généalogies de chevaux, et autres *memoranda* pareils, il plaça la lettre dans cette honorable compagnie et me dit d'un air froid, mais qui voulait être courtois : « Mon ami lord Dawton, me dit que vous avez toute sa confiance, monsieur Pelham. J'espère que vous voudrez bien me faire l'honneur de rester à Chester Park deux ou trois jours, ce qui me donnera le temps de songer à loisir à la réponse que je dois faire à lord Dawton. Voulez-vous vous rafraîchir ? »

Je répondis oui à la première invitation et non à la seconde ; et lord Chester pensant apparemment qu'il lui était parfaitement inutile de me faire de plus longues questions ou observations en *a parte*, me ramena au milieu du salon où se tenaient tous les autres et me laissa faire ou renouveler connaissance avec qui je pourrais. Pour un homme habitué aux succès et aux égards dans

les salons les plus raffinés de Londres, cette réception était
dure. Je fus donc indigné des façons cavalières de ce
seigneur campagnard. En dépit de son marquisat et de
ses terres, il était au-dessous de moi autant pour l'ancienneté de la race que pour la culture de l'esprit. Je jetai
les yeux autour de la chambre et ne vis personne de connaissance; il me sembla que j'étais littéralement tombé
dans un autre monde. Le langage que j'entendais tout
autour de moi sonnait étrangement à mon oreille. Je m'é-
tais fait une loi d'étudier les caractères des hommes de
toutes les classes, à l'exception toutefois des chasseurs et
coureurs; c'est une espèce de bipèdes que je n'avais jamais
voulu reconnaître comme appartenant à la race humaine.
J'éprouvai alors le regret de n'être pas, en cela, resté fidèle
à mes maximes. C'est une faute très-grave que d'encou-
rager par là ses inférieurs à vous traiter avec dédain :
voilà comme l'orgueil trouve toujours sa punition.

Je demeurai un quart d'heure dans cette étrange situation; enfin, mon bon génie vint à mon secours, il me dit
que, puisque je ne pouvais faire société avec les bêtes à
deux pieds, il fallait m'adresser aux quadrupèdes. Dans un
coin du salon était couché un terrier noir de race anglaise
pure, dans un autre coin il y avait un autre terrier petit,
trapu et vigoureux, de race écossaise. Je ne tardai pas à
être dans les meilleurs termes avec l'un et l'autre de ces
canine Pelei (de grands cœurs dans de petits corps) et, les
attirant peu à peu hors de leur retraite, jusqu'au milieu
de la chambre, je fis de mon mieux pour les exciter l'un
contre l'autre. Grâce à l'antipathie nationale, je pus m'en
donner à cœur joie. La bataille réveilla bientôt tous les
individus de la même espèce qui reposaient tranquillement
sur différents points du salon, ils accoururent à la rescousse
et, comme de vaillants hommes d'armes, se jetèrent au
milieu de la mêlée. En un instant le tumulte et la confusion furent à leur comble; les bêtes criaient, mordaient et
se roulaient avec une férocité délicieuse. Ajoutez à cela les
différents propriétaires des chiens faisant cercle, les uns
pour stimuler, les autres pour calmer la fureur des com-
battants. A la fin, le conflit fut apaisé. A force de coups de

pieds, de coups de poings et de remontrances de la part de
ceux qui avaient l'honneur de les posséder, les chiens
finirent par sortir, qui avec la moitié de l'oreille emportée,
qui avec une gueule fendue jusqu'aux oreilles, chacun en
somme avec de glorieux horions, qui témoignaient de l'o-
piniâtreté de la lutte. Je n'attendis pas l'orage qui allait
éclater, je le prévoyais bien, quand on viendrait faire une
enquête sur l'origine de la guerre. Je me levai avec un
air de nonchalance et en bâillant d'ennui, et je sortis de
l'appartement; j'appelai un domestique, je me fis indiquer
ma chambre, je m'y installai et me plongeai dans la lecture
de Mignet (Histoire de la révolution) tandis que Bedos était
occupé à faire sa plus belle toilette.

CHAPITRE LXII

Je ne quittai ma chambre que lorsque le premier coup
de cloche avait déjà retenti depuis assez longtemps pour
que je pusse me bercer du doux espoir de ne pas trop
attendre dans le salon, le moment le plus solennel de la vie
civilisée, celui du dîner. Mes manières sont naturellement aisées et franches, mais je me pique de savoir prendre
à l'occasion un certain air qui tient les gens à distance et
défie toute impertinence. Ce jour-là je pris une double
dose de dignité en entrant dans ce salon que j'étais sûr de
ne pas trouver rempli de gens disposés à m'admirer. Il y
avait quelques dames groupées autour de lady Chester et
comme la vue du beau sexe a le don de me rendre toute
mon assurance, je me dirigeai de ce côté.

Jugez de ma joie lorsque je découvris, au milieu de ce
groupe, lady Harriett Garrett. Il est vrai que je n'avais pas
une grande prédilection pour cette dame, mais la vue d'une
négresse de connaissance eût été saluée par moi avec enthousiasme dans un lieu si désolé et si inhospitalier. Le
plaisir que j'eus de voir lady Harriett me parut réciproque.
Elle me demanda si je connaissais lady Chester, et comme
je lui dis que non, elle me présenta immédiatement à cette
dame. Dès ce moment je me trouvai comme chez moi, je
repris possession de mes moyens, et je mis tout en œuvre
pour être aussi charmant que possible. Quand on est jeune,
essayer c'est réussir.

Je fis un récit animé de la bataille des chiens, entremêlé

de sarcasmes à l'adresse des propriétaires, ce qui ne déplut pas le moins du monde à la marquise et à ses compagnes; le fait est que, lorsqu'on annonça que le dîner était servi, elles se levèrent avec une gaîté bruyante qui ne rappelait guère l'étiquette aristocratique. Pour ma part, j'offris mon bras à lady Harriett et je lui fis assez de compliments dans le trajet du salon à la salle à manger pour faire tourner une tête plus solide que n'était celle de Sa Seigneurie.

Le dîner se passa assez agréablement tant que les dames y assistèrent, mais au moment où elles sortirent de table, j'éprouvai un sentiment analogue à celui d'un enfant gâté, lorsqu'il quitte sa tendre mère pour se trouver abandonné la première fois dans ce lieu étrange, froid, désolé qui s'appelle une pension.

Pourtant je n'étais pas d'humeur à laisser à l'ombre les fleurs de ma rhétorique. D'ailleurs, il m'était tout à fait indispensable de donner à mon hôte une meilleure opinion de mes talents. Je mis donc les coudes sur la table résolûment, pour prêter attention à toutes les conversations; à la fin j'aperçus en face de moi, sir Lionel Garrett, personnage dont je n'avais même pas songé à demander des nouvelles, et à qui je ne songeais guère. Il était occupé à discuter avec vivacité et à grand bruit la loi sur la chasse. Grâce à Dieu, me dis-je, me voilà sur mon terrain. L'intérêt que chacun prenait à ce sujet et les éclats de voix qui accompagnaient le débat, fondirent bientôt toutes les conversations particulières dans une conversation générale.

« Eh quoi! disait sir Lionel d'une voix très-haute, à un jeune homme modeste et tremblant qui sortait sans doute de Cambridge, et qui soutenait le côté libéral de la question. Croyez-vous qu'il soit de notre intérêt de permettre qu'on ne nous consulte jamais, et qu'on nous prive de notre unique amusement? Quelle est donc, selon vous, la raison qui fait que les gentilshommes se dérangent de leurs campagnes pour aller à la chambre? Ignorez-vous donc, monsieur, de quelle importance il est pour la nation que nous résidions sur nos terres? Détruire la loi sur la chasse, c'est détruire notre existence nationale. »

Allons, me dis-je, voilà le moment de parler.

« Sir Lionel, lui dis-je, en lui adressant la parole d'un
bout de la table à l'autre, je partage tout à fait votre sentiment; je suis tout à fait d'avis, premièrement, qu'il importe
absolument au salut de la nation de conserver la chasse,
secondement que détruire la chasse c'est détruire, du même
coup, l'existence des gentilshommes de province : il n'y a
rien de plus clair que ces deux propositions; mais je diffère
de vous en ce qui concerne les dispositions nouvelles du
projet de loi. Laissons complètement de côté, si vous voulez,
les intérêts des classes pauvres et de la société en général ;
ce ne sont pas là des considérations dignes de nous occuper
un seul instant; n'envisageons la chose qu'au point de vue
de nos intérêts comme *sportsmen*. J'espère qu'il me suffira
de quelques mots pour vous prouver clairement que les
changements proposés nous feront une situation beaucoup
meilleure que celle que nous avons aujourd'hui. »

J'examinai alors brièvement, mais pourtant d'une façon
qui prouvait que je connaissais à fond la matière, la nature
des lois existantes, et le caractère des modifications qu'on
voulait y apporter. Je parlai d'abord des deux principaux
inconvénients qu'avait le système actuel, pour les gentilshommes de province, à savoir le grand nombre des bra-
conniers et les frais considérables que nécessitait la garde
des propriétés. Comme je vis que l'intérêt était général et
soutenu, j'insistai sur ces deux points avec l'énergie la plus
pathétique, je m'arrêtai un instant pour attendre la réponse
de sir Lionel et de deux ou trois personnes de son opinion ;
comme ils convinrent qu'en effet il était hautement désirable de remédier, s'il était possible, à ces deux inconvénients, je m'attachai à montrer que cela était possible et
comment cela était possible. Je soutins que les modifications proposées à la loi n'avaient justement pas d'autre but
que celui-là; j'allai au-devant des objections qu'on pouvait
me faire et j'y répondis par plusieurs propositions aussi
claires et aussi concises que possible. Comme j'avais parlé
avec une grande politesse et un grand esprit de concilia-
tion, que j'avais évité de faire paraître le moindre intérêt
pour tout être humain en dehors des personnes de qualité,
je vis, en finissant ma harangue, que j'avais produit une

impression favorable. La soirée acheva mon triomphe; car lady Chester et lady Harriett arrangèrent si bien mon aventure avec les chiens, que cela passa pour une excellente plaisanterie et que je devins du coup, aux yeux de la compagnie, un charmant garçon, très-sensé et rempli d'esprit. Tant il est vrai qu'il n'est pas de situation que nous ne puissions, avec un peu de tact, faire tourner à notre avantage. Vous n'avez qu'à bien vous conduire, et vous conduirez tout le monde.

Quant à lord Chester, je lui eus bientôt gagné le cœur par quelques exploits d'équitation, et quelques anecdotes que j'improvisai sur la sagacité des chiens. Trois jours après mon arrivée, nous étions inséparables; j'employai si bien mon temps que deux jours plus tard il me parla de l'amitié qu'il avait pour Dawton, et du titre de duc dont il avait envie pour lui-même. Ces deux motifs n'allaient pas mal ensemble, et il finit par me promettre que sa réponse à mon supérieur serait aussi favorable que je le pourrais désirer; le lendemain de cette promesse commença la *grande journée* de Newmarket.

Il va sans dire que toute la société devait se rendre aux courses, et bon gré mal gré il fallut me laisser enrôler avec les autres. Nous n'étions éloignés du terrain des courses que de quelques milles, et lord Chester me prêta un de ses chevaux. Le plus court était par une série de chemins de traverse, et comme la conversation de mes compagnons avait très-peu d'intérêt pour moi, je regardai la campagne que nous traversions avec plus d'attention que je n'en prête d'habitude au paysage. En effet, j'étudie la nature plutôt dans les hommes que dans les champs, et je ne connais pas de paysage qui présente aux yeux autant de variété ou autant de sujets de contemplation, que les inégalités du cœur humain.

Mais il devait survenir peu de temps après des événements terribles qui graveraient dans ma mémoire la scène agreste sur laquelle ma vue s'arrêtait en ce moment avec complaisance. C'étaient de larges plaines, tristes, avec des bouquets de pins et de mélèzes formant çà et là des masses noires. La route était inégale et raboteuse; parfois un petit ruisseau mélancolique, grossi par les premières pluies du printemps, nous barrait le passage, et courait se perdre au milieu des hautes herbes d'un marais inhospitalier.

A six milles environ de Chester-Park nous rencontrâmes, sur notre gauche, une vieille maison avec une façade neuve. Les briques brunies par le temps qui en composaient les murs contrastaient étrangement avec les larges fenêtres à la vénitienne de date récente, dont les encadrements blancs brillaient d'un éclat éblouissant. Une élégante verandah tapissée de verdure régnait tout le long du portique, et aboutissait de chaque côté à une rangée de maigres sycomores qui simulaient une avenue. Sur le bord de la route on voyait une jolie petite grille peinte en blanc, et une jolie petite loge si lilliputienne qu'elle ressemblait à une boite à thé. La terre était fraîchement remuée en plusieurs endroits; preuve qu'on méditait de nouveaux embellissements. Çà et là se dressait quelque arbuste malingre entouré de palissades et qui semblait gémir en son pauvre petit cœur de se voir ainsi isolé dans sa prison.

En dépit de ce déploiement si riche et si bien entendu de grâces artistiques, ce lieu avait un aspect désolé et triste qui vous glaçait rien que d'y jeter les yeux. Un marais verdâtre d'un côté, et de l'autre une ancienne étable ou plutôt un squelette de chevrons et de soliveaux, et derrière, une bordure sombre et maussade de sapins, ne contribuaient pas peu à répandre sur tout l'ensemble une teinte indéfinissable de tristesse.

Pendant que je considérais avec curiosité les différentes parties de ces *délices* du Nord, et que je m'étonnais du goût de deux corneilles qui se promenaient tranquillement sur cette terre malsaine au lieu de faire bon usage des grandes ailes noires dont la Providence les avait douées, je vis deux hommes à cheval sortir de derrière la maison et s'avancer dans l'avenue au grand trot. A peine avions-nous fait quelques pas en avant, qu'ils nous rejoignirent. Celui qui était en avant tourna la tête en passant près de moi et, arrêtant brusquement son cheval, démasqua à mes yeux désagréablement surpris, le visage de M. Thornton. La froideur de mon salut ne l'intimida nullement, non plus que l'air sévère de mes nobles compagnons qui, malgré la vulgarité de leurs goût, n'oubliaient jamais la dignité de leur naissance ; il m'accosta donc aussitôt d'un air familier.

« Je vous le disais bien, monsieur Pelham, *brebis qui bêle*, etc., j'étais sûr d'avoir le plaisir de vous retrouver, quoique vous eussiez fait le mystérieux. Eh bien, voulez-vous parier à présent ?... non ! ah vous êtes un finaud !... Je reste là, à cette jolie petite maison qui est à Dawson, un de mes bons amis, voulez-vous que je vous présente ?

— Monsieur, lui dis-je brusquement, vous êtes trop bon. Faites-moi le plaisir de rejoindre votre bon ami M. Dawson.

— Oh ! reprit Thornton avec son aplomb imperturbable, cela ne fait rien, il ne m'en voudra pas d'être un peu en retard. Pourtant (ici il vit que l'expression de mes yeux n'annonçait rien de bon), pourtant, il se fait tard et ma jument n'est pas des meilleures ; je vous souhaite le bon jour. » Là-dessus Thornton piqua des deux et s'éloigna.

« Qui diable avez-vous rencontré là, Pelham ? me dit lord Chester,

— C'est quelqu'un qui m'a accroché à Paris et qui réclame contre moi son droit de trouvaille en Angleterre. Mais permettez-moi, à mon tour, de vous demander à qui appartient ce lieu de plaisance que nous venons de dépasser ?

— A un M. Dawson dont le père était un gentilhomme campagnard, éleveur de chevaux, un homme très-respectable..... car j'ai fait avec lui un ou deux marchés excellents. Le fils est toujours sur le turf et y a contracté les mœurs les plus détestables ; il a une assez mauvaise réputation et il finira probablement par devenir un véritable escroc. Il a épousé, il y a peu de temps, une femme qui lui a apporté quelque fortune ; et c'est elle, je suppose, qui a ainsi changé et rajeuni sa maison. Allons, messieurs, nous voici en plaine, prenons-nous le trot ? »

Nous trottâmes pendant quelque temps mais nous fûmes bientôt arrêtés par une montée formidable, et comme en ce moment, lord Chester était fort occupé à faire l'éloge de son cheval à l'un des cavaliers de la compagnie, j'eus tout le temps d'examiner les lieux où nous nous trouvions. Au pied de cette montée dont nous faisions lentement l'ascension était un terrain vague, abandonné, qui s'étendait au loin ; un héron, qui s'éleva de cette lande en déployant ses vastes ailes, attira mon attention vers une mare couverte de joncs et à moitié abritée sous le feuillage d'un arbre caduc. A en juger par la largeur de son vaste tronc creusé par le temps, cet arbre devait avoir servi de refuge à cet oiseau et, peut-être, à d'autres animaux sauvages, à une époque déjà éloignée, quand tout le pays, à plusieurs lieues à la ronde, n'était pas plus civilisé, ni plus cultivé que le lieu désolé où ce vieil arbre solitaire plongeait ses racines séculaires. Il y avait quelque chose de bizarre et de grotesque dans la forme contournée et sinueuse de ses branches dénudées et rabougries : on aurait dit un spectre : il y avait surtout deux rameaux qui dépassaient les autres et s'avançaient comme deux bras suppliants, tandis que le tronc s'inclinant, comme un vieillard sur le bord de sa fosse, courbait sa tête dévastée. Ce n'est pas tout, le tronc fendu par le milieu, s'écartait en deux et figurait deux jambes comme pour ajouter à la vraisemblance de cette illusion gigantesque. L'imagination se représentait quelque métamorphose antédiluvienne, quelque fille des Titans conservant, sous sa forme nouvelle, quelque chose de l'attitude suppliante qu'elle avait prise en adressant sa dernière prière à l'Olympe impitoyable.

On ne voyait, au loin, que ce seul arbre ; les détours de la route et les inégalités du terrain nous cachaient complétement la maison devant laquelle nous avions passé et ses sycomores entremêlés de pins, triste plantation. La mare lugubre et l'arbre-fantôme qui semblait en être le gardien, la lande aride qui s'étendait au loin, et ce pays désert où l'œil ne pouvait découvrir aucune habitation humaine, tout conspirait pour donner à cette scène un air désolé.

Je ne sais comment cela se fit, mais tandis que je regardais en silence autour de moi, il me sembla que j'avais déjà vu cet endroit. C'était comme un souvenir vague et confus qui tenait du rêve ; je me sentis frappé au cœur par une sorte de pressentiment douloureux et indéfinissable. Nous ne tardâmes pas à arriver au sommet de la côte et le reste de notre route étant plus facile et plus uni, nous accélérâmes l'allure de nos chevaux et nous fûmes bientôt arrivés au but de notre expédition.

Le terrain des courses avait son contingent ordinaire d'intrigants et d'imbéciles, de dupes et de fripons. Cette pauvre lady Chester qui avait pris par la grande route (car le chemin que nous avions suivi était impraticable pour les voitures, surtout pour les carrosses dont les cochers sont haut perchés), se faisait voiturer çà et là, image vivante du froid et de l'ennui. Quelques calèches isolées avaient un air triste et affligé, comme si elles étaient venues là pour suivre le convoi de leurs maîtres qui n'étaient pourtant point en danger de mort, et ne couraient d'autre risque que de perdre là leur réputation ou leur bourse.

Comme nous avancions le long de la tribune, sir John Tyrrell passa près de nous. Lord Chester l'accosta avec familiarité et le baronnet se joignit à nous. Il avait été fanatique des courses dans son jeune temps, et il les aimait encore avec passion.

Il me parut que lord Chester ne l'avait pas vu depuis plusieurs années et, après une de ces conversations courtes mais caractéristiques comme : « Mon Dieu, qu'il y a longtemps qu'on ne vous a vu! vous avez là un bon cheval. — Vous avez maigri. — Une bête bien bâtie. — Qu'est-ce que vous avez fait? — de la vigueur. — Nous ne sommes pas en retard! — fameux poitrail! — Vous rappelez-vous le vieux Queensbury? il avait bien de l'ardeur, fini, il est au diable! — Où en sont les paris? » lord Chester invita Tyrrell à venir au château avec nous. L'invitation fut acceptée avec empressement.

> Emportés malgré nous, nous roulions, entourés de spectres.
>
> SHELLEY.

Alors commencèrent le bruit, le tapage, les jurons, les mensonges, les parjures, les fourberies, l'agitation et le mouvement désordonné de la foule, l'ardeur, l'impatience, l'espoir, la terreur, les transports et l'agonie de la course. Une fois le premier brouhaha passé, l'un me demanda une

chose, l'autre m'en cria une autre, je n'existai plus pour
lord Chester, il ne fit plus attention à moi. Je me réfugiai
près de la marquise ; elle était aussi maussade qu'on pût
l'être par ce maudit vent d'est. Lady Harriett ne voulait
parler que de chevaux ; sir Lionel ne voulait pas parler du
tout. J'étais dans un désespoir affreux et les diables bleus
qui assaillaient mon esprit n'étaient pas d'une couleur moins
foncée que le nez de lady Chester. Muet, triste et boudeur,
je m'éloignai de la foule en faisant des réflexions philosophiques sur les déplorables penchants de l'espèce humaine.
On devient merveilleusement honnête quand on est en face
d'un vice qu'on ne partage pas. Heureusement pour moi,
mon bon ange me fit souvenir que j'avais, à trois milles
du champ de courses, un vieil ami de collége qui, depuis
que nous ne nous étions vus, était entré en possession d'un
presbytère et d'une femme. Je connaissais trop bien ses
goûts pour penser que les séductions d'un exercice équestre
quelconque pûssent l'arracher aux douceurs de sa bibliothèque et aux charmes respectables de ses livres. Espérant
donc le trouver chez lui, je dirigeai mon cheval de ce côté,
et, tout joyeux de mon escapade, je dis adieu aux courses.

J'arrivais à l'extrémité de la bruyère, au petit galop, lorsque mon cheval fit un écart pour éviter un objet qui était
à terre ; c'était un homme enveloppé des pieds à la tête
dans un grand manteau de cheval et dont la figure était si
bien garantie contre les intempéries d'un ciel inclément
que je ne pus absolument rien distinguer de ses traits à
travers le chapeau et le cache-nez qui le recouvraient. Il
avait la tête tournée avec un air d'anxiété visible vers la
foule qu'on apercevait dans le lointain. Pensant que c'était
un homme du peuple, je lui adressai en passant, du ton de
familiarité dont j'use d'ordinaire avec les inférieurs, quelque
remarque insignifiante sur les courses. Il ne répondit rien.
Il y avait dans sa personne quelque chose qui piquait ma
curiosité ; aussi, après l'avoir dépassé, me retournai-je pour
le regarder encore. Il n'avait pas bougé d'une ligne. Le
silence et le mystère laissent toujours dans l'esprit une
impression pénible ; la vue de cet homme, avec son déguisement et son immobilité silencieuse qui n'avaient pour-

tant à mes yeux rien que de bien innocent, me plongea
dans une rêverie mélancolique.

J'ai pour principe de fuir le chagrin même en imagination, toutes les fois que je le puis; aussi fis-je en sorte de
changer la direction de mes pensées; pour cela je m'amusai
à me figurer l'effet que devait produire sur les épaules
débiles de mon vieux camarade le double fardeau de la
dignité cléricale et du mariage.

CHAPITRE LXIII

Christophe Clutterbuck était un individu ordinaire, d'une espèce très-commune, mais peu connue dans ce monde où les affaires et les intérêts tiennent tant de place. Je ne puis pas me flatter d'avoir à vous présenter en sa personne ce *rara avis* qu'on appelle un caractère neuf, et pourtant il y a quelque chose d'intéressant et de vraiment ignoré dans cette classe obscure et isolée dont je parle. Sur le point d'entrer dans la partie la plus sombre de mes mémoires, j'éprouve une satisfaction calme et douce à m'arrêter un instant pour crayonner en passant la physionomie de mon camarade de collége. Mon ami était entré à l'université avec une science dont se serait fait honneur un homme prêt à quitter le monde, et avec une naïveté dont aurait rougi un novice prêt à y débuter.

Calme, de mœurs douces et timides, on ne le voyait jamais franchir le seuil de son appartement si ce n'est pour répondre à l'appel des repas, des classes, ou des exercices religieux. Alors on apercevait son petit corps voûté, parcourant la cour quadrangulaire à pas précipités et évitant avec soin de marcher sur les bordures du maigre gazon interdit aux membres plébéiens de l'oligarchie collégiale. C'était à qui rirait et se moquerait de lui, parmi les étudiants plus favorisés du côté de la fortune que des sentiments, lorsque apparaissait l'humble écolier avec ses vêtements grossiers et son teint plombé.

Un seul visage s'épanouissait alors, c'était celui de

l'homme sévère mais aimable qui nous enseignait les mathématiques. Il y avait dans son regard un mélange d'approbation et de pitié, lorsqu'il voyait son meilleur élève,
dont la face pâle et les joues creuses attestaient l'ardeur
pour le travail, se hâter après chaque récréation de retourner à ses chiffres arides et aux livres rongés des vers qui
étaient tout son plaisir, toute sa joie, toute l'illusion de sa
jeunesse.

C'est une triste chose, et que comprendront seuls ceux
qui ont été élevés dans un collége, que de voir le corps
amaigri des aspirants aux honneurs académiques, d'observer comment la première fraîcheur, la verdeur, la joie, la
vie même de la vie s'engloutissent à tout jamais dans un
labor ineptiarum inutile aux autres et à eux-mêmes.

Nous plaignons de tous les sacrifices qu'ils font à l'idéal,
le poëte, le philosophe, le savant, mais nous savons aussi
quelle en est la compensation.

De l'obscurité de leur retraite part une lumière, du silence de leur étude, une voix qui vient éclairer et convaincre. Nous pouvons nous les figurer dédaignant de se
plaindre de leur dénûment présent parce qu'ils ont l'œil
fixé sur l'avenir, et caressant au fond de leur cœur, avec
un orgueil bien légitime, l'espoir de la récompense que
leurs travaux leur promettent. Pour ceux qui peuvent jouir
à l'avance du vaste champ de l'immortalité, qu'est-ce que
les privations et la stérilité d'un présent misérable? Mais
l'homme qui ne s'est voué qu'à l'étude des langues et à
l'érudition pure, qui n'est qu'une machine à apprendre,
fonctionnant pesamment et sans utilité, un Christophe
Colomb consumant dans la chiourme d'une galère, la rame
en main, une énergie suffisante pour découvrir un monde,
celui-là n'a point de rêve d'avenir, point d'espoir d'arriver
jamais à l'immortalité, ni même à la réputation.

Hors des murs de son étroite cellule, il ne connaît rien;
élucider une langue morte est toute son ambition ; sa vie
n'est qu'une longue journée de classes, de lexique et de
grammaire, un château de glace qu'il faut tenir au frais,
si on ne veut pas le voir fondre au premier rayon de soleil,
curiosité inutile, ingénieuse stérilité ; qui va, pour peu que

vous n'y preniez garde, vous couler entre les doigts, sans qu'il reste trace de l'espace qu'il occupait, ou de la peine qu'il a coûtée.

Lorsque j'entrai à l'université mon pauvre camarade avait remporté tous les succès et atteint à tous les honneurs auxquels il pouvait aspirer ; il avait été le Pitt des écoles, le prix d'honneur des sciences, enfin il était devenu fellow [1] de son collége. Il m'arriva souvent d'être placé à côté de lui à dîner. J'admirais son abstinence, j'aimais sa modestie, en dépit de la gaucherie de ses manières et de la coupe surannée de ses vêtements.

Peu à peu, je parvins à m'insinuer dans son intimité, et comme j'avais assez de goût pour l'étude, je saisissais souvent l'occasion de causer avec lui d'Horace et de le consulter sur Lucien.

Bien des fois, vers le soir, nous étions assis l'un près de l'autre, faisant assaut de mémoire et récitant alternativement des tirades de vers. Alors, si par hasard mon esprit ou ma mémoire me donnaient l'avantage sur lui et que je parvinsse à l'embarrasser, sa douceur l'abandonnait, il devenait bourru, et, me lançant à la tête quelque passage d'Aristophane, il me demandait d'une voix haute, et en fronçant le sourcil, qu'est-ce que j'avais à répondre à cela. Mais s'il arrivait, et c'était le cas le plus ordinaire, qu'il m'eût réduit au silence et forcé de m'avouer vaincu, il se frottait les mains en riant d'un rire étrange, puis il m'offrait dans la bonté de son cœur de me lire une ode grecque de sa composition en me régalant d'une tasse de thé. C'était par cette bonté et cette naïveté d'honnête homme qu'il s'était fait aimer de moi, aussi n'eus-je pas de répit, après ma sortie du collége, que je ne lui eusse fait obtenir le bénéfice dont il jouissait à présent. Depuis cette époque, il s'était marié à la fille d'un pasteur de son voisinage, évènement dont il m'avait fait part comme de juste ; mais quoique cette phase importante de la vie d'un savant ne remontât qu'à quelques mois, je l'avais reléguée, après

1. Membre titulaire de l'état-major des colléges des universités anglaises.

avoir fait des vœux pour le bonheur domestique de mon
ami, dans le coin le plus reculé de ma mémoire.

La maison dont je commençais à approcher était petite
mais confortable; peut-être y avait-il quelque chose de
triste dans les haies de l'enclos taillées à l'ancienne mode
à angles droits, avec une régularité mathématique, ainsi
que dans la lourde architecture et dans les briques sombres
de l'habitation du révérend reclus. En revanche il y avait
aussi dans l'apparence de cette maison quelque chose de
calme et de tranquille qui s'accommodait bien aux goûts
et aux habitudes de celui qui l'habitait. Au milieu d'une
petite pelouse de forme régulière se voyait un vivier cons-
truit en briques et orné, à ses quatre angles, de saules pleu-
reurs qui y inclinaient leur feuillage mélancolique. En face
de ce réservoir était un hermitage ou berceau de lauriers
dans le style rustique de l'école hollandaise; il remontait
évidemment au bon temps où florissait cette école. Au delà,
une légère palissade formait la limite d'un verger qui s'é-
tendait derrière le jardin d'agrément.

Le bruit que je fis en agitant la cloche sembla retentir
avec une force singulière au milieu de ce lieu désert, et je
pus voir à la fenêtre qui faisait face à la porte, tout ce remue-
ménage de rideaux tirés, de visages se montrant furtivement
aux vitres, et de retraite rapide, qui dénotent l'anxiété et la
perplexité féminine, à l'apparition inattendue d'un étranger.

Au bout de quelques instants, l'unique domestique du
pasteur, un brave homme entre deux âges, très-sale, vêtu
d'une longue lévite et de culottes de casimir gris, m'ouvrit
la porte et m'apprit que son maître était à la maison. Après
avoir donné quelques instructions pressantes à mon intro-
ducteur qui était, comme les domestiques de plus d'une
bonne maison, à la fois valet de chambre et palefrenier,
pour qu'il prît bien soin du cheval, j'entrai dans la maison.
Le domestique ne jugea pas qu'il fût nécessaire de me
demander mon nom; il ouvrit la porte du cabinet et m'annonça en ces termes : « Un gentleman, monsieur. »

Clutterbuck me tournait le dos, il était monté sur une
échelle de bibliothèque, occupé à ranger de vieux livres;
en bas de l'échelle se tenait un jeune homme pâle et d'un

aspect cadavérique, à contenance grave et sérieuse, et qui avait, dans toute sa personne, quelque chose de Clutterbuck lui-même.

Mon Dieu! me dis-je, il est impossible qu'il ait mis le mariage assez vite à profit pour avoir déjà tiré ce pâle exemplaire de sa propre image, en sept mois de temps. Le brave garçon se retourna et faillit tomber de son haut en me voyant si près de lui. Il descendit précipitamment de son échelle et me serra la main avec une telle chaleur et une telle énergie qu'il m'en fit venir les larmes aux yeux comme il les avait lui-même.

« Doucement, mon brave ami, lui dis-je; *parce precor,* ou vous allez me forcer à vous dire : *ibimus una ambo, flentes valido connexi fœdere.* »

Les yeux de Clutterbuck devinrent encore bien plus humides quand il entendit les sons harmonieux de cette langue qui était pour lui la langue maternelle. Il m'examina de la tête aux pieds, et arrachant à son repos et à son isolement un vieux fauteuil de crin dur ratatiné et couvert de poussière antique et vénérable, il m'y enfonça avant que j'eusse eu le temps de me mettre en garde contre cette cruelle hospitalité.

Oh! mes pauvres culottes! me dis-je! *Quantus sudor inerit Bedoso,* pour vous rendre votre propreté primitive.

« Mais, d'où venez-vous? me dit mon hôte qui aimait les apostrophes à la façon antique.

— Des jeux Pythiens, lui dis-je; du *campus* de New-market. Si je ne me trompe, cet *insignis juvenis* vous ressemble étonnamment? Il faut que ce soit un rival des Titans, s'il n'a encore que sept mois.

— Ah vraiment, mon digne ami, vous aimez à rire, cet enfant est mon neveu, un bon garçon très-travailleur. J'espère qu'il honorera dignement notre *alma mater,* la science. Il entre au collége de la Trinité au mois d'octobre prochain. Benjamin Jérémie, mon garçon, voici l'ami et le bienfaiteur dont je t'ai si souvent parlé. Va faire préparer ce que nous avons de meilleur, car il veut bien partager notre repas.

— Non réellement, » lui dis-je ; mais Clutterbuck posa affectueusement sur ma bouche cette main dont j'avais naguère éprouvé l'étreinte puissante aux dépens de mes pauvres doigts. « Pardonnez, mon ami, me dit-il, jamais un étranger ne sort d'ici sans avoir rompu le pain avec nous, mais un ami à plus forte raison. Va, Benjamin Jérémie, et dis à ta tante que M. Pelham dîne avec nous. Aie bien soin aussi que la bourriche d'huîtres (un cadeau de mon digne ami le Dr Swallowem) nous soit servie, et qu'elles soient bien arrangées ; c'est là une friandise classique et, en la dégustant, nous penserons à nos illustres maîtres les anciens. Et puis... Benjamin Jérémie, veille à ce qu'on nous serve le vin au cachet noir ; allons, va maintenant, Benjamin Jérémie.

— Eh bien, mon vieil ami, lui dis-je, quand la porte se fut refermée sur le neveu à la face blême et sans sourires, comment vous trouvez-vous du *connubium*? Me donnerez-vous le même avis que Socrate à ses disciples? En tout cas j'espère que ce ne sera pas en vertu de la même expérience personnelle.

— Hum, me répondit le grave Christophe, d'un ton qui me parut avoir quelque chose d'embarrassé et de nerveux. Vous êtes devenu bien gai depuis que nous ne nous sommes vus. Je suppose que vous avez réchauffé votre esprit au foyer ardent d'Horace et d'Aristophane.

— Non, lui dis-je, les vivants ne laissent à ceux qu'un sort pénible force à les fréquenter constamment, que bien peu de temps pour étudier les monuments des morts. Mais, parlons sérieusement, êtes-vous aussi heureux que je le désire? »

Clutterbuck tint ses yeux baissés un instant ; puis, se tournant vers sa table, il posa une main sur un manuscrit et de l'autre me montra ses livres. « Avec une pareille société, me dit-il, comment ne serais-je pas heureux? »

Je ne répondis pas, mais je mis la main sur son manuscrit ; il fit mine de résister mais faiblement, et seulement pour sauver sa modestie. Les écrivains, je le savais, sont comme les femmes, il ne leur déplait pas d'être un peu violentés, aussi eus-je bientôt le papier en ma possession.

C'était un traité des participes grecs. Je crus que j'allais me trouver mal ; mais en voyant le regard inquiet que me lançait le pauvre auteur, je m'efforçai de donner à ma physionomie une expression de joie et j'eus l'air de lire et de commenter ces *difficiles nugæ* avec un intérêt proportionné au sien. Pendant ce temps le jeune homme était rentré. Il avait toute cette délicatesse de sentiments que donne toujours la culture de l'esprit, de quelque nature qu'elle soit. Il vint vers son oncle avec un pied de rouge sur ses pauvres joues creuses, et lui murmura à l'oreille quelque chose dont il n'était pas difficile de deviner le sens, à voir le trouble et l'embarras terrible qui en furent la conséquence.

« Allons, lui dis-je, notre connaissance date de trop loin pour qu'il y ait entre nous de la cérémonie. Votre *placens uxor*, comme toutes les dames en pareil cas, pense que votre invitation a été faite un peu sans réflexion ; et en vérité, j'ai une si longue course à faire pour m'en retourner que j'aimerais autant venir manger vos huîtres un autre jour.

— Non, non, me dit Clutterbuck, avec une vivacité dont son tempérament flegmatique était rarement susceptible, non, je vais aller la voir et lui faire entendre raison moi-même. *Femmes, obéissez à vos maris,* a dit le grand prédicateur ; » et l'ancien prix d'honneur des sciences se leva avec une telle impétuosité qu'il en renversa sa chaise.

Je l'arrêtai et lui dis : « Laissez-moi y aller moi-même, si vous voulez que je dîne avec vous. Le sexe est toujours favorablement disposé pour un *étranger*, et il est probable que je serai plus persuasif que vous, malgré votre autorité légitime. »

Ce disant, je quittai la chambre avec une curiosité plus douloureuse qu'agréable, pour me présenter à la femme de mon camarade. Je m'adressai au domestique et lui dis de me précéder et de m'annoncer.

Je fus introduit à l'instant même dans la chambre où j'avais aperçu tous les signes de l'inquiétude et de la curiosité féminine ainsi que je l'ai dit plus haut. Là je découvris une petite femme vêtue d'une robe à la fois élégante et malpropre, avec un nez pointu, de petits yeux gris sans éclat ;

son teint, très-vif au niveau des pommettes, allait blémis-
sant et prenait une teinte verdâtre aux environs de sa bouche large et maussade, qui, je l'imagine, ne s'entrouvrait
que rarement pour sourire à l'infortuné possesseur de ses
charmes. Cette personne, comme le révérend Christophe,
était en compagnie ; elle avait avec elle une grande femme
maigre d'un âge avancé et une jeune fille de quelques années plus jeune qu'elle-même, qui me furent présentées
comme sa mère et sa sœur.

Mon entrée ne fut pas sans jeter ces personnes dans une
grande confusion ; mais j'y portai remède. Je tendis la main
si cordialement à la dame que j'attirai, malgré leur visible
répugnance à venir à moi, deux de ses doigts osseux jusque dans les miens ; je les y retins et ne leur donnai la liberté qu'après les avoir soumis à une pression affectueuse
fort propre à m'attirer sa confiance. Je mis ensuite ma
chaise tout près de la sienne, et j'entrai en propos aussi familièrement, que si j'avais connu cette triade féminine depuis plusieurs années. J'exprimai toute ma joie de voir mon
vieil ami si heureusement établi, avec une si bonne mine.
Je hasardai une fine plaisanterie sur les bons effets du mariage, j'admirai un chat en tapisserie, que confectionnaient
les mains vénérables de la vieille matrone, j'offris de lui
faire cadeau d'un vrai chat angora avec des oreilles noires
longues de cinq pouces et une queue aussi fournie que
celle d'un écureuil. Après quoi je passai vivement et sans
transition à l'invitation non autorisée de l'excellent maître
de la maison.

« Clutterbuck, dis-je, m'a prié très-chaudement de rester
à dîner ; mais avant d'accepter son offre, j'ai voulu à toute
force venir demander à la maîtresse de la maison si elle
n'y mettait pas son *veto*. Les messieurs, vous le savez,
chère madame, n'entendent rien à ces choses-là, et je n'accepte jamais une invitation d'un homme marié avant d'être
sûr de la sanction de sa femme. Je sais, par ce qui se passe
dans ma famille, combien cela importe. Ma mère (lady Frances) est la meilleure personne du monde : cependant mon
père ne prendrait pour rien au monde la liberté (il faut bien
dire les choses comme elles sont), d'inviter à dîner même

son plus vieil ami, sans avoir auparavant consulté la maîtresse du logis ; il n'y a qu'une personne (dit ma mère, et elle
dit vrai) qui puisse parler d'affaires de ménage, c'est celle
qui en a la direction. Aussi pour me conformer à ce précepte, je ne me permettrai d'accepter une invitation ici que
si c'est la maîtresse de la maison elle-même qui me convie.

— En vérité, me dit madame Clutterbuck en rougissant
avec un mélange d'embarras et de satisfaction, vous êtes
plein d'égards et de politesse, M. Pelham. Je voudrais seulement que M. Clutterbuck accordât à ces choses-là la moitié de l'attention que vous y apportez ; on ne peut s'imaginer le trouble et le dérangement qu'il me cause souvent.
Si j'avais été prévenue de votre arrivée un peu à l'avance...
mais j'ai bien peur que nous n'ayons absolument rien à la
maison. Toutefois, si vous voulez courir les chances de
notre pauvre dîner, M. Pelham...

— Votre bonté me ravit, m'écriai-je, et je ne vous ca-
cherai pas plus longtemps le plaisir que j'ai à accepter l'invitation de mon vieil ami. »

Cette affaire ainsi arrangée, je continuai à causer pendant
quelques minutes, appelant à mon aide tout mon entrain,
et lorsque je rentrai dans la bibliothèque, ce fut avec la
douce conviction d'avoir changé en amies des personnes
disposées à me recevoir en ennemi.

En attendant le dîner qui avait lieu à quatre heures,
Clutterbuck et moi, nous nous amusâmes à causer en sages.
Il y avait dans les sentiments de cet homme une élévation
et une générosité qui faisaient vivement regretter que la
tournure de son esprit condamnât ces belles qualités à une
sorte d'impuissance. Étant au collége, il n'avait jamais
(illis dissimilis in nostro tempore natis) fait de cour-
bette devant les personnages qui étaient en possession du
pouvoir clérical. Dans l'exercice des devoirs de sa charge
comme doyen de l'établissement, il avait toujours été d'une
justice et d'une sévérité égales envers tous les élèves, qu'ils
portassent le bonnet noir ou la toque à gland d'or. Un de
ses élèves particuliers, dont le père était peut-être le plus
riche propriétaire de bénéfices ecclésiastiques de toute la
pairie, se montra rebelle à ses admonestations répétées et

se mit en état de désobéissance habituelle contre lui Il ne
voulut plus le garder, résigna ses fonctions de précepteur,
et refusa d'accepter plus longtemps un salaire que le mauvais vouloir de son élève ne lui permettait pas de gagner
en conscience. Il était ferme dans ses convictions cléricales;
mais d'une extrême douceur dans les jugements qu'il portait sur les autres. Il n'avait point emprunté ses idées sur
la liberté chez les peuples grecs au livre de l'ignorant historien des républiques de la Grèce : et il ne prenait point
texte de la douceur contemplative et de la philosophie antique, défigurée et calomniée, pour faire l'apologie de la bi-
goterie et des abus de notre époque [1].

Un des traits distinctifs de sa conversation c'était que,
malgré les emprunts qu'il faisait aux vieux auteurs et ses
allusions aux classiques, il ne tombait jamais dans l'abus
des citations que son excellente mémoire aurait pu lui
fournir. Il n'arrivait jamais, malgré l'élégance littéraire et
la pureté antique de son langage, qu'un mot grec ou
latin s'échappât de ses lèvres, si ce n'est lorsque nous
faisions assaut de mémoire en récitant alternativement des
vers, ou lorsqu'il était excité par le défi que lui portait
quelqu'un de ses rivaux. Alors il faisait fondre sur son ad-
versaire un tel torrent d'exemples authentiques que celui-ci
était bientôt réduit au silence. Mais il s'engageait rarement
dans ces sortes de tournois et il jouissait avec une extrême
modération de son triomphe. Pourtant il aimait à entendre
les autres faire des citations, et je savais que le plus grand
plaisir que je pusse lui causer c'était d'en émailler ma conversation. Peut-être pensait-il que, de la part d'un homme
comme lui dont personne ne mettait en doute le savoir, on
eût pu regarder comme un vain étalage de science cet
innocent plaisir de se servir d'une langue morte. Pourtant
par une bizarre inconséquence qui est bien dans la nature
humaine, il ne lui vint jamais à l'esprit que la pureté

1. C'est une véritable honte pour notre université que quelques
colléges commandent ou même tolèrent sur leur liste classique, le
bigot présomptueux qui nous a légué, dans son *histoire de la Grèce* un
chef-d'œuvre de déclamation sans vigueur et de pédantisme sans instruction.

classique de son langage ou les occupations savantes auxquelles il se plaisait, dussent justement l'exposer à cette
même imputation de pédanterie.

Cependant, de temps en temps, lorsqu'il était enflammé
par son sujet, il y avait dans le ton de son langage et de
ses sentiments quelque chose qui pouvait bien s'appeler de
l'éloquence ; et sa modestie sincère et son enthousiasme
honnête enlevaient à l'impression qu'il produisait, l'air d'affectation et d'emphase qu'elle aurait pu avoir sans cela.

« Vous avez ici une habitation calme et tranquille, lui
dis-je ; il n'y a pas jusqu'aux corneilles, avec leur vénérable
croassement si doux à mon oreille, qui ne semblent inviter
au sommeil.

— Oui, me répondit Clutterbuck, j'avoue qu'il y a dans
ce lieu retiré tout ce qui convient à mon caractère. Je me
figure que je puis m'y livrer tout à mon aise à la contemplation qui est pour ainsi dire mon élément et mon ali-
ment intellectuel ; et cependant je crains en cela (comme
en toute chose) de tomber dans une étrange erreur, car je
me souviens que durant mon court séjour à Londres, je
m'étais accoutumé à considérer le bruit des voitures et
des passants qui faisait trembler mes vitres, comme un
avertissement de rentrer en moi-même et d'étudier avec
plus de recueillement. En vérité, cette bruyante manifes-
tation du labeur des hommes me rappelait combien peu
me touchaient les grands intérêts de ce monde, et le sentiment de mon isolement au milieu de cette foule du dehors
me ramenait vivement à la compagnie que je trouvais au-
dedans de moi. En effet il semble que l'esprit se plaise à
la contradiction et que, lorsqu'il est transplanté dans un
sol où tout ce qui l'entoure porte un certain fruit, il aime
par une singulière perversion, à en faire éclore un autre
d'espèce toute différente. Vous ne croiriez pas, mon ami,
que dans cette retraite solitaire, je ne puis empêcher mes
pensées de se porter quelquefois vers ce monde si vif, si
animé de Londres, dont je me souciais si peu alors que j'y
habitais. Vous souriez, et pourtant cela est vrai ; et quand
vous saurez que je logeais dans la partie occidentale de la
métropole, tout près du noble palais de Somerset-House et

par conséquent au centre de ce que les oisifs appellent le beau monde, vous ne serez pas surpris de ces migrations que se permettent quelquefois mes pensées. »

Ce brave Clutterbuck s'arrêta un instant et poussa un faible soupir :

« Faites-vous valoir? cultivez-vous votre jardin? lui dis-je, ce sont là des occupations qui ne manquent ni de noblesse, ni d'exemples classiques.

— Malheureusement, répondit Clutterbuck, je n'ai de goût ni pour l'un ni pour l'autre. J'éprouve une douleur aiguë et poignante dans la poitrine toutes les fois que je veux me baisser, et ma respiration est courte et asthmatique, et, pour dire le vrai, on ne m'arrache pas facilement à mes livres et à mes papiers. Je vais avec Pline à son jardin et je suis Virgile à sa ferme; ces excursions mentales sont les seules auxquelles je me livre. Quand je songe à mon goût pour l'application et à mon amour du repos, je suis tenté d'être fier de ces goûts qui sont tout au rebours de ceux que Tacite reproche à nos ancêtres les Germains, puisque

J'aspire au repos en fuyant la paresse. »

En cet endroit il ne put continuer : il lui prit une quinte de toux sèche, qui me perça le cœur. Hélas, me dis-je, en jetant les yeux sur les joues pâles et amaigries de mon pauvre ami, ce n'est pas son esprit seulement qui sera victime de la fatalité de ses études.

Je fus quelques instants avant de reprendre la conversation, et je recommençais à peine quand je fus interrompu par l'entrée de Benjamin Jérémie, porteur d'un message de sa tante, qui annonçait que le dîner serait prêt dans quelques minutes. Un nouvel entretien à voix basse s'engagea entre Christophe et son neveu. Le *ci-devant fellow* de Trinity-college jeta sur ses propres habits un regard embarrassé. Je vis qu'on lui avait envoyé dire qu'il était convenable qu'il fît un peu de toilette. Voulant lui donner le temps de se conformer à cet ordre, je priai le jeune homme de m'indiquer une chambre où je pusse me livrer

aux ablutions d'usage avant le dîner ; et je le suivis dans
l'escalier jusqu'à une sorte de cabinet de toilette en mauvais état, sans cheminée, où je trouvai un pot à eau en
terre jaune et une cuvette. La serviette était d'un tissu si
grossier que je ne voulus pas exposer la délicatesse de
mon visage au contact de sa rudesse ; ma peau n'est pas
faite pour d'aussi grossiers rapprochements. Pendant que
je passais mollement et discrètement mes mains dans une
eau crue qui n'avait point été puisée à la fontaine de Blan-
dusie, essayant de tirer parti de cette affreuse substance
qui porte le nom de savon de Windsor, j'entendis la respiration haletante de ce pauvre Clutterbuck dans l'escalier.
Bientôt il entra dans une chambre voisine. Deux minutes
après son domestique vint le trouver, car j'entendis la voix
enrouée de cet homme qui lui disait :

« Il n'y a plus de vin cacheté, monsieur.

— Il n'y en a plus, bon Dixon. Vous vous trompez étrangement. J'en avais encore deux douzaines de bouteilles il
n'y a pas quinze jours.

— Je ne sais pas, monsieur, répondit Dixon d'un ton à
moitié impertinent, mais ce que je sais c'est qu'il y a de
grandes bêtes, des espèces *d'alligators*, dans la cave, qui
cassent toutes les bouteilles.

— Des alligators dans ma cave ! dit Clutterbuck au comble de l'étonnement.

— Oui monsieur, du moins une espèce de reptile veni-
meux qui y ressemble et que les gens par-ici appellent des
salamandres.

— Quoi ! dit Clutterbuck innocemment, et sans s'apercevoir de l'ironie de sa question... Quoi, les salamandres
ont brisé deux douzaines de bouteilles dans une semaine !
A coup sûr voilà qui est étrange, que de petits animaux de
l'espèce des lézards aient des instincts aussi destructeurs !...
peut-être ont-ils de l'antipathie pour l'odeur du vin. J'en
parlerai à mon savant ami le Dr Dissectall ; il doit connaître la force et les habitudes de ces animaux. Alors montez-
nous un peu de porto, bon Dixon.

— Oui, monsieur, Il n'y a plus d'orge ; je n'en ai pas à
donner au cheval de ce monsieur.

— Allons, Dixon, ma mémoire me trompe étrangement ou je vous ai donné la somme de quatre livres et quelques shillings pour de l'orge vendredi dernier.

— Oui, monsieur, mais votre vache et les poules mangent tant ! et puis Dobbin l'aveugle a quatre rations par jour, et le fermier Johnson met toujours son cheval dans notre écurie, et puis mistress Clutterbuck et ces dames ont donné à manger l'autre jour à l'âne qu'on avait loué pour l'atteler à la petite charrette, et puis encore il y a les rats et les souris qui sont toujours après le grain.

— Je suis surpris au dernier point, répondit Clutterbuck, des dégâts que me cause cette vermine : il semble qu'ils considèrent mon pauvre bien comme étant leur propriété particulière ; faites-moi souvenir que je dois écrire au Dr Dissectall demain, mon bon Dixon.

— Oui, monsieur, et puis j'y pense, il y a..... »

Ici M. Dixon fut interrompu au milieu de ses *item*, par l'entrée d'une troisième personne qui montra aussitôt qu'elle était bel et bien madame Clutterbuck.

« Quoi, vous n'êtes pas encore habillé, monsieur Clutterbuck ? quel lambin vous faites ! voyez un peu qui est-ce qui s'est jamais conduit avec une femme comme vous faites avec moi ? bon ! voilà que vous avez essuyé votre rasoir à mon bonnet de nuit, malpropre, sale que vous êtes !

— Je vous demande bien pardon, c'est vrai, je reconnais mon erreur dit Clutterbuck d'un ton qui annonçait une vive contrariété.

— Votre erreur ! cria mistress Clutterbuck avec une voix de fausset aiguë, retentissante et querelleuse, appropriée à la circonstance, mais c'est toujours la même chose ; tenez, je n'en puis plus et vous me poussez à bout, mais Dieu me pardonne, pauvre idiot ! je crois que vous avez passé vos méchantes jambes de fuseau dans les manches de votre habit croyant mettre votre culotte !

— En vérité, ma bonne amie, vos yeux sont plus clair-voyants que les miens : et mes jambes qui sont, comme vous le dites, un peu maigres, se sont introduites là où elles n'avaient que faire ; mais tout cela ne fait pas, Doro-thée, que je mérite l'épithète d'idiot, dont il vous a plu de me gratifier, quelque ordinaires, quelque humbles que soient du reste mes facultés intellectuelles.

— Bah! bah! M. Clutterbuck, comment voulez-vous qu'on vous appelle, quand vous vous hébêtez la tête toute la journée avec un tas de bouquins qui ne valent pas deux sols! Maintenant, dites-moi un peu à quoi vous pensez d'aller inviter à dîner M. Pelham, quand vous savez que nous n'avons rien áu monde si ce n'est un hachis de mouton et du pudding aux pommes? Est-ce ainsi, monsieur, que vous traitez votre femme pour la récompenser de la bonté qu'elle a eue de vous épouser?

— Réellement, répondit le patient Clutterbuck, je n'avais pas pensé à cela ; mais mon ami se soucie aussi peu que moi des jouissances grossières de la table, et le plaisir purement intellectuel de la conversation est tout ce qu'il est venu chercher sous notre toit.

— Le plaisir d'entendre des balivernes, M. Clutterbuck! A-t-on jamais entendu dire des sottises pareilles?

— D'ailleurs, reprit le maître de la maison sans relever l'interruption, nous avons à lui offrir quelque chose qui peut flatter le palais, un mets des plus délicats, et que lui comme moi, nous avons la faiblesse peu philosophique de priser infiniment ; je veux parler des huîtres que nous a envoyées notre bon ami le Dr Swallowem.

— Que dites-vous donc, M. Clutterbuck? ma pauvre mère et moi, nous avons soupé avec ces huîtres hier soir. Car elle et ma sœur meurent ici de faim, mais vous, il faut toujours que vous soyez servi et rassasié avant tout le monde!

— Non, non, répondit Clutterbuck, vous savez que vous m'accusez injustement, Dorothée; mais, j'y songe, ne serait-il pas mieux de baisser un peu la voix, à cause de notre hôte (voilà encore une circonstance qui m'était sortie de la mémoire;) car je l'ai fait entrer là dans la chambre à côté, pour qu'il pût se laver les mains, ce qui me semblait bien inutile vu leur extrême blancheur. Je ne voudrais pas qu'il vous entendît, Dorothée, de peur que dans son bon cœur il n'allât s'imaginer que je suis moins heureux qu'il ne croyait.

— Grand Dieu! M. Clutterbuck! » tels furent les seuls mots que j'entendis ensuite. Ce fut avec des larmes dans les yeux et la poitrine oppressée par les sentiments qui m'accablaient, en songeant à la situation matrimoniale de mon pauvre ami, que je descendis au salon. Je n'y trouvai que le pâle neveu : il était péniblement courbé sur un livre que je lui pris des mains; c'était un « Bentley, sur Phalaris ; » j'eus peine à résister à l'envie de lancer ce livre au feu. « Encore une victime, me dis-je. Oh! maudite soit l'éducation anglaise! »

Peu à peu arrivèrent la mère et la sœur, puis Clutterbuck et enfin, parée de bijoux de chrysocale, la dame de la maison. Quoique j'eusse été élevé et nourri dans l'art de dissimuler mes impressions, j'avoue que je n'avais jamais fait l'essai d'une dissimulation aussi difficile que celle à laquelle je dus me soumettre. Pourtant, l'espoir d'améliorer la position de mon ami me soutint. Le meilleur moyen, me dis-je, d'amener sa femme à avoir pour lui plus de respect, ce doit être de lui montrer que les autres le respectent ; en conséquence, je m'assis auprès d'elle et après m'être concilié sa bienveillance par quelques compliments adroits et qui paraissaient empreints de la plus parfaite sincérité, je parlai avec la plus grande vénération du talent et du savoir de Clutterbuck ; je m'étendis sur la haute réputation dont il jouissait, sur l'estime générale qui lui était acquise, sur la bonté de son cœur, la sincérité de sa modestie, l'intégrité de son honneur, en un mot sur tout ce qui me parut de nature à faire impression sur elle ; avant tout j'insistai sur l'éloge flatteur que faisaient de lui lord un tel, le comte de.,, et je frappai le dernier coup en ajoutant que j'étais sûr qu'il deviendrait évêque. Mon éloquence porta ses fruits; pendant tout le dîner mistress Clutterbuck traita son mari avec une considération remarquable; il semblait que mes paroles eussent fait pénétrer la lumière dans son esprit, transformé sa manière de voir à l'endroit du caractère de son seigneur et maître. En effet, qui ne sait que nous avons la vue courte et trouble quand il s'agit d'apprécier la nature de nos proches, et que nous ne voyons leurs qualités ou leurs défauts qu'à

travers la lorgnette de l'opinion des étrangers. On doit
bien se figurer que le dîner ne manqua pas d'accidents comi-
ques, que le serviteur et les mets, la famille et l'hôte eussent pu fournir un ample sujet d'observations à un peintre
moraliste comme Hogarth ou à un caricaturiste comme
Bunbury. Mais j'étais trop sérieusement occupé à poursuivre mon objet et à observer les progrès que je pouvais
faire pour me donner le temps même de sourire. Ah! si
jamais vous destinez votre fils à la diplomatie, montrez
lui quel usage utile il en peut faire s'il la veut employer à
un but louable.

Lorsque les femmes se furent retirées, nous rappro-
châmes nos chaises; alors mettant ma montre sur la table
et regardant le jour qui déclinait, je lui dis : « Profitons du
peu de temps que nous avons à passer ensemble; je n'ai
plus qu'une demi-heure à rester ici.

— Et comment, mon ami, me dit Clutterbuck, apprendre
la méthode d'employer bien son temps? C'est là, soit pour
de longues périodes, soit pour les plus courts moments, la
grande énigme de la vie. Quel est celui qui s'est jamais
écrié, en parlant de cette science la plus difficile de toutes :
Eurêka (pardonnez mon pédantisme, ce mot grec m'est
échappé).

— Allons, lui dis-je, ce n'est pas à vous, savant favorisé,
chargé d'honneurs académiques, dont le temps n'est jamais
perdu dans l'oisiveté, à faire cette question.

— Votre amitié émousse votre jugement et le dispose
trop en ma faveur, me répondit le modeste Clutterbuck;
sans doute mon lot est de cultiver les champs de vérité
qui nous ont été transmis par les sages de l'antiquité. J'ai
lieu de m'applaudir, de n'avoir jamais été distrait de mes
études ni frappé dans mon indépendance, ces deux biens
les plus précieux pour un esprit calme et méditatif. Mais il
y a des moments où je doute presque de la sagesse de ma
manière de vivre; et lorsque, d'une main tremblante et
fiévreuse, je dépose les livres qui m'ont tenu éveillé toute
la nuit, que je gagne ma couche sans sommeil, où je
cherche en vain le repos pour ce pauvre corps usé et fatigué, alors je voudrais pouvoir acheter la robuste santé

d'un paysan, au prix de ma science vaine et imparfaite ; je voudrais prendre son ignorance heureuse qui ne désire rien de plus que le monde borné qu'elle connaît, parce qu'elle ne sait pas qu'il y ait rien au delà. Certainement, mon cher et excellent ami, il y a dans les écrits des anciens une philosophie honorable et tranquille qui est faite pour me maintenir dans une meilleure situation d'esprit. Lorsque je viens de puiser à cette source de pensées si douces mais si mélancoliques qui découle des ouvrages du tendre et gracieux Cicéron, j'éprouve un moment de satisfaction, et je conçois presque de l'orgueil de ce résultat de mes études chéries. Mais ces moments-là sont bien courts, bien fugitifs, et il les faut payer cher. Il y a une chose, mon cher Pelham, qui me chagrine depuis quelque temps, c'est que par le fait de cette attention excessive que l'Université, suivant une coutume fastidieuse, nous habitue à porter aux détails et aux minuties dans les textes anciens, il me semble que parfois la beauté de l'ensemble et l'esprit général du sujet m'échappent. J'éprouve parfois plus de plaisir à trouver des amendements ingénieux à un texte altéré, qu'à en saisir le sens et à en admirer le tour. Tandis que je redresse un clou crochu dans les cercles de ce tonneau, je laisse évaporer le vin. Pourtant je me réconcilie quelque peu avec moi-même lorsque je réfléchis que ce malheur m'est commun avec le grand Porson et le savant Parr, deux hommes après lesquels je rougirais d'oser me citer alors même que ce serait pour être blâmé comme eux.

— Mon ami, lui dis-je, je ne veux ni blesser votre modestie ni vous détourner de votre but ; mais ne pensez-vous pas qu'il vaudrait mieux, et pour les autres et pour vous-même, alors que vous êtes dans toute la force de votre âge et de votre esprit, employer vos facultés et votre ardeur à quelque travail plus utile et moins aride que celui que vous m'avez laissé voir dans votre cabinet ? Bien plus, comme l'objet principal de l'homme qui veut perfectionner son esprit, est d'abord d'essayer de donner des forces à son corps, ne serait-il pas prudent pendant quelque temps de vous relâcher de votre dévouement absolu à vos livres, de prendre de l'exercice au grand air, de détendre un peu

la corde de l'arc ; de vous mêler un peu plus aux vivants
et de faire part aux hommes, soit dans la conversation soit
par écrit, de toutes ces connaissances que vous avez amas-
sées par un travail de plusieurs années ? Venez, sinon à la
ville, du moins dans le voisinage ; le revenu de votre charge
suffira pour vous le permettre sans inconvénient. Laissez
vos livres dans votre bibliothèque, abandonnez votre trou-
peau à votre vicaire et..... vous secouez la tête, est-ce que
mes paroles vous déplaisent ?

— Non, non, mon bon et généreux conseiller ; mais où la
chèvre est attachée, il faut qu'elle broute. Je n'ai pas été
sans avoir cette ambition vaine et insensée, la première
passion qui pénètre dans le vaisseau agité et tourmenté de
notre âme, et la dernière qui abandonne son pont ravagé
et brisé par la tempête ; mais mon âme à moi, a découvert
et atteint son but à un âge où chez les autres, il n'y a encore que vague et incertitude ; elle se nourrit de souvenirs,
et ne veut pas s'aventurer sur une mer inconnue, à la
poursuite d'un but incertain. Quant à mes études, comment pouvez-vous, vous qui avez bu abondamment à cette
vieille source de Castalie, me conseiller de les quitter ?
Est-ce que les anciens ne sont pas ma nourriture, ma consolation, mes amis, mes bienfaiteurs, ma joie ? Enlevez-les
moi, et vous m'enlevez l'air et la lumière. D'ailleurs, mon
cher Pelham, il y a une chose qui ne peut avoir échappé à
votre observation, c'est qu'il est peu probable, d'après mon
état actuel de santé, que je sois destiné à vivre de longues
années. Le peu de jours qui me restent doivent être em-
ployés comme ceux qui les ont précédés ; quelles que soient
les infirmités de mon corps, et les petits désagréments qui,
je le crains, attendent les hommes les plus heureux alors
qu'ils sont unis par les liens de l'hyménée à cette partie
mobile et flottante de la création que nous appelons les
femmes, j'ai mon refuge et ma consolation dans le poétique
et divin Platon au cœur d'or. Je l'ai aussi dans la sentencieuse sagesse de Sénèque, qui a banni de ses ouvrages
l'imagination. Eh bien, lorsque je suis averti de ma fin
prochaine par les symptômes qui se pressent et éclatent en
moi dans le silence de la nuit, j'éprouve un plaisir qui

n'est ni sans grandeur ni sans gloire à songer que je pourrai aller rejoindre, dans le séjour des bienheureux, ces esprits brillants avec lesquels nous ne pouvons ici-bas converser que si imparfaitement. J'entendrai alors découler des lèvres mêmes d'Homère, ses pures et sereines fictions, dans toute leur magnificence, et la voix d'Archimède lui-même m'expliquera ses problèmes immortels. »

Clutterbuck s'arrêta; le feu de son enthousiasme s'était répandu sur ses joues creuses et sur son œil enfoncé dans l'orbite. Le jeune homme qui s'était tenu assis à l'écart, et en silence pendant notre entretien, appuya sa tête sur la table et se mit à sangloter; je me levai, profondément affecté, pour offrir à cet homme auquel ils devaient être bien inutiles, les vœux et les bénédictions d'un disciple ardent mais non pas encore endurci du monde. Nous nous séparâmes, nous ne nous reverrons plus sur cette terre. La lumière s'est éteinte sous le boisseau. Il y aura demain six semaines que ce savant à l'âme si douce et si noble a rendu le dernier soupir.

CHAPITRE LXIV

J'étais triste, mélancolique, pensif, lorsque je quittai le presbytère. Je maudissais du fond de mon cœur ce système d'éducation si stérile pour le plus grand nombre, si pernicieux pour quelques-uns. « Misérable illusion, me disais-je, qui ruine la santé et fausse l'intelligence, à l'aide de ces études aussi inutiles au monde que dangereuses pour celui qui les entreprend ; car elles le mènent à l'incapacité dans la vie publique, à l'ineptie dans la vie privée ; elles l'exposent à faire rire de lui des étrangers ; à être victime de sa femme, bafoué et volé par ses domestiques ? » J'avançais rapidement, fort occupé de ces réflexions, et je me retrouvai bientôt sur le terrain des courses. Je cherchai des yeux avec attention l'équipage brillant de lady Chester, mais en vain. La foule s'écoulait ; tous les personnages de distinction étaient partis ; les gens du peuple, groupés çà et là, criant et se débattant, paraissaient prêts à quitter le terrain. Les voix stridentes des distributeurs ambulants de cartes et de billets se taisaient, et tout allait bientôt rentrer dans le silence. Je parcourus la plaine espérant rencontrer quelqu'un de nos compagnons de voyage attardé. Hélas ! il n'y avait plus personne. Je dus donc, non sans ennui et sans regrets, opérer seul ma retraite.

Il était presque nuit, mais la lune brillait au milieu d'un ciel gris, et c'était bien le cas de lui adresser un sonnet car si jamais lumière fut accueillie par moi avec joie ce fut celle-là. Je songeais en effet aux chemins de traverse et au

lugubre pays qu'il me faudrait parcourir avant d'atteindre
au port désiré de Chester-Park. Comme je venais de quitter
la grande route, le vent qui jusque là était vif et pénétrant
tomba tout à coup, et je vis un nuage noir qui s'avançait
derrière moi et fut bientôt au-dessus de ma tête.

En général une ondée ne me fait pas peur, mais, comme
il arrive toujours, lorsque nous sommes mal disposés, que
nous nous exagérons le moindre désagrément qui survient,
je jetai un regard terriblement malveillant au nuage qui
me poursuivait. En même temps, je mis mon cheval à une
allure qui convenait mieux à mes sentiments qu'aux siens,
car la pauvre bête paraissait songer avec tristesse à l'écurie
dépourvue d'avoine de mon ami Clutterbuck.

J'avais fait environ trois milles, lorsque j'entendis retentir derrière moi le sabot d'un cheval. J'allais si lentement
que je fus bientôt rejoint; le cavalier qui survint tira les
rênes lorsqu'il arriva vers moi, et en me retournant je vis
que c'était sir John Tyrrel.

« Bon, pensai-je, voilà qui est heureux : car je commençais à craindre de faire route tout seul par cette nuit froide.

— Je pensais que vous étiez rentré depuis longtemps à
Chester-Park par ce mauvais temps, lui dis-je, vous n'avez
donc pas quitté les courses avec notre société ?

— Non, répondit Tyrrell, j'avais affaire à Newmarket
avec un drôle, qui a nom Dawson. Il a perdu contre moi
un pari considérable, et il m'avait prié de l'accompagner
en ville après la course pour toucher la somme. Comme il
me dit qu'il habitait sur la route de Chester-Park et qu'il
me dirigerait et au besoin m'accompagnerait pour me montrer le chemin qui n'est pas facile, je regrettai moins d'a-
voir abandonné Chester et ses amis. Vous savez, Pelham,
quand le plaisir vous tire d'un côté et l'argent de l'autre,
c'est le premier qui a tort. Mais pour en revenir à mon
gredin, croiriez-vous que, à peine engagés sur la route de
Newmarket, il me laisse à l'auberge sous prétexte d'aller
chercher son argent, et qu'après l'avoir attendu pendant
plus d'une heure dans une chambre froide, avec une cheminée qui fumait, et ne le voyant pas revenir, je pris le
parti de sortir et de parcourir la ville. Je trouvai enfin mon

Dawson tranquillement assis dans un tripot avec ce gueux de Thornton ? Jusque-là je n'avais jamais compris comment il fréquentait un pareil homme, mais tout s'expliqua. Il paraît qu'il jouait là à la roulette et essayait de rattraper l'argent nécessaire pour s'acquitter. Vous devez comprendre quelle fut ma colère, et comment elle s'accrut encore quand il se leva, vint à moi, m'exprima son regret, se plaignit de sa mauvaise chance, et me dit qu'il ne pourrait pas me payer avant trois mois. Vous conviendrez que je ne pouvais me risquer à faire route avec un pareil homme, il eût été capable de me voler ma bourse. Alors je retournai à mon auberge, j'y dînai, je fis seller mon cheval, et je demandai ma route de çà et de là, aux passants. Enfin après avoir erré dans toutes les directions, me voilà dans le bon chemin.

— Je ne saurais être affligé de votre malheur, lui dis-je, puisque j'en profite. Mais ne pouvez-vous vous dispenser de trotter si vite ? j'ai peur que mon cheval ne soit pas en état de suivre le vôtre. »

Tyrrell jeta un regard d'impatience sur ma monture essoufflée. « C'est bien malheureux que vous soyez si mal monté, nous allons recevoir une pluie atroce. »

Pour lui faire plaisir, je tâchai d'accélérer le pas de ma monture. Le chemin était rugueux et difficile; je venais de mettre au petit trot la pauvre bête harassée, lorsque son pied ayant porté à faux dans une ornière ou sur un caillou, ou pour toute autre raison, elle se mit tout à coup à boiter. L'impétuosité de Tyrrell s'exhala en jurons et nous mîmes tous deux pied à terre pour voir ce qui faisait boiter mon cheval, espérant que ce n'était peut-être qu'une petite pierre entrée dans son sabot. Tandis que nous étions occupés à cet examen, deux cavaliers passèrent près de nous. Tyrrell releva la tête et s'écria d'une voix contenue : « Parbleu ! c'est ce chien de Dawson avec son digne associé Tom Thornton.

— Qu'y a-t-il, messieurs ? s'écria ce dernier avec sa grosse voix. Puis-je vous être bon à quelque chose ? » Et sans attendre notre réponse, il mit pied à terre et vint à nous. Il n'eut pas plus tôt regardé la jambe de mon cheval qu'il nous assura que le mal était grave, et que ce que j'avais de mieux à faire c'était de ramener tout doucement l'animal à la maison.

Comme Tyrrell exprimait vivement son mécontentement de cet avis, l'escroc le regarda avec une expression qui ne me plut pas du tout; puis, d'un ton très-civil et presque respectueux, il lui dit : « Si vous voulez, sir John, rentrer à Chester-Park avant M. Pelham, venez avec nous, nous vous montrerons le chemin. » (Voilà qui est joli, me dis-je, de vouloir me laisser là tout seul chercher mon chemin au milieu de ce labyrinthe rempli de pierres et de fondrières !) Cependant Tyrrell qui était de fort mauvaise humeur, refusa leur offre, d'une façon peu courtoise, ajoutant qu'il resterait avec moi aussi longtemps qu'il le pourrait et que lorsqu'il me quitterait il était probable qu'il trouverait bien son chemin tout seul. Thornton le pressa vivement d'accepter son offre, lui disant même *sotto voce* que si c'était Dawson qui le gênait, il l'en débarrasserait, en l'envoyant devant.

« Je vous prie, monsieur, lui dit Tyrrel, de me laisser tranquille et d'aller à vos affaires. » A cette réponse aigre, Thornton jugea qu'il était inutile de rien ajouter; il remonta à cheval et nous faisant un salut muet, d'un air de familiarité, il se remit en route avec son compagnon.

« Je suis fâché, dis-je, lorsque nous nous fûmes remis à marcher au pas, que vous ayez refusé l'offre de Thornton.

— Oh! à dire la vérité, répondit Tyrrell, j'ai si mauvaise opinion de lui que j'étais tout à fait effrayé de l'idée de me trouver seul avec lui dans un chemin aussi désert et aussi sombre que celui-ci. J'ai sur moi (et il le sait) environ deux mille livres, car j'ai eu assez de bonheur dans mes paris de course aujourd'hui.

— Je n'entends rien aux habitudes de course, lui dis-je, mais je croyais que des sommes aussi importantes que celle-là ne se soldaient jamais sur le terrain même.

— Ah, répondit Tyrrell, c'est que j'ai gagné là-dessus, dix-huit cents livres à un cultivateur de Norfolk qui m'a dit qu'il ne savait pas quand il pourrait me revoir et a insisté pour me payer sur le champ. Ma foi! je n'ai pas fait le difficile. Thornton se trouvait là et je n'ai pas été content de l'expression de ses yeux quand il m'a vu empocher l'argent.

Croiriez-vous, continua Tyrrell après un instant de silence, que je suis suivi depuis hier par un diable d'individu qui ne me perd pas de vue une minute? Partout où je vais je suis sûr de le rencontrer. Il a toujours l'air de me surveiller de loin ; et ce qu'il y a de pis, c'est qu'il se drape si bien et prend tellement soin de se tenir à distance, qu'il m'a été impossible d'apercevoir un seul trait de sa physionomie. »

Je ne sais pourquoi, à ce moment, la singulière figure masquée que j'avais vue sur la lande au delà du terrain des courses, me revint à l'esprit.

« Ne porte-t-il pas un grand manteau de cheval? dis-je à Tyrrell.

— Oui, me répondit-il, avec surprise, est-ce que vous l'avez remarqué ?

— J'ai vu un homme qui se rapporte à ce signalement, sur le champ de courses, lui dis-je, mais pendant un instant seulement. »

Notre conversation fut interrompue par de grosses gouttes de pluie qui se mirent à tomber sur nous. Le nuage obscurcissait la lune et s'avançait d'une manière menaçante au-dessus de nos têtes. Tyrrell n'était ni d'âge, ni de complexion, ni de caractère à supporter avec la même indifférence que moi la perspective d'être trempé jusqu'aux os.

« Allons, allons ! me cria-t-il, il faut que vous fassiez marcher votre cheval plus vite ; pour tous les chevaux du monde je ne voudrais pas être mouillé. »

Le ton impératif de cette observation ne me plut pas du tout.

« Impossible, lui dis-je, d'autant plus que le cheval n'est pas à moi, et qu'il paraît boiter encore plus fort que tout à l'heure ; mais que je ne vous retienne pas.

— C'est bon, me cria Tyrrell d'une voix brève et sèche qui me plut encore moins que sa précédente observation, mais comment vais-je faire pour trouver mon chemin si je pars sans vous ?

— Allez tout droit, lui dis-je, à un mille d'ici vous trouverez un poteau indicateur et vous prendrez à gauche ;
vous ne serez pas longtemps sans rencontrer une côte rapide que vous descendrez ; au bas s'étend une vaste mare
où vous verrez un vieil arbre d'une forme bizarre ; une fois
arrivé là vous n'avez plus qu'à suivre tout droit jusqu'à
une maison qui appartient à M. Dawson.

— Après, Pelham ? dépêchez-vous, dit Tyrrell d'un ton
d'impatience, comme la pluie commençait à tomber dru.

— Quand vous avez dépassé cette maison, repris-je lentement, pour mieux jouir de son impatience, vous ferez
environ six milles sur la droite et en moins d'une heure
vous serez à Chester-Park. »

Tyrrell, sans me répondre piqua des deux. Bientôt le
bruit de la pluie tombant à torrents et les mugissements
du ciel en fureur me firent perdre la trace du cavalier.

En vain je cherchai des yeux un arbre, je ne pus pas
même trouver le plus petit arbrisseau. La plaine s'étendait
au loin, nue et aride, et de chaque côté la route était bor-
dée par une haie morte et un fossé profond. *Melius fit pa-
tientia*, me dis-je, en souvenir d'Horace et de lord Vincent
qui n'eût pas manqué de me faire cette citation. Voulant
détourner mes pensées de ma situation présente, je me mis
à songer à mes succès diplomatiques auprès de lord Chester.
En ce moment, c'est-à-dire environ cinq minutes après que
Tyrrell m'eut quitté, je fus dépassé par un cavalier au
grand trot ; la lune était cachée par les nuages ; et la nuit
sans être tout à fait noire était cependant sombre et
obscure ; aussi ne pus-je distinguer que l'apparence générale de ce cavalier. Un frisson de frayeur parcourut tout
mon corps quand je vis qu'il était enveloppé dans un grand
manteau. Je me remis bientôt en songeant qu'au bout du
compte il n'y avait pas qu'un seul manteau au monde ;
d'ailleurs, me disais-je, si c'est là l'homme qui poursuit
Tyrrell, le baronnet est mieux monté que n'importe quel
voleur de grand chemin ne l'a jamais été depuis le temps
de Du Val. Outre cela il est assez fort et assez adroit pour
se défendre admirablement. Ces réflexions calmèrent mes
inquiétudes d'un moment et je me remis de plus belle à me

congratuler de mon incomparable génie. Maintenant, me disais-je, j'ai bien gagné mon siége au parlement. Dawton sera sans conteste premier ministre, ou au moins le ministre le plus important par son rang et son influence ; il ne peut manquer de me pousser, car son intérêt est lié au mien ; et une fois que j'aurai mis un pied à Saint-Stéphens j'aurai bientôt mis la main sur un emploi : « le pouvoir » a dit quelqu'un « est comme le serpent, une fois qu'il a rencontré un trou où sa tête peut passer, il trouve bientôt le moyen d'y glisser tout le reste du corps. »

C'était avec de telles méditations que je tâchais de tromper le temps, de m'arracher au regret d'avoir un cheval boiteux, et de me sentir trempé jusqu'aux os. Enfin l'orage s'apaisa ; une pluie diluvienne dont la violence avait toujours été croissante fit place à un moment de calme bientôt suivi d'une nouvelle ondée moins terrible que la précédente. Elle cessa à son tour ; la lune se montra radieuse, les nuages noirs s'enfuirent au loin, laissant à découvert le ciel aussi brillant, aussi souriant que la belle lady*** lorsqu'elle entra au bal après avoir battu son mari à la maison.

A peine une seconde s'était-elle écoulée depuis que le bruit de l'orage avait cessé, lorsqu'il me sembla entendre des cris humains. Je m'arrêtai, comprimant les battements de mon cœur. — A ce moment j'aurais entendu une mouche voler. — Les cris ne se firent plus entendre, mon oreille ne saisit plus que le bruit des gouttes d'eau tombant de la haie et le murmure des ruisseaux qui, gonflés par la pluie, se précipitaient dans le fossé de la route. A ce moment un hibou s'éleva de terre à côté de moi, et traversa la route en criant ; tout cela fut l'affaire d'un instant. Je souris, j'accusai mon imagination et je repris ma route. J'arrivai bientôt à cette descente rapide dont j'ai parlé plus haut ; je mis pied à terre pour plus de sûreté et prenant par la bride mon pauvre cheval harassé et surmené, je lui fis descendre la côte à la main.

A quelque distance devant moi j'aperçus quelque chose de noir qui s'agitait sur le gazon au bord de la route ; comme j'avançais, cet objet sortit de l'ombre et se mit à fuir rapidement ; à la clarté de la lune je reconnus que c'était un cheval sans cavalier. Un violent frisson m'agita, je cherchai autour de moi une arme quelconque, je m'approchai de la haie voisine et en arrachai un bâton solide avec lequel je pouvais me défendre. Ainsi armé j'avançai avec prudence, mais sans peur. J'étais arrivé au bas de la colline, la lumière de la lune tombait sur l'arbre solitaire et étrange que j'avais remarqué le matin. Triste, dénudé, gigantesque, ce vieil arbre se dressait au milieu d'une vaste plaine désolée ; il empruntait un aspect encore plus lugubre et plus effrayant aux froids et mornes rayons de la lune qui l'entouraient d'une pâle auréole, semblable à un linceul. Le cheval échappé vint se réfugier au pied de cet arbre. Je hâtai le pas, obéissant à je ne sais quelle impulsion, autant que me le permettait l'animal affaibli et épuisé que je traînais après moi. Tout à coup j'aperçus un cavalier qui fuyait à bride abattue à travers la plaine ; la lune l'éclairait, et je reconnus comme en plein jour l'homme au long manteau. Je m'arrêtai : mes yeux qui le suivaient toujours, tombèrent sur un objet sombre qui reposait à ma gauche, au bord de la mare. J'attachai la bride de mon cheval à la haie et saisissant mon bâton d'une main ferme, j'allai droit à cet objet ; je vis bientôt que c'était un homme couché et sans mouvement. Ses jambes étaient à moitié enfoncées dans l'eau et sa face était tournée vers le ciel. Son cou et sa poitrine étaient tachées de sang, ses cheveux rares, d'un noir foncé, étaient collés à sa tempe où se voyait une affreuse blessure. Je me baissai en frissonnant, je retenais ma respiration, je tremblais... ce visage, c'était bien celui de John Tyrrell.

CHAPITRE LXV

C'est une chose terrible, même pour un homme qui n'est point dépourvu de hardiesse, de se retrouver tout d'un coup seul avec un mort. Mais combien cette situation n'est-elle pas plus émouvante lorsqu'un instant avant nous avons vu, touché, plein de chaleur et de vie, ce pauvre corps qui maintenant gît à terre comme une masse inerte.

C'était là cet homme dont je venais de prendre congé avec froideur, avec colère, pour un mot, une vétille. Je pris sa main glacée; elle retomba, et en ce moment je crus voir comme un mouvement s'opérer sur sa face livide. Je m'étais trompé, c'était un nuage transparent qui passait devant la lune; le nuage passé, la lumière douce et pure éclaira de nouveau cette scène de sang et d'horreur, rendant plus sauvage et plus horrible encore l'éternel contraste de la térre et du ciel, de l'homme et du créateur, de la passion et du calme immuable, de la mort et de la vie éternelle.

Mais ce n'était pas le moment de philosopher; un millier de pensées m'assaillirent en un instant, se succédant confusément les unes aux autres sans que je pusse m'arrêter à une seule. Un voile épais s'étendait sur mes facultés, mon esprit était un véritable chaos. Il y avait plusieurs minutes que j'étais là devant ce cadavre, lorsque par un vigoureux effort je sortis de la stupeur où j'étais plongé pour songer enfin à ce que j'avais à faire dans cette triste circonstance.

Je savais que la maison que j'avais remarquée le matin n'était qu'à quelques minutes du lieu où je me trouvais, mais elle appartenait à Dawson sur qui s'étaient portés d'abord mes soupçons. Je me rappelais la mauvaise réputation de cet homme, et celle dè son compagnon Thornton encore plus endurci et plus mal famé que lui. Je me souvenais de la répugnance que ce malheureux homme assassiné avait montrée à accepter leur compagnie, et les raisons trop bien motivées sur lesquelles il se fondait pour cela. Mes soupçons acquirent enfin un tel degré de certitude que je résolus d'aller à Chester Park pour y donner l'alarme, plutôt que de courir le risque inutile d'affronter les meurtriers au sein même de leur repaire. Et pourtant, me disais-je, en reprenant lentement ma route, si ce sont eux qui ont commis le crime, comment expliquer l'apparition et la fuite de ce cavalier déguisé ?

Je me rappelai alors tout ce que Tyrrell m'avait dit de la poursuite à laquelle il avait été en butte de la part de ce mystérieux personnage, et cette circonstance singulière, qu'il avait précisément passé auprès de moi presque aussitôt après que Tyrrell m'eut quitté. Mes réflexions associaient cette circonstance à un nom que je n'osais me dire même tout bas à moi-même, et cependant je trouvais malgré moi dans ce nom une explication à cette poursuite et même à cette mort. Tout cela me rendit indécis, et me fit rejeter complètement la condamnation que j'avais d'abord prononcée contre Thornton et son ami. Aussi lorsque j'arrivai à la porte blanche et à la petite avenue qui conduisait à la maison de Dawson, je résolus, à tout évènement, de faire halte à cette habitation isolée et d'observer l'effet que produirait ma communication.

J'eus peur un moment pour ma propre sûreté, mais ce sentiment disparut presque aussitôt. En effet, en supposant même que ces gens fussent coupables, ils n'auraient eu aucune raison pour faire une victime de plus en renouvelant sur moi leur attentat. Je me sentais d'ailleurs capable de commander à mon visage et de ne laisser rien passer dans mes manières, des soupçons que je pouvais concevoir.

Au premier étage brillait une lumière qu'aucun souffle n'agitait. Quel contraste entre le calme de la vie et le silence forcé et effrayant de la scène de mort à laquelle je venais d'assister. Je frappai deux coups à la porte; personne ne vint à mon appel, seulement je vis aller et venir la lumière du premier étage.

Ils viennent, me dis-je; mais non, une fenêtre s'ouvrit et je vis, non sans une grande joie et un grand soulagement, un canon de fusil sortir de la fenêtre et se braquer sur moi; je me mis à l'abri derrière le mur en grande hâte.

« Passez votre chemin, gredin, me dit une voix rude mais tremblante, sinon je vous fais sauter la cervelle.

— Mon bon monsieur, dis-je, sans quitter ma position, je viens pour affaire urgente, et je voudrais parler à M. Thornton ou à M. Dawson; et vous feriez bien, en conséquence, si cela ne vous contrarie pas, d'attendre pour m'adresser les compliments que vous me prodiguez, que j'aie remis mon message.

— Monsieur, notre maître et M. Thornton ne sont pas revenus de Newmarket et nous ne pouvons laisser entrer personne avant leur retour, » me répondit la voix sur un ton qui s'était un peu radouci, grâce sans doute à mon raisonnement persuasif. Tandis que je réfléchissais à la réponse que je devais faire, une grosse tête rouge qui ressemblait à celle de l'acteur Liston, apparut en dehors de la fenêtre, protégée par le fusil et sembla examiner ma personne et mon cheval. Puis une autre tête plus civilisée et ornée d'un bonnet à fleurs se glissa par-dessus l'épaule de mon premier interlocuteur. Le résultat de ce double examen me fut favorable et les deux têtes parurent rassurées.

« Monsieur, me dit la dame, mon mari et M. Thornton ne sont pas de retour, et nous avons été si alarmés par une attaque qui a été tentée récemment contre notre maison, que je ne puis admettre personne ici avant le retour de ces messieurs.

— Madame, lui répondis-je en me découvrant respectueusement, je ne veux pas vous alarmer par le récit de l'événement dont je devais entretenir M. Dawson; mais ayez la bonté de lui dire, à son retour, d'aller visiter les environs de la mare, sur la lande; il fera alors ce qu'il jugera convenable. »

A ce discours qui, j'en conviens, n'avait rien de très-rassurant, le fusil se mit à trembler si fort que je jugeai qu'il y aurait le plus grand danger à demeurer plus long-temps dans le voisinage. En conséquence, je sortis de l'avenue et repris ma route vers Chester Park.

J'arrivai enfin au château; ces messieurs étaient encore à table. Je fis prier lord Chester de me parler, et je lui racontai la scène dont j'avais été témoin et la cause de mon retard.

« Quoi! Brown Bob est boiteux? me dit-il, et Tyrrell, pauvre pauvre garçon! c'est déplorable! Il faut que nous sortions à l'instant. Ici, John! Tom! Wilson! » Et Sa Seigneurie se mit à crier et à tirer la sonnette avec une agitation extraordinaire.

Le majordome en second apparut et lord Chester lui dit : « Mon premier valet de chambre! — Sir John Tyrrell est assassiné. — Une affreuse entorse à la jambe. — Préparez des lanternes, il faut aller avec M. Pelham. — Pauvre homme! — Qu'on envoie chercher de suite le docteur Physicon. — M. Pelham vous dira tout ce qu'il faut faire. — Brown Bob! — Le cou coupé d'une oreille à l'autre! — Qu'est-ce qu'il faut faire? » Et après cette harangue aussi claire que péremptoire, le marquis se laissa tomber dans son fauteuil, en proie à une sorte d'attaque de nerfs.

Le maître-d'hôtel en second le regardait avec une profonde stupéfaction. « Venez, lui dis-je, je vais vous expliquer ce que Sa Seigneurie désire. » Et, faisant sortir cet homme de la chambre, je lui donnai brièvement les instructions nécessaires. Je commandai un cheval frais pour moi, et quatre hommes à cheval pour m'accompagner. Pendant qu'on faisait les préparatifs, la nouvelle se répandit rapidement et je fus bientôt entouré de toute la maison. Plusieurs de ces messieurs désirèrent m'accompagner et lord Chester, qui avait fini par sortir de sa stupeur, voulut conduire lui-même la marche. Nous sortîmes au nombre de huit et nous arrivâmes bientôt à la maison de Dawson. La lumière brillait toujours au premier étage. Nous sonnâmes, et au bout de peu d'instants, Thornton vint lui-même nous ouvrir la porte. Il paraissait pâle et agité.

« Quelle abomination ! dit-il aussitôt, nous arrivons à l'instant même de la lande !

— Accompagnez-nous, monsieur Thornton, lui dis-je d'une voix ferme en fixant mes yeux sur les siens.

— Certainement, me répondit-il aussitôt, sans faire paraître la moindre confusion. Je vais mettre mon chapeau. »

Il resta un instant dans la maison.

« Ne soupçonnez-vous pas ces gens-là ? me dit à l'oreille lord Chester.

— Je n'ai pas précisément des soupçons, lui dis-je, mais des doutes. »

Nous reprîmes l'avenue. « Où est M. Dawson ? dis-je à Thornton.

— Oh ! il est à la maison, me répondit Thornton. Voulez-vous que j'aille le chercher ?

— Allez-y, » répondis-je.

Thornton resta absent pendant quelques minutes ; il reparut suivi de Dawson. « Pauvre garçon, me dit-il à voix basse, il a été tellement frappé de ce spectacle qu'il en est encore tout bouleversé ; du reste, comme vous verrez, il est à moitié ivre. »

Je ne répondis pas, mais je regardai attentivement Dawson ; il était évident, ainsi que le disait Thornton, qu'il était ivre ; il avait les yeux hagards et il vacillait sur ses jambes ; mais il y avait dans son état quelque chose de plus que de l'ivresse ; il était agité et tremblait de tout son corps. Mais cela pouvait être la conséquence naturelle (et par conséquent innocente) de l'effroi que lui avait causé la vue du cadavre ; aussi, n'y attachai-je pas beaucoup d'importance.

Nous arrivâmes au lieu de l'évènement ; le corps semblait n'avoir point été changé de place. « Mais, dis-je à Thornton, en le prenant à part, pendant que tout le monde, saisi d'effroi, entourait le cadavre, pourquoi ne l'avez-vous pas fait porter à la maison ?

— J'allais revenir ici avec le domestique dans cette intention, me répondit le joueur, car ce pauvre Dawson était trop gris et trop ému pour pouvoir nous aider.

— Et comment se fait-il, lui dis-je en cherchant à lire dans ses yeux, que votre ami et vous ne fussiez pas de retour à la maison quand j'y ai passé, car enfin vous étiez bien en avance sur moi, et je ne vous ai pas rencontrés depuis que vous m'aviez quitté ? »

Thornton me répondit sans aucune hésitation : « C'est parce que pendant le plus fort de l'orage nous nous sommes mis à l'abri sous un vieux hangar que nous nous sommes rappelés dans les environs, et que nous y sommes restés jusqu'à ce que la pluie eût cessé. »

Il est probable, me dis-je, qu'ils sont innocents, et je revins considérer le cadavre que nos compagnons avaient relevé. Il avait à la tête une large plaie contuse produite vraisemblablement par un instrument pesant avec lequel on l'avait assommé. Les doigts de la main droite avaient de profondes entailles ; il y en avait un qui était entièrement séparé : le malheureux homme avait probablement voulu saisir l'arme tranchante avec laquelle avaient été faites les autres blessures, l'une au cou, l'autre au côté, toutes deux suffisantes pour donner la mort.

En le déshabillant, on découvrit une autre blessure mais d'une nature moins grave, et en soulevant le corps on trouva à terre la lame cassée d'une arme tranchante qui parut être un long couteau-poignard. Le chirurgien qui examina le corps peu de temps après exprima l'opinion que le poignard s'était cassé sur une côte : il expliquait ainsi le peu de profondeur de la blessure dont je viens de parler. Je regardai avec attention dans l'herbe haute et épaisse, pour voir si je ne trouverais pas quelque autre trace du meurtrier ; Thornton m'aidait dans cette recherche. A une distance de quelques pieds du cadavre, il me sembla voir un objet brillant, je courus, et ramassai vivement cet objet : c'était une miniature. J'allais crier, quand Thornton me dit tout bas : « Silence ! je connais ce portrait, c'est bien ce que je soupçonnais. »

Je ressentis au cœur une douleur poignante. D'une main désespérée et tremblante, j'essuyai le portrait qui était

couvert de sang quoiqu'il fût placé à une assez grande
distance du corps. Je considérai les traits de la personne
qui y était représentée; c'était une jeune femme d'une singulière beauté; je ne l'avais jamais vue. En retournant cet
objet, je vis derrière deux boucles de cheveux entrelacées;
dans l'une on reconnaissait facilement les longs cheveux
noirs et soyeux d'une femme; l'autre était une boucle de
cheveux châtains. Il y avait autour quatre initiales, que je
regardai avec une vive anxiété. « Je n'y vois plus clair,
dis-je à voix basse à Thornton, et je ne peux pas lire ces
initiales.

— Moi je les vois bien, me répondit-il en parlant bas,
mais avec une sorte de joie sauvage qui me glaça le cœur :
voici quelles sont ces lettres : G. D. R. G., ce sont les initiales de Gertrude Douglas et de *Réginald Glanville*. »

Je le regardai; nos yeux se rencontrèrent, je lui saisis
vivement la main. Il me comprit. « Gardez-le, me dit-il,
nous n'en dirons rien. » Tout cela prend du temps à raconter, mais ce fut l'affaire d'un instant.

« Avez-vous trouvé là quelque chose, Pelham ? me cria
l'un de nos compagnons.

— Non, » lui dis-je en cachant le portrait sur ma poitrine, et je marchai vers le groupe, d'un air insouciant.

Nous transportâmes le corps à la maison de Dawson.
La pauvre dame eut une attaque de nerfs : nous entendîmes ses cris lorsque nous déposâmes le corps sur une
table, dans le parloir.

« Qu'allons-nous faire maintenant ? dit lord Chester.

— Rien, » telle fut la réponse générale. Il n'y a pas de
drame, si intéressant qu'il soit, qui puisse lutter contre la
crainte d'un rhume de cerveau.

— Allons à la maison, alors, et envoyons chercher le
magistrat le plus proche, » s'écria notre hôte. On ne se le
fit pas dire deux fois.

Lorsque nous fûmes en route, lord Chester me dit : « Ce
drôle de Dawson avait l'air bien mal à l'aise, avez-vous
quelque soupçon contre lui et son ami ?

— Non, » lui répondis-je avec énergie.

CHAPITRE LXVI

Le pays tout entier fut en émoi aussitôt que le meurtre fut connu. Tous les myrmidons de la justice se livrèrent aux plus actives recherches, afin de découvrir les assassins. Quelques personnes, d'abord arrêtées préventivement, furent presque aussitôt relâchées. Thornton et Dawson eurent à subir un interrogatoire et une enquête très-rigoureux, mais on ne put produire contre eux la plus petite preuve; aussi furent-ils mis hors de cause. La seule circonstance qui autorisât les soupçons à leur égard, c'est qu'ils s'étaient arrêtés en route, mais la raison qu'ils en donnèrent, et qu'ils m'avaient donnée à moi-même, était plausible et naturelle. Ils indiquèrent le hangar où ils s'étaient abrités, et comme pour mieux confirmer l'assertion de Thornton, un gant qui lui appartenait, fut trouvé dans cet endroit. Enfin, et par-dessus tout, ma déposition, dans laquelle je fus contraint de mentionner la circonstance du cavalier déguisé qui m'avait dépassé sur la route et que j'avais vu ensuite sur le lieu même du crime, fit retomber tout le poids des soupçons sur cet homme inconnu.

Tous les efforts que l'on fit pour le découvrir furent inutiles. On acquit la certitude qu'un homme, enveloppé d'un manteau, avait été vu à Newmarket, mais on n'avait pas fait grande attention à lui; on sut aussi qu'une personne dont le signalement se rapportait à celle-là, avait laissé quelque temps à l'écurie un cheval gris, dans une auberge de Newmarket. Mais au milieu de la foule des étrangers, on n'avait fait aucune remarque particulière sur le cavalier ni sur le cheval.

A mesure que l'enquête se poursuivait, les témoignages différaient ; il y avait quatre ou cinq hommes qui avaient mis leurs chevaux à l'écurie ; un garçon d'écurie disait que le cheval était bai, un autre qu'il était noir, un troisième déposa que le gentleman était remarquablement grand, mais le garçon de l'hôtel affirmait solennellement avoir servi un verre de grog à un gentleman de mauvaise mine, enveloppé d'un manteau, et qui était remarquablement petit. En somme, on ne put saisir aucune preuve matérielle et, malgré leur zèle, les officiers de police durent renoncer à trouver le moindre indice qui pût les mettre sur la voie d'une découverte positive.

Quant à moi, aussitôt que je pus décemment m'échapper, je quittai Chester Park, ayant en poche une dépêche très-satisfaisante de Sa Seigneurie à lord Dawton, et je me trouvai de nouveau sur la route de Londres.

Hélas ! combien mes pensées étaient changées ! combien la tournure de mon esprit était différente de ce qu'elle était la dernière fois que j'avais parcouru cette route ! Alors, j'étais plein d'espoir, d'énergie, d'ambition et d'affection pour Réginald Glanville, d'adoration pour sa sœur ! Maintenant je revenais triste et désespéré, sans une seule pensée consolatrice. Rien ne pouvait me distraire du sombre et profond désespoir qu'avait fait naître en mon âme cette nuit fatale. Qu'était-ce désormais pour moi que l'ambition ? L'homme le plus égoiste a besoin de reporter sur quelqu'un à qui il s'associe, pour qui il thésaurise, les triomphes et les plaisirs dont il ne saurait jouir seul. Quel était à présent cet être de mon choix, cet ami de mon cœur ? Mon plus ancien ami, celui que ses chagrins m'avaient fait estimer davantage, pour lequel je sentais croître mon affection en raison du mystère de sa vie, Réginald Glanville, était un assassin ! oui, c'était un scélérat, un être cruel et lâche qui pouvait d'un instant à l'autre tomber sous le coup de la loi. Et elle ! elle, la seule femme au monde que j'eusse vraiment aimée, elle qui avait pénétré dans les re-

plis les plus cachés de mon cœur ambitieux et entrepre-
nant, c'était la sœur d'un assassin !

Alors je me rappelai la joie sauvage que j'avais vu briller
dans les yeux de Thornton, lorsqu'il tenait en main ce médaillon, témoignage de la culpabilité de Glanville ; et malgré toute mon horreur pour le crime de mon ancien ami,
je tremblais pour ses jours. Je n'étais pas non plus satisfait de la prévarication dont je m'étais rendu coupable
comme témoin. Sans doute, j'avais dit la vérité, mais je ne
l'avais pas dite tout entière ; et mon cœur bondissait et se
soulevait avec douleur contre cette miniature que je cachais
dans mon sein.

Je me disais que pour sauver un criminel, au salut duquel j'étais, par sentiment, personnellement intéressé, j'avais
pactisé avec l'honneur, rusé avec la vérité et manqué au plus
sacré et au plus inviolable des devoirs, celui de la justice.

J'avais le pouls agité et les joues en feu lorsque j'arrivai
à Londres. Dans la nuit, j'eus une fièvre violente ; on fit
venir les vautours de la médecine ; je fus saigné copieusement, et retenu au lit pendant six jours. Au bout de ce
temps, la force de ma constitution et ma jeunesse reprirent
le dessus. Je lus avidement le premier journal qui me
tomba sous la main. Le nom de Glanville frappa mes regards. Je lus le paragraphe qui le concernait : c'était un
dithyrambe, un panégyrique pompeux de son génie et du
grand avenir qui lui était réservé. Je regardai à une autre
colonne, et j'y vis un long discours qu'il avait prononcé la
veille à la chambre des Communes.

Cela est-il possible ? me disais-je. Oui, et c'est là un des
mystères incompréhensibles du cœur humain. Un homme
peut commettre le plus grand crime et (si ce crime n'est
point suivi d'un autre) le cours ordinaire de sa vie n'en
sera point changé ni interrompu. Pour tout le monde,
dans tout ce qu'il entreprend, en toutes choses enfin il est
le même qu'avant. Il peut servir son pays, obliger ses
amis, être brave, généreux, bienveillant, tout aussi bien que
par le passé. Un crime, si hideux qu'il soit, ne cause pas
nécessairement une révolution dans le caractère et la destinée d'un homme. Ce n'est que par une suite non inter-

rompue de désordres et de mauvaises actions si insigni-
fiantes qu'elles puissent paraître en elles-mêmes, que le
sens moral s'altère et que le cœur s'endurcit.

Ma mère n'était pas à Londres quand j'y revins. On lui
avait écrit pendant ma maladie et, tandis que je parcourais
le journal, on me remit une lettre d'elle que je transcris ici.

« Mon cher Henry,

« Dans quelle terrible inquiétude je suis à votre égard !
« Écrivez-moi de suite. Je voulais partir moi-même pour
« Londres, mais je suis auprès de cette chère lady Dawton
« qui ne veut pas entendre parler de mon départ, et, dans
« votre intérêt, je ne dois pas lui déplaire. A propos, pour-
« quoi n'avez-vous pas été voir lord Dawton ? mais j'ou-
« blie que vous avez été malade. Mon cher, cher enfant,
« cette maladie me rend bien triste ; comme vous devez
« être pâle à présent ! justement voilà la belle saison qui
« approche ; quel malheur ! Je vous en prie, ne mettez pas
« une cravate noire la première fois que vous rendrez vi-
« site à lady Roseville ; mettez plutôt une cravate de fine
« batiste, cela donnera à votre teint un air plutôt délicat
« que maladif. Quel médecin avez-vous pris ? je prie Dieu
« que ce soit sir Henry Halford ; je serais trop malheu-
« reuse s'il en était autrement. Personne ne peut savoir ce
« que je souffre. Votre père, le pauvre homme, a été au
« lit ces trois derniers jours avec la goutte. Tâchez de re-
« prendre le dessus, mon cher enfant, et lisez quelques
« livres de littérature légère pour vous distraire. Mais je
« vous en prie, sitôt que vous serez bien, allez chez lord
« Dawton, il meurt d'envie de vous voir ; pourtant prenez
« garde de vous enrhumer. Comment avez-vous trouvé
« lady Chester ? je vous en prie, prenez bien soin de vous
« et écrivez le plus tôt possible à votre malheureuse et af-
« fectionnée mère.

« F. P.

« *P. S.* Comme cet événement du pauvre sir John Tyr-
« rell est affreux ! »

Je jetai cette lettre loin de moi. Que Dieu me pardonne si l'accès de misanthropie auquel j'étais en proie me rendit moins respectueux et moins reconnaissant que je ne l'étais d'habitude à ma mère pour sa sollicitude.

Je pris au hasard un des nombreux livres dont ma table était couverte; c'était l'ouvrage d'un moraliste français à l'usage des gens du monde; cette lecture fit prendre un nouveau cours à mes pensées. Mon esprit revint à ses premiers projets d'ambition. Qui ne sait que les malheurs privés poussent les hommes à se jeter dans le tourbillon des affaires publiques? La politique est comme le fleuve Léthé, nous nous y plongeons pour oublier nos chagrins.

J'attirai à moi mon buvard et j'écrivis à lord Dawton. Trois heures après que j'eus envoyé ma lettre, lui-même vint me rendre visite. Je lui remis la lettre de lord Chester, mais il avait déjà reçu de ce noble personnage la notification du succès de ma mission. Il se confondit en éloges et en remercîments.

« Savez-vous, me dit cet homme d'État, que vous avez fait la conquête de lord Guloseton? Il parle de vous en public dans les termes les plus avantageux. Il serait à désirer que nous eussions sa voix et celle de ses amis. Il faut nous renforcer, mon cher Pelham; tout dépend de la crise actuelle.

— Êtes-vous sûr du cabinet? lui demandai-je.

— Oui, la chose n'est pas encore rendue publique, mais nous savons, nous, de source certaine, quels sont ceux qui doivent quitter le ministère, et quels seront leurs successeurs; moi je dois avoir le ministère de...

— Je félicite Votre Seigneurie de tout mon cœur. Quel est le poste que vous me destinez? »

Lord Dawton changea de visage. « Ah! mon Dieu! Pelham, il n'y a encore rien de décidé quant aux positions secondaires, mais on ne vous oubliera pas, non, non, soyez-en bien sûr, mon cher Pelham. »

Je jetai au noble lord un regard qui, je m'en flatte, n'appartient qu'à moi. Est-ce que par hasard, me dis-je, cet avorton de ministre prétend se jouer de moi comme d'un outil secondaire? qu'il y prenne garde! Cette colère d'un moment s'apaisa.

« Lord Dawton, lui dis-je, un mot, et ce sera tout, pour le moment. Est-ce votre intention de me faire entrer au parlement aussitôt que vous serez au ministère? Quant à ce que vous voulez faire du reste pour moi, je ne vous le demande pas.

— Mais oui, assurément, Pelham, comment pouvez-vous en douter?

— Cela me suffit! et maintenant écoutez cette lettre que je reçois de France.

. . . .

. . . .

. . . .

Deux jours après mon entrevue avec lord Dawton, je me promenais tranquillement à cheval dans Green Park; j'étais de mauvaise humeur; je fus dépassé par une de ces voitures privilégiées dont les maîtres ont le droit de dire : *hoc iter est nobis*. Une douce voix cria au cocher d'arrêter, et m'interpella en ces termes :

« Quoi, le héros de Chester Park est de retour ici, et il n'est pas encore venu me faire le récit de ses aventures!

— Charmante lady Roseville, lui dis-je, je m'avoue coupable de négligence mais non de trahison. J'ai eu le tort, il est vrai, de ne pas me présenter devant vous, mais maintenant que je vous vois je suis à vous corps et âme : commandez et j'obéis.

— Vous voyez, Hélène, dit lady Roseville en se tournant vers une jeune fille qui était assise près d'elle rougissante et la tête inclinée, vous voyez ce que c'est que d'être un chevalier errant; son langage même est digne de l'Amadis de Gaule; mais, dit-elle en s'adressant à moi, vos aventures sont trop sérieuses pour qu'on en parle légèrement. Nous vous donnons l'ordre de vous rendre ce soir en notre castel; nous serons seule.

— Belle dame, j'obéirai, mais dites-moi, de grâce, combien de personnes signifie le mot *seule*.

— Ah! répondit lady Roseville, je crains que nous n'ayons avec nous quelques personnes, mais, je pense,

Hélène, que nous pouvons promettre à notre chevalier de n'être pas plus de douze. »

Je saluai et continuai ma course. Que n'eussé-je point donné pour pouvoir toucher les mains de la jeune compagne de la comtesse, seulement pendant une seconde ? *Mais*... et ce terrible *mais* me donne le frisson. Je piquai des deux et partis fièrement au galop. Le vent soufflait avec violence et, pour me garantir le visage, je courbais la tête de sorte que je ne dirigeai plus mon cheval qui était fougueux et plein d'ardeur.

Tout à coup une voix pressante me cria : « Holà ! Monsieur, holà. Au nom du ciel, ne m'écrasez pas avant dîner ; après, vous ferez ce que vous voudrez. »

Je m'arrêtai. « Ah ! lord Guloseton ! que je suis heureux de vous voir ; je vous en prie, excusez ma cécité et la stupidité de mon cheval. »

Il n'est si mauvais vent, répondit le noble gourmand, qui ne nous apporte quelque chose de bon ; voilà un excellent proverbe dont la vérité se montre tous les jours. En effet, si désagréable que soit un vent froid et pénétrant, néanmoins il n'y a pas de doute que c'est un merveilleux stimulant pour l'appétit, le plus grand bienfait des cieux. J'espère qu'en me soufflant un peu de goût pour mon sauté de foie gras, ce vent-ci pourra aussi pousser à ma table un convive qui pourra partager mon dîner et ma joie. Faites-moi l'honneur de dîner avec moi aujourd'hui.

— Dans quel salon dînerez-vous aujourd'hui, milord Lucullus ?

— Dans le salon de Diane, répondit Guloseton, car c'est elle sans doute qui a abattu le chevreuil dont lord H*** m'a envoyé un gigot que nous mangerons aujourd'hui, c'est de la vieille race de Meynell. Je ne vous invite pas à tenir compagnie à M. tel ou tel ou à lord n'importe qui, mais je veux que vous teniez compagnie à un *sauté de foie gras* et à un gigot de venaison.

— J'irai certainement leur présenter mes hommages ; je ne savais pas, autrefois, combien les choses sont une meilleure compagnie que les hommes. C'est Votre Seigneurie qui m'a initié à cette grande vérité.

— Dieu me pardonne, s'écria Guloseton d'un air de dépit, je vois venir le duc de Stilton, un odieux personnage : ne m'a-t-il pas dit l'autre jour, à mon *petit dîner* (je m'excusais auprès de lui de l'erreur commise par un de mes *artistes* qui s'était trompé de vinaigre et avait pris de l'ordinaire pour du Chili,) ne m'a-t-il pas dit... Au fait, que croyez-vous qu'il m'ait dit ? vous ne le devineriez pas. Il m'a dit, ma parole, qu'il ne s'inquiétait pas de ce qu'il mangeait, et qu'il pouvait faire un excellent dîner avec un beefsteak ! Pourquoi, diantre, alors, venir dîner avec moi ? Pouvait-il me dire rien de plus blessant ? Vous comprenez mon indignation quand je jetai les yeux sur ma table et que je vis tant de bonnes choses préparées pour un pareil idiot ! »

Ce dernier mot était à peine sorti de la bouche du noble gourmand que le haut personnage dont il s'agissait nous accosta. Je pris plaisir à voir le mépris de Guloseton ; il ne se donnait pas la peine de le dissimuler pour une personne que toute l'Europe honorait, et l'ennui qu'il éprouvait dans la compagnie d'un homme dont la société était recherchée, ambitionnée par chacun, comme le *summum bonum* de la distinction la plus honorable. Quant à moi, qui ne me sentais pas du tout de goût pour la société, je quittai bientôt ce couple mal assorti et je gagnai l'autre parc.

Au moment où j'y entrais, j'aperçus, monté sur un petit poney de mauvaise mine, M. Wormwood de désagréable mémoire. Quoique nous ne nous fussions pas vus depuis notre séjour commun chez sir Lionel Garrett, et que nous fussions alors dans les termes de la plus stricte et de la plus froide politesse, il vint au-devant de moi et m'adressa la parole.

« Mon cher monsieur, me dit-il avec un sourire affreux, je suis heureux de vous revoir ; mais mon Dieu comme vous êtes pâle. J'ai appris que vous aviez été bien malade. Avez-vous été consulter cet homme qui, dit-on, se fait fort de guérir la phthisie la plus avancée ?

— Oui, lui dis-je, il m'a lu deux ou trois lettres de remercîments de personnes qu'il a soignées. La dernière, m'a-t-il dit, était d'un gentleman qui était presque désespéré, un M. Wormwood.

— Oh ! vous êtes facétieux, vous voulez vous amuser, dit le cynique, froidement, mais parlez-moi donc, de grâce, de cette horrible affaire de Chester-Park. Comme cela a dû être désagréable pour vous d'être arrêté comme meurtrier.

— Monsieur, lui dis-je avec hauteur, que voulez-vous dire ?

— Ah ! vous n'avez pas été arrêté, vraiment ? tant mieux, cela m'avait fait de la peine ; mais tout le monde le disait.

— Mon cher monsieur, répliquai-je, depuis quand vous occupez-vous de ce que tout le monde dit ? Si j'en faisais autant, moi, je ne me promènerais pas avec vous ! Mais j'ai toujours soutenu, en dépit de tout le monde, et même au point d'être universellement blâmé pour la singularité de mes opinions, que vous, mon cher monsieur Wormwood, vous n'étiez ni un sot, ni un ignorant, ni un insolent, ni un malotru. J'ai soutenu, seul contre tous, que vous étiez, au contraire, un auteur très-décent et un excellent homme ; que vous étiez si bienveillant que vous passiez votre vie à rendre service et à répandre le bonheur autour de vous ; ce bonheur, je l'éprouve en vous disant : *bonsoir*. »

Et sans attendre la réponse de M. Wormwood, je rendis la main à mon cheval. Je me perdis bientôt au milieu de la foule qui commençait à encombrer la promenade.

Hyde-Park est un lieu insipide. Les Anglais du beau monde font d'une affaire un plaisir et du plaisir une affaire. Ils sont venus au monde privés du sourire ; ils errent dans les lieux publics comme certains vents d'Est, froids, incisifs, insupportables, ou comme un groupe de brouillards échappés par un jour de gelée de l'antre de Borée, uniquement pour lutter à qui sera le plus sombre. Lorsqu'ils vous demandent : « Comment vous portez-vous ? » il semble qu'ils prennent la mesure de votre cercueil. Ils se donnent toujours à la vérité beaucoup de mal pour être agréables ; mais ils sont comme Sisyphē, la pierre qu'ils s'efforcent péniblement de rouler jusqu'au haut de la montagne leur échappe des mains et vient rebondir rudement contre vos jambes. Ils sont quelquefois polis, incivils toujours. Leur chaleur est toujours artificielle, leur froideur ne l'est jamais. Ils ont de la roideur sans dignité, de la platitude sans agréments. Ils vous font un affront sous le prétexte de *vous dire franchement la vérité*, ils blessent vos sentiments et ils appellent cela dire loyalement le *fond de leur pensée*. Ils ne font aucun cas des détours ingénieux qu'inspire la charité, mais ils n'en sont ni plus francs ni plus loyaux pour cela. Ils professent une profonde horreur pour la servilité, et ils sont à genoux devant la noblesse titrée; à les entendre ils ne font aucun cas d'un ministre, et ils remuent ciel et terre pour être invités par la femme d'un ministre. Et leurs amusements! c'est la chaleur, la poussière, la monotonie de cet odieux parc dans la journée; et le soir, même scène répétée dans un étroit espace renfermé où la chaleur est plus forte, l'air moins respirable, la prison plus étroite avec moins de facilité pour s'échapper. Nous sommes toujours à errer comme les damnés de l'histoire de Valbek, nous passons notre vie, comme le roi philosophe de *Sanssouci*, à conjuguer le verbe *je m'ennuie*.

CHAPITRE LXVII

Les réflexions qui. terminent le chapitre précédent indiquent que je n'étais pas d'humeur à faire un convive très-aimable ni très-sociable, quand je me rendis pour dîner chez lord Guloseton. Mais dans ce monde, peu importent les dispositions intérieures de notre esprit, le masque cache les rides du front et la contraction des lèvres.

Guloseton était étendu sur son sofa, les yeux attachés sur une belle Vénus placée au-dessus de sa cheminée. « Soyez le bienvenu, Pelham, me dit-il, vous me voyez en train d'adorer ma divinité domestique. »

Je me jetai à la renverse à l'autre extrémité du sofa, et je fis à mon classique Épicurien je ne sais quelle réponse qui nous égaya fort. Nous parlâmes ensuite tableaux, peintres, poëtes, antiquité, et enfin nous nous entretînmes de l'ouvrage du Dr Henderson sur les vins.

Nous nous abandonnâmes sans contrainte à la fascination enchanteresse de ce dernier sujet, et remplis d'un enthousiasme qui ne fit que rendre plus étroite notre sympathie naturelle, nous descendîmes à la salle à manger, aussi satisfaits l'un de l'autre que doivent être deux bons compagnons de plaisir.

« A la bonne heure ! dis-je en jetant un regard sur la table bien servie, et sur les bouteilles de champagne frappées à la glace, voilà un vrai dîner d'ami. Je me fie bien rarement à l'hospitalité, *miserum est alienâ vivere quadrâ*. Un dîner d'ami, une réunion de famille, sont choses

pour lesquelles j'ai une aversion que je ne cherche pas à
dissimuler. C'est terrible qu'en Angleterre on ne puisse pas
avoir un ami sans courir le risque d'être tué d'un coup de
pistolet ou d'être empoisonné. Si votre ami vous fait une
invitation et que vous la refusiez, il se figure que vous
voulez l'insulter et vous dit quelque mauvaise parole qui
vous met dans la nécessité de le provoquer. Si vous acceptez, vous mourez d'une indigestion de ragoût de mouton
ou de navets, ou encore....

— Mon cher ami, me dit Guloseton, la bouche pleine,
tout celà est parfaitement vrai, mais ce n'est pas le moment
de parler, *mangeons.* »

Je reconnus la justesse de son observation, et nous n'é-
changeâmes plus un seul mot à part les exclamations que
nous arrachaient la surprise, le plaisir, l'admiration ou
le mécontentement, à mesure que les mets se succédaient.
Enfin le dessert arriva et nous fûmes seuls.

Lorsque je jugeai que mon hôte avait assez fait honneur
à son vin, je me mis en devoir de renouveler mes attaques.
Je l'avais déjà précédemment mis à l'épreuve du côté de la
vanité en lui parlant du pouvoir, de la considération, mais
en vain ; j'essayai d'une autre batterie.

« Combien il y a peu de personnes, lui dis-je, qui soient
capables de donner un dîner passable. et combien il y en a
pourtant qui savent payer un juste tribut de louanges à un
dîner bien entendu ! Je ne crois pas qu'il pût y avoir de
plus grand triomphe pour un Épicurien ambitieux que de
voir à sa table les premières et les plus considérables personnes de l'État s'incliner avec respect devant la profondeur, la variété, la pureté et la magnificence de son goût.
Quel honneur que de leur faire oublier dans l'extase que
procurent les jouissances pures du palais, les plus auda-
cieux et les grands projets qui occupent d'ordinaire toutes
leurs pensées. Je les vois d'ici ceux que l'Angleterre tout
entière poursuit de sollicitations et de demandes de places,
devenus à leur tour solliciteurs et postulants empressés
pour obtenir une place à une table distinguée. Je ris en
pensant que tous les grands mouvements des ministères,
seraient conçus et exécutés sous l'influence du suc nourris-

sant des viandes savamment apprêtées et de l'excitation
que font naître les vins généreux. Sous l'influence d'une
cuisse de chevreuil comme celle que nous venons de déguster, quelles nobles et puissantes mesures politiques
doivent s'engendrer! ¡Quelle délicatesse, quelle subtilité,
quelle finesse doit produire un *sauté de foie!* Quelles
divines améliorations dans l'assiette des impôts peut inspirer un ragoût à *la financière!* Oh! si ma bonne étoile
voulait que je fusse cet homme-là, je n'envierais ni la
fortune de Napoléon ni le génie de S. »

Guloseton se mit à rire : « L'ardeur de votre enthousiasme fait tort à votre jugement, mon cher Pelham;
vous êtes comme Montesquieu, la vivacité de votre imagi-
gination vous fait avancer des paradoxes que la froide
raison ¡vous ferait rejeter. Par exemple vous conviendrez
que si l'on avait à sa table toutes ces personnes distinguées, on serait forcé de parler davantage et par conséquent de manger moins. Bien plus, de deux choses l'une,
ou vous seriez excité par votre triomphe ou vous ne le
seriez pas; cela est incontestable : si vous n'êtes pas excité,
vous vous ennuyez sans profit; si vous êtes excité vous
faites tort à votre digestion; il n'y a rien de préjudicia-
ble à l'estomac comme l'inquiétude fébrile que donnent
les passions. Toutes les philosophies recommandent le
calme comme le το χαλον de leur code; vous voyez donc
bien qu'en suivant votre système, si l'on risque de gagner
d'un côté on risque de l'autre d'être mortifié! La mortification! mot terrible; combien d'aploplexies dérivent de
cette source! Non, Pelham, arrière l'ambition; emplissez
votre verre et apprenez enfin le secret de la vraie philosophie! »

Que le ciel confonde cet homme, anathème sur lui, me
dis-je en moi-même; mais je criai tout haut : « Vive le *Salo-
mon des sautés!*

— Il y a quelque chose, me dit Guloseton, dans votre
physionomie et dans vos manières, de si franc, de si honnête, que non-seulement on se sent bien disposé d'abord
en votre faveur, mais que l'on désire même devenir votre
ami aussi. Je vous dirai, en confidence, que rien ne m'a-

muse comme de voir la cour que me font tous les partis.
Je me ris des conflits insensés et passionnés où je vois les
autres engagés, et j'aimerais autant songer à me faire chevalier errant comme Don Quichotte, ou à attaquer les
ennemis invisibles de cet échappé de Bedlam, que de me
mêler aux luttes acharnées de la politique. En restant
comme je fais, éloigné de ce combat furieux, je puis m'en
moquer; mais si je m'engageais dans la mêlée, j'en sor-
tirais blessé et meurtri. Je suis le philosophe qui rit, je n'ai
pas envie de devenir le philosophe qui pleure. Je dors bien,
je n'ai pas envie de mal dormir. Je mange bien! pourquoi
voulez-vous que j'aille m'exposer à perdre l'appétit?

« Je ne suis ni troublé ni attaqué dans les paisibles jouissances où je mets mon bonheur, pourquoi irais-je affronter
les injures des journalistes et les plaisanteries acérées des
pamphlétaires? Je puis inviter qui il me plaît, pourquoi
me mettrais-je dans la nécessité d'inviter des gens qui ne
me plaisent pas? Enfin, mon bon Pelham, pourquoi irais-je
aigrir mon caractère, raccourcir ma vie, livrer ma verte
vieillesse à la flanelle et aux médecins, et du plus heureux
des sages, devenir le plus misérable des fous? L'ambition
me rappelle ce que Bacon dit de la colère: Elle est comme
la pluie, elle se brise contre l'objet sur lequel elle tombe.
Pelham, mon enfant, goûtez-moi de ce *Château Mar-
got*. »

Quoique ma vanité fût blessée du peu de succès de mon
entreprise, je ne pus m'empêcher de sourire de plaisir, en
entendant mon hôte développer ses préceptes de sagesse.
Pourtant il s'agissait de mon honneur diplomatique, et je
voulais à tout prix en venir à mes fins; lorsque plus tard je
renouvelai mes tentatives de séduction, ce fut par une tout
autre méthode. Je n'avais pourtant pas perdu mon temps;
lorsque je quittai ce moderne Apicius, il m'avait ouvert
un nouvel horizon, montré une page nouvelle dans le livre
de l'humanité. Je savais désormais qu'il n'y a pas de vertu
qui puisse égaler le sensualisme pour faire d'un homme un
parfait philosophe. Il n'y a point de contentement pareil à
celui d'un épicurien, pas de code de morale aussi difficile
à attaquer que son inertie et son indolence; l'épicurien est

le seul être au monde pour qui le présent ait plus de charmes que l'avenir.

Mon cabriolet m'eut bientôt transporté chez lady Roseville. La première personne que je vis en entrant au salon,
ce fut Hélène. Elle leva sur moi ses yeux avec douceur
comme elle avait coutume de faire à mon approche. C'est
la sœur d'un assassin! me cria durement une voix intérieure ; je la saluai de loin et passai outre.

J'abordai Vincent. Il paraissait abattu et découragé. Il
voyait clairement que son parti était vaincu ; ce qui le mettait surtout en fureur c'est qu'on faisait circuler le nom de
la personne désignée pour le poste qu'il avait ambitionné
pour lui-même. Cet homme était précisément le pendant de
Sa Seigneurie : un érudit toujours prêt à faire des citations,
dont l'instruction ne le cédait pas à celle de Vincent et qui
avait autant d'esprit de saillies que lui... mais ce personnage est encore aujourd'hui aux affaires, et je n'en veux
pas dire davantage de peur d'avoir l'air de le flatter.

Revenons à notre sujet. On a remarqué sans doute que
lord Vincent recourait moins depuis quelque temps à ce
genre d'esprit un peu pédantesque dont il faisait parade
autrefois. Le fait est qu'il jouait un autre jeu : il essayait de
laver sa réputation de ce reproche de fatuité littéraire dont
elle était entachée. Il voyait combien il est nécessaire, dans
la vie politique, d'avoir l'air d'un homme du monde plutôt
que d'un savant ; et quoiqu'il ne dédaignât pas de montrer
ses connaissances classiques et son érudition, pourtant il
eût préféré qu'elles lui valussent la réputation d'un homme
sérieux et grave, plutôt que celle d'un homme agréable,
mais original. Combien il y a peu de gens qui conservent,
passé un certain âge, leur caractère natif. Nous finissons
tous pour ainsi dire par avoir une seconde peau ; les petites
faiblesses, les penchants, les excentricités auxquels nous
nous livrions d'abord par pure affectation, s'agglomèrent,
se condensent, et nous forment une enveloppe qui finit par
faire partie de nous-mêmes.

« Pelham, me dit Vincent avec un sourire glacé, la vic-
toire sera pour vous. La bataille ne sera pas gagnée par les
plus forts. Les Whigs triompheront.

Fugêre pudor, verumque, fidesque ;
In quorum subiêre locum fraudesque dolique,
Insidiæque, et vis, et amor sceleratus habendi.

— Voilà une petite citation assez modeste, lui dis-je. Vous avouerez, du moins, que l'*amor sceleratus habendi* se cachait peut-être bien à l'ombre de cette *pudor* et de cette *fides* qui caractérisent votre parti. Autrement je ne saurais comment m'expliquer la violence des efforts auxquels nous avons eu l'honneur de résister.

— Ne craignez rien, me répondit Vincent, je ne veux pas vous réfuter ; ce n'est pas à nous, c'est-à-dire aux vaincus, à argumenter contre vous, nos vainqueurs. Mais dites-moi je vous prie, ajouta Vincent avec un sourire qui ne me plut pas, quel est, dans ce partage des fruits du beau jardin d'Hespérie, la petite pomme qui vous est tombée en partage ?

— Mon bon Vincent, n'anticipons pas sur les évènements ; s'il tombe une pomme dans mon giron, que ce ne soit point une pomme de discorde entre nous.

— Qui parle de discorde ? demanda lady Roseville en venant à nous.

— Lord Vincent, lui dis-je, s'imagine que le fruit célèbre dont on a dit *detur pulchriori* (qu'il soit donné à la plus belle), c'est lui-même ; souffrez, en conséquence, que j'offre mon ami à Votre Seigneurie. »

Vincent murmura quelque chose que, en raison de l'amitié et de l'estime que j'avais pour lui, je ne voulus pas entendre. Je me dirigeai vers une autre partie du salon où j'aperçus lady Dawton. C'était une grande belle femme aussi fière qu'il appartient à la femme d'un libéral. Elle me reçut avec une grâce tout inusitée et je m'assis près d'elle. Il y avait trois douairières et un vieux beau de l'ancienne école qui faisaient la conversation avec la superbe comtesse. On parlait de la société en général.

« Non, disait le vieux beau qui s'appelait M. Clarendon, la société est bien différente aujourd'hui de ce qu'elle était dans ma jeunesse. Vous vous rappelez, lady Paulet, les délicieuses soirées de l'hôtel D*** ? Où trouverons-nous jamais rien de semblable ? quelle aisance, quel monde, et quel mélange piquant! Si l'on se trouvait assis par hasard à côté d'un bourgeois, on pouvait être sûr que c'était un homme distingué par son esprit ou son talent. On ne tolérait pas, comme aujourd'hui, les gens seulement pour leur richesse.

— C'est vrai, s'écria lady Dawton, c'est l'introduction des gens de rien qui gâte la société d'aujourd'hui. » Et les trois douairières soupirèrent *amen* à cette remarque.

« Pourtant, répliquai-je, puisque l'on peut dire cela ici en toute sécurité sans être accusé de faire une fâcheuse personnalité sans forme de compliment, ne pensez-vous pas que, sans ce mélange nous formerions une société un peu monotone ? Ne trouvez-vous pas que les dîners les plus gais et les soirées les plus amusantes sont ceux où l'on voit un ministre à côté d'un faiseur de calembours, un poëte à côté d'un prince et un fat comme moi près d'une beauté comme lady Dawton ? Plus il y a de variété dans la conversation, plus on y trouve d'agrément.

— C'est très-juste, répondit M. Clarendon, mais c'est précisément parce que cette variété me plaît, que je n'aime pas une société mélangée. Si l'on ne connaît pas la personne à côté de laquelle on a l'avantage d'être assis, on ne saurait traiter aucun sujet sans se tenir sur ses gardes. Je laisse de côté la politique, parce que, grâce à l'esprit de parti, il est rare que nous rencontrions des personnes avec lesquelles nous soyons en opposition formelle. Mais si le malheur veut que nous riions des méthodistes, il peut se faire justement que notre voisin soit un des saints de cette secte ; si nous disons du mal d'un livre nouveau, c'est peut-être lui qui l'a écrit ; si nous faisons l'observation que le piano est mauvais, il se peut que ce soit son père qui l'ait fabriqué ; si nous nous plaignons du peu de sûreté qu'offrent les placements de fonds dans le commerce, il est possible que justement son oncle soit tombé en faillite la semaine précédente. Je ne parle même pas des cas exceptionnels : je ne fais que rapporter des circonstances très-ordinaires qui puissent s'appliquer à des individus comme chacun de nous en rencontre tous les jours. Ainsi, .

vous voyez que la variété des sujets de conversation est interdite dans ces sociétés métis, parce qu'il n'y a pas moyen, même en changeant de sujet, de ne pas blesser quelqu'un. »

Voyant que nous l'écoutions avec attention, sir Clarendon continua ainsi : « Ce n'est là qu'une des moindres objections qu'on puisse faire à la promiscuité qui tend à se produire chez nous, il y en a une beaucoup plus forte, c'est l'imitation universelle qui en résulte. Depuis que les salons sont envahis par le flot des gens du commun, il y a des sociétés qui, pour éviter le contact et la souillure, se réduisent à de petites coteries. Vivant entre elles seulement et n'admettant point d'étranger dans leur familiarité, quoiqu'elles ne puissent se dispenser de rendre de nombreuses visites, ces personnes s'imprègnent pour ainsi dire d'un certain air, adoptent certaines modes, certains mots, voire même une sorte d'accent ou une prononciation particulière qui n'appartiennent qu'à elles. Quiconque n'a point comme elles ces petites excentricités est condamné par cela même comme vulgaire et mal élevé. Comme l'exclusivisme de ces sortes de gens les rend d'un accès difficile, même pour les personnes dont la position sociale est réellement supérieure à la leur, ces supérieurs eux-mêmes, par suite d'un sentiment commun à tous les hommes et qui nous porte à priser les choses rares lors même qu'elles sont sans valeur, sont les premiers à solliciter l'honneur de faire leur connaissance. Ils tiennent à montrer qu'ils y sont arrivés, en imitant à dessein ces bizarreries qui sont comme les hiéroglyphes de cette caste sacrée. Les gens placés au-dessous gagnent cette maladie et imitent ceux qu'ils considèrent comme les mieux placés pour être au courant du mot d'ordre de la mode. Ces manières, qui ne sont convenables pour personne, se transmettent de seconde, de troisième, de quatrième main, jusqu'à ce qu'elles dégénèrent en quelque chose qui est pis que l'absence absolue de manières. Voilà pourquoi vous voyez tout le monde timide, roide, emprunté et mal à l'aise ; les gens sont habillés d'un habit qui ne va point à leur taille, auquel ils n'ont point été accoutumés, et dans lequel ils sont aussi mal à leur aise qu'un sauvage de l'Inde dans les bottes et les vêtements d'un Européen civilisé.

— C'est de là aussi, ajoutai-je, que naît cette vulgarité d'idées et de manières qui gagne la société tout entière, car il n'y a rien de si plébéien que l'imitation.

— C'est une vérité évidente, dit Clarendon, mais ce que je déplore le plus, c'est la méthode peu judicieuse qu'emploient certaines personnes pour remédier à ce mal, et diminuer les désagréments de ce mélange. Je me souviens que, lors de l'ouverture des salons d'Almack, on avait l'intention d'éloigner les riches roturiers, de ce lieu dont le ton devait être si contraire au leur. On institua dans cette intention des dames patronesses, en même temps on eut soin de fixer le prix d'admission à un taux très-bas et d'éviter tout ce qui pouvait ressembler à du luxe et à de l'ostentation dans le service. C'était une admirable institution pour servir les intérêts de la petite oligarchie qui l'avait fondée ; eh bien, cela n'a fait qu'augmenter encore la manie de l'imitation et la vulgarité. Peut-être les annales de ce cercle renferment-elles des choses plus fâcheuses pour l'aristocratie anglaise que l'histoire de l'Europe entière n'en pourrait fournir. Et comment les *Messieurs et Mesdames Jourdain* auraient-ils pu manquer de suivre servilement l'exemple ridicule de *Monseigneur le Duc et Pair*.

— C'est une chose étrange, dit une des douairières, que de tous les romans qui se donnent pour des tableaux de la société, et dont nous sommes inondés chaque année, il n'y en ait presque pas un qui en présente une description passable !

— Cela n'est pas étrange, dit Clarendon en souriant ; pour peu que Votre Seigneurie veuille bien y réfléchir, elle sera de mon avis. La plupart des historiens de notre petit grand monde n'y ont jamais mis les pieds. C'est tout au plus s'ils ont eu la chance de pouvoir se trouver accidentellement sur le chemin de B.... et de C..., personnages de seconde ou même de troisième catégorie. Il y en a quelques-uns, il est vrai, qui sont gentilshommes, mais des gentilshommes qui ne savent pas écrire, sont d'aussi mau-

vais historiens de nos mœurs que les écrivains qui ne sont
pas gentilshommes. Dans un ouvrage que je ne ne veux
pas nommer, parce qu'il est très-populaire, les dialogues
sont d'une roideur et d'un collet-monté tout à fait ridicules.
L'auteur nous représente des comtesses dont la conversation ne roule que sur leur famille, et des comtes qui ne
savent que citer des titres. Il n'y est question que de rang,
de dignité, de préséance, comme si les plus grands d'entre
nous n'étaient pas trop absorbés par les petites affaires de
ce bas-monde pour avoir le temps de s'occuper de ces va-
nités-là! Il n'y a qu'un moyen, pour un homme d'esprit, de
bien crayonner le *beau monde*, c'est de se persuader que
les ducs, les lords et les nobles princes, boivent, mangent,
parlent, et marchent absolument comme tous les autres
êtres civilisés, à quelque classe qu'ils appartiennent. Il faut
qu'il sache que les sujets de conversation sont le plus souvent les mêmes dans toutes les sociétés, avec cette différence seulement que, chez nous, on se parle avec plus de
familiarité et d'aisance que dans les sociétés qui sont au-
dessous de la nôtre et où l'on se figure que les personnes
de haut rang doivent être majestueuses, que les affaires de
l'État se traitent avec solennité, comme cela se voit dans
les tragédies, que nous nous donnons sans cesse du monseigneur les uns aux autres, que nous nous moquons des
bourgeois et que nous faisons nos papillotes avec des
feuillets du livre de Debrett sur la pairie. »

Nous accueillîmes par un rire approbateur ce discours
plein de vérité.

« Il n'y a rien, dit lady Dawton, qui m'amuse comme de
voir la distinction que les romanciers cherchent à établir
entre les gens titrés et ceux qui ne le sont pas. Ils semblent ignorer tout à fait qu'un bourgeois d'une famille
ancienne et d'une grande fortune est parfois d'un rang
plus élevé en réalité, jouit de plus d'estime et a même plus
de poids dans ce qu'ils appellent la *fashion* que bien des
membres de la chambre haute. Ce qui m'amuse le plus,
c'est qu'ils ne veulent voir aucune différence entre tous les
gens titrés : pour eux, lord A...., le petit baron, a exactement la même valeur que lord Z..., le grand marquis ; ils

leur prêtent la même hauteur et la même importance.

— *Mais, mon Dieu*, dit un petit comte français qui venait de s'approcher de nous, comment se fait-il que vous regrettiez de ne pas trouver une description intéressante de la société quand la société est elle-même si ennuyeuse ? Plus le portrait serait ressemblant, plus il serait assommant. Votre manière de *vous amuser* consiste à vous tenir sur un escalier où l'on s'étouffe et à vous plaindre de votre sort.

L'on s'accoutume difficilement à une vie qui se passe sur l'escalier.

— C'est vrai, dit Clarendon, nous avons tort en cela. Nous sommes un peuple plein de sens, d'intelligence, de bravoure, de sagacité, de générosité ; nous sommes industrieux, enfin nous avons l'âme bien placée ; mais il faut avouer que nous sommes terriblement ennuyeux pour nous-mêmes et pour le reste du monde. Lady Paulet, puisque vous voulez absolument partir sitôt, faites-moi l'honneur d'accepter mon bras.

— Vous voulez dire, votre main : dit le Français.

— Je vous demande pardon, répondit le galant vieillard, je dis comme votre brave compatriote qui avait perdu ses jambes à la bataille, à une belle dame comme celle qui est en ce moment à mon côté. Elle lui demandait s'il n'aurait pas mieux aimé perdre les deux bras ? Non, madame (et c'est la réponse à votre observation, monsieur le comte), j'ai besoin de mes mains pour garantir mon cœur. »

La déroute s'étant mise dans notre petite réunion, je me dirigeai vers une autre partie du salon où se tenaient Vincent, lady Roseville, Hélène et deux ou trois autres personnes réunies autour d'une table couverte de livres et de gravures. Hélène était assise à la droite de lady Roseville ; il y avait un siége vacant à côté d'elle, je fis semblant de ne pas m'en apercevoir et j'allai m'asseoir de l'autre côté, à la gauche de lady Roseville.

« Oserai-je demander à miss Glanville, dit lord Vincent en prenant sur la table un petit volume, si elle admire beaucoup les poésies de cette dame ?

— Sont-ce les poésies de mistress Hemans? demanda Hélène, oh! j'en suis enchantée, plus que je ne saurais dire; si c'est le Sanctuaire de la forêt que vous tenez là, je suis sûre, qu'en y jetant les yeux, vous partagerez mon admiration. »

Vincent tourna les feuillets avec le calme et l'indifférence d'un homme fort blasé sur les livres; mais à peine en avait-il parcouru deux pages que sa physionomie s'anima : « C'est très-beau, dit-il, vraiment et complétement beau. Quelle chose singulière qu'un pareil livre ne soit pas plus connu ! Je ne l'avais jamais vu. Mais de qui sont ces notes au crayon ?

— De moi, je crois, » dit Hélène d'un air modeste.

Lady Roseville mit la conversation sur Byron.

« Je dois avouer que, pour ma part, dit lord Edward Neville (auteur assez connu et de beaucoup de mérite), je suis fatigué de tous ces chants plaintifs dont on nous gratifie depuis tant d'années. Lord Byron ne s'est pas plus tôt déclaré malheureux, que tous les jeunes gens à face pâle et à cheveux noirs se sont plantés devant leur miroir et ont pris une mine lamentable; après quoi, ils ont composé des odes au Désespoir. Quiconque s'est senti capable d'aligner quelques vers s'est mis à faire rimer « âme flétrie et mélancolie. » Jamais on ne vit pareil penchant pour le genre triste.

— Il serait assez intéressant, dit Vincent, de rechercher l'origine de cette manie douloureuse. On en fait remonter à tort la responsabilité à ce pauvre lord Byron. Cela nous est venu certainement de l'Allemagne; peut-être Werther est-il le premier héros de cette école ?

— Il y a, dis-je, un préjugé inexplicable et très-répandu, d'après lequel tout ce qui est sombre est réputé profond, et tout ce qui est gai déclaré futile. On a habillé cette pauvre philosophie en grand deuil, et on lui a donné un cerceuil pour pupitre avec un crâne pour écritoire.

— Oh! s'écria Vincent, je me rappelle quelques vers qui se rapportent si bien à votre observation que je vous demande la permission de vous interrompre pour les citer. Madame de Staël a dit, dans un de ses ouvrages, que la mélancolie était la mère de la perfection. A quoi mon auteur répond :

> Une femme nous dit et nous prouve en effet,
> Qu'avant quelque mille ans l'homme sera parfait,
> Qu'il devra cet état à la mélancolie.
> On sait que la tristesse annonce le génie ;
> Nous avons déjà fait des progrès étonnants ;
> Que de tristes écrits ! que de tristes romans !
> Des plus noires horreurs nous sommes idolâtres,
> Et la mélancolie a gagné nos théâtres.

— Ah ! m'écriai-je, je ne savais pas que vous connussiez si bien mon livre favori [1].

— Le vôtre ? dit vivement Vincent. Dieux! quelle sympathie! j'en ai fait pendant longtemps mes délices, mais,

> Dis-nous qui peut donner à César aujourd'hui
> Cet air sombre et chagrin, ce front chargé d'ennui!»

Mes yeux allaient se fixer sur le visage de Vincent pour y chercher l'explication de cette phrase, lorsqu'ils se rencontrèrent avec ceux de Glanville qui venait d'entrer à l'instant. J'aurais dû deviner qu'il était attendu, en voyant lady Roséville jeter des regards inquiets du côté de la porte, chaque fois qu'elle se fermait ou s'ouvrait. On ne se trompe pas à de pareils signes ; cette agitation, cette rêverie, trahissent une femme qui aime.

Glanville me parut plus pâle, et peut-être aussi plus triste que de coutume ; mais il n'était ni distrait ni absorbé ; il ne m'eut pas plus tôt aperçu qu'il s'approcha de moi et me tendit la main avec une grande cordialité. Sa main ! me dis-je, et je ne pus me décider à la toucher ; je ne fis que lui adresser un salut ordinaire. Il me regarda d'un œil fixe et inquisiteur, puis se détourna brusquement. Lady Roséville s'était levée, elle le suivait des yeux. Il s'était jeté sur un canapé près de la fenêtre. Elle alla s'asseoir à côté de lui. Je détournai les yeux. J'avais les joues en feu, mon cœur battait vivement, je me trouvais, à présent, à côté

1. La Gastronomie de Berchoux.

d'Hélène Glanville; elle avait les yeux baissés, et elle paraissait regarder des gravures, mais je crus voir sa main trembler.

Il y eut un moment de silence. Vincent causait avec les autres personnes qui étaient assises autour de la table : en pareille circonstance une femme prend toujours la première la parole.

« Nous ne vous avons pas vu depuis votre retour à Londres, monsieur Pelham, me dit Hélène.

— J'ai été très-malade, » lui répondis-je; je sentis que ma voix faiblissait. Hélène me considéra avec anxiété; je ne pus soutenir l'éclat de ces grands yeux, si tendres, si profonds, et ce fut à mon tour de paraître occupé à considérer les gravures.

« Vous êtes pâle, » me dit-elle d'une voix douce. Je n'osais parler. Quelque habitué que je fusse à la dissimulation, je me sentais tremblant comme un enfant coupable, en présence de la femme que j'aimais. Il y eut un autre silence; enfin, Hélène me dit : « Comment trouvezvous mon frère ce soir ? »

Je tressaillis : oui, c'était bien son frère; cette pensée me ramena à moi-même. Je répondis avec tant de froideur, tant de hauteur, qu'Hélène rougit et me dit, en se levant d'un air digne, qu'elle allait retrouver lady Roseville. Je la saluai légèrement, et elle se dirigea vers la comtesse. Je pris mon chapeau et je partis, mais je n'étais pas seul, j'emportais le livre annoté de la main d'Hélène; pendant bien des jours amers et des nuits sans sommeil, ce livre m'a tenu compagnie : je l'ai, en ce moment, devant moi ; il est ouvert à une page qui porte encore les traces de mes larmes !

CHAPITRE LXVIII

Je ne rencontrais plus Hélène que rarement, car j'allais
peu dans le monde, et je m'occupais de plus en plus de
politique. Parfois, cependant, fatigué de moi-même et de
mes graves occupations, je me rendais aux sollicitations
de ma mère, et je me laissais conduire dans quelqu'une
de ces retraites nocturnes du dieu que nous appelons
Plaisir, et que les Grecs appelaient *Moria*. Il était rare
que le hasard ne nous fît pas trouver ensemble. C'est alors
que ma tâche devenait pénible et douloureuse ; il me fallait
commander à mes lèvres, à mes yeux, à mon âme, brider
et garrotter mon cœur bondissant qui, chaque jour, à
chaque instant, s'élançait vers elle. Il me fallait bien en
convenir avec moi-même ; maintenant que les flots impétueux de mes passions étaient domptés, tout en moi était
aride, desséché, brûlé d'un feu que je ne pouvais plus
éteindre. Il y avait pourtant quelques charmes à ma tristesse ; quand je la regardais danser, quand je l'entendais
chanter de sa douce voix, je me trouvais soulagé, presque
heureux, à l'idée que son pas était moins léger maintenant,
que lorsque je la menais à mon bras ; que les airs qu'elle
se plaisait maintenant à chanter, étaient moins gais que
ceux qu'elle chantait autrefois.

Placé à distance, loin des regards, j'aimais à laisser errer
mes yeux sur ses joues pâles et tristes, à remarquer qu'elle
était absorbée par moments, alors que ses yeux paraissaient le plus brillants, ses lèvres le plus animées, et à re-

connaître que, malgré le mystère terrible qui s'opposait à l'union de nos mains, il y avait une chaîne invisible et magnétique qui retenait nos deux cœurs unis.

Hélas ! pourquoi faut-il que la plus noble des passions soit aussi la plus égoïste ? que même en faisant tous les sacrifices du monde à la personne que nous aimons, nous lui demandions perpétuellement de se sacrifier de même pour nous ; que si nous ne pouvons pas avoir le bonheur de lui faire du bien, nous trouvions une consolation à pouvoir l'affliger, et que nous soyons forcés de reconnaître, tout en la détestant, la vérité de cette maxime du sage :

L'on veut faire tout le bonheur, ou si cela ne se peut ainsi, tout le malheur de ce qu'on aime ?

La beauté d'Hélène n'était pas de celles qui ne consistent que dans la fraîcheur de la jeunesse et dans le prestige de l'expression ; elle était aussi exempte de défauts qu'elle était éblouissante ; personne ne pouvait mettre en doute, ni cet éclat, ni cette perfection ; partout où j'allais, j'entendais un concert de louanges en sa faveur. Nous pouvons dire ce que nous voudrons de la puissance de l'amour, il n'en est pas moins vrai qu'il emprunte une partie de sa force à l'opinion : rien ne sanctionne et ne consolide l'affection comme l'orgueil. Quand j'entendais toutes les voix faire à l'envi le panégyrique de sa beauté ; quand je voyais que la puissance de son esprit, les charmes de sa conversation, la fermeté de son jugement uni à la plus vive imagination, faisaient d'elle une personne remarquable aux yeux du monde, je sentais malgré moi s'accroître, et mon ambition, et ma tendresse. Je m'affermissais dans mon amour et je maudissais mille fois l'obstacle qui s'opposait à mon bonheur.

Cependant il y avait une circonstance à laquelle, en dépit de l'évidence du crime de Glanville, mon esprit aimait à se rattacher comme à une dernière planche de salut. En cherchant dans les poches du malheureux Tyrrell, on ne trouva pas l'argent qu'il m'avait dit avoir sur lui. Si ç'eût été Glanville qui l'eût assassiné, en tous cas il ne l'eût pas volé. Il est vrai que, dans la lutte qui vraisemblablement s'était engagée entre la victime et le meurtrier, l'argent avait pu tomber de la poche de Tyrrell-soit dans l'herbe qui était très-épaisse en cet endroit, soit dans l'étang bourbeux auprès duquel le meurtre avait été commis. Il était possible aussi que Thornton, sachant que la victime avait sur elle une aussi forte somme et n'ignorant pas que cette circonstance avait été communiquée soit à moi soit à quelque autre, n'eût pas pu, alors qu'il était venu sur le lieu du crime avec Dawson, résister à une pareille tentation. Néanmoins il y avait, dans ce fait, passage pour un rayon d'espoir, et j'étais trop emporté par mon tempérament et aussi par mon amour pour ne pas me retourner vivement de ce côté, et faire taire, par instants, les pensées sombres qui navraient mon esprit.

Je me trouvais souvent en contact immédiat avec Glanville. Engagés l'un et l'autre dans le même parti, dans les mêmes entreprises politiques, nous nous rencontrions souvent en public et quelquefois seuls. Je restais toujours froid et réservé, et l'attitude de Glanville confirmait plutôt qu'elle ne détruisait mes soupçons, car il ne me questionnait point sur les causes de ma conduite et il imitait ma froideur. Cependant, j'avais le cœur brisé lorsque je voyais dans sa maigreur croissante, dans ses joues creuses, le progrès fatal de la maladie qui devait le mettre au tombeau. Tandis que toute l'Angleterre retentissait du nom du jeune orateur sans rival et que tous les partis s'unissaient pour lui prédire les plus brillants succès, je sentais combien il était peu probable, quand même l'auteur de ce crime échapperait aux recherches vigilantes de la justice, que le monde possédât bientôt autre chose que le souvenir de cet homme de génie. Il y avait, dans son amour des lettres, ses habitudes de luxe et de dépense, l'énergie de son esprit, son isolement, sa tristesse, sa hauteur, la réserve de ses manières et la sévérité de ses mœurs, quelque chose qui me rappelait l'Allemand Wallenstein. Il n'était pas non plus tout à fait exempt des superstitions de cet homme méchant mais extraordinaire. A la vérité il ne croyait point aux fables romanesques de l'astrologie, mais il était, en secret, l'avocat zélé du monde des esprits. Il ne rejetait pas comme absolument fausse l'histoire des visites que les revenants font aux vivants. Si j'avais moins bien connu les inconséquences de l'esprit humain, j'aurais été surpris de voir un esprit si fort et si sensé du reste, montrer à cet égard tant de crédulité et de faiblesse, constater sa croyance en une fiction si contraire à la réflexion, en contradiction absolue avec la philosophie qu'il aimait passionnément et les principes qu'il professait hautement.

Un soir, chez lady Roseville, il n'y avait que Vincent, Clarendon et moi, lorsque Réginald et sa sœur entrèrent. Je me levai pour partir, la belle comtesse ne le voulut pas permettre, et lorsque jetant les yeux sur Hélène je la vis rougir sous mon regard, la faiblesse de mon cœur prit le dessus et je restai.

La conversation roula en partie sur les livres et principalement sur la science *du cœur et du monde*, car lady Roseville était un peu *philosophe* et un peu plus que *littéraire*; sa maison comme les hôtels de Mme du Deffand et de Mme d'Épinay, était une de celles où l'on traitait le mieux les sujets les plus graves et les plus légers, où il était de mode de ne pas se gêner sur les choses et de ne pas ménager les personnes. Donc la médisance n'y était point interdite; et les maximes sur les hommes, les réflexions sur les mœurs y étaient aussi bien à leur place que les observations sur l'opéra et les bals.

Toutes les personnes qui se trouvaient réunies ce soir-là, étaient faites pour se comprendre; elles étaient toutes du monde, et en même temps habituées aux travaux de cabinet, mais chacune d'elles avait une manière différente d'exprimer ses connaissances ou ses observations. Clarendon était sec, précis, fin; il avait cette philosophie soupçonneuse commune à tous les hommes qui n'en sont pas à leur début dans le monde. Vincent relevait son érudition par des citations ou des métaphores, et par une grande originalité d'expression. Lady Roseville ordinairement parlait peu, sa conversation avait plus de grâce que de solidité. Elle était naturellement mélancolique et pensive, et ses observations se ressentaient de ces dispositions de son esprit, mais elle était aussi *dame de cour*, accoutumée à dissimuler, et son langage était gai et badin, alors que les sentiments qu'il couvrait, étaient tristes et rêveurs.

Hélène Glanville écoutait avec attention et ne parlait qu'à regret. Bien que la variété et l'étendue de ses connaissances fussent très-supérieures à celles de la plupart des femmes, elle détestait d'en faire parade. L'enfantillage, la vivacité, la tendresse étaient les traits saillants de son caractère.

Les fleurs étaient à la surface; mais au fond se cachait la mine précieuse; la beauté des unes frappait tout le monde, à peine soupçonnait-on la richesse de l'autre.

La manière dont s'exprimait Glanville était élégante et sentencieuse. Il n'aimait pas les détails fatigants; il résumait, en un axiome, plusieurs années d'études. Il était quelquefois fantasque, quelquefois paradoxal; le plus souvent sombre, mélancolique, plein d'amertume.

Quant à moi, j'étais plus expansif chez lady Roseville que partout ailleurs, mettant selon ma philosophie favorite, de la gaieté dans les choses sérieuses, et de la gravité dans les choses gaies. Peut-être est-ce là une méthode plus judicieuse qu'on ne se l'imaginerait : en effet, la plupart des choses auxquelles on attache ordinairement de l'importance, ne méritent que le ridicule, et celles qu'on regarde comme des bagatelles, ont souvent une portée qu'on ne soupçonnait pas.

Vincent prit un volume, c'étaient les poésies posthumes de Shelly. « Que de jolies choses il y a là, dit-il; malheureusement ce sont de jolis fragments d'une architecture de mauvais goût; ils sont imparfaits en eux-mêmes et procèdent d'une école défectueuse; pourtant tels qu'ils sont, on y voit la main d'un maître. Cela ressemble aux tableaux de Paul Véronèse qui souvent blessent les yeux, offensent la raison, mais respirent la force et la puissance; les fautes mêmes y ont de la majesté. Ce siècle-ci sera peut-être le seul qui leur ait rendu justice, mais les disciples des écoles futures mettront au pillage leurs glorieux débris. Les écrits de Shelley fourniraient la matière de cent volumes, c'est un admirable musée de curiosités mal classées; ce sont des diamants maladroitement montés, mais un seul de ces diamants ferait la fortune d'un bijoutier habile. Les poëtes de l'avenir se serviront de lui comme le Mercure d'Homère se sert de la tortue, qu'il fait chanter après sa mort; leurs lyres seront faites avec son écaille.

« Si je ne me trompe, dit Clarendon, voici ses défauts littéraires : il est trop savant dans ses poésies, trop poëte dans ses œuvres scientifiques. La science est le fléau des poëtes. Vous figurez-vous comme Pétrarque serait beau, sans ses conceptions platoniques? Représentez-vous l'imagination luxuriante de Cowley, se développant en liberté sur les spectacles sublimes de la nature, au lieu de s'arrêter aux minuties de l'art. Milton lui-même qui a peut-être fait un étalage de science plus gracieux et plus magnifique qu'aucun autre poëte, aurait été beaucoup plus populaire s'il avait voulu être plus simple. La poésie est faite pour la multitude, la science n'est faite que pour quelques-uns. Vous n'avez qu'à les mêler, l'érudition y gagnera quelques lecteurs, mais la poésie perdra les siens.

— C'est vrai, dit Glanville, aussi les philosophes-poëtes sont-ils les plus populaires et les poëtes-philosophes sont-ils les moins lus de tous.

— Prenez garde, dit Vincent en souriant, votre observation est très-fine, mais elle pourrait nous égarer; la remarque est vraie, avec une certaine restriction toutefois, c'est que la philosophie qui nuit à la popularité d'un poëte, c'est celle de la science et non celle de la sagesse. Toutes les fois qu'elle consiste dans la connaissance des ressorts les plus apparents du cœur humain et non dans les recherches abstraites de subtilités métaphysiques, la philosophie devient populaire au même titre que la poésie, parce que, au lieu de ne s'adresser qu'à un petit nombre d'hommes, elle frappe tout le monde. Ainsi c'est la philosophie de Shakspeare qui fait qu'il est dans toutes les mains et pénètre dans tous les esprits; tandis que la philosophie du poëte Lucrèce, un des plus puissants esprits qui aient existé, nous force souvent à fermer son livre fatigant à force de profondeur. La philosophie n'est donc déplacée dans la poésie que lorsque, revêtant le costume de la science, elle devient sévère et rude, et qu'elle cesse dès lors, d'être harmonieuse comme le luth d'Apollon.

— Hélas! dis-je, combien l'éducation est devenue plus difficile aujourd'hui qu'autrefois! On n'avait anciennement qu'un but, acquérir des connaissances, et maintenant il nous faut non-seulement les acquérir, mais encore apprendre à nous en servir, et même il y a bien des circonstances où le comble de la science est de paraître ignorant.

— Peut-être, dit Glanville, le dernier degré du savoir doit-il être de garder en effet notre ignorance? Quel est l'homme qui après avoir consumé sa vie et sa santé à la poursuite de la science, s'est jamais déclaré satisfait et a jamais été récompensé de ses peines? Le sens commun nous dit que la meilleure manière d'employer la vie est d'en jouir. Le sens commun nous apprend également ce qu'il nous faut pour cela : la santé, le bien-être, la satisfaction, mais la satisfaction modérée de nos passions. Qu'est-ce que tout cela a à faire avec la science?

— Je pourrais vous répondre, dit Vincent, que j'ai été moi-même un de ces chercheurs qui creusent et explorent péniblement les profondeurs de l'esprit humain. Je puis donc, par expérience, vous parler du plaisir, de l'orgueil, de la satisfaction, que j'ai retirés de ces études et dont j'ai accru la somme de mes jouissances. Mais j'aurai la candeur d'avouer que j'y ai éprouvé d'un autre côté des désappointements, des mortifications, des désespoirs, et un affaiblissement physique qui ont plus que balancé les avantages précédents. Le fait est, à mon avis, que l'individu est victime de la peine qu'il se donne, mais que le résultat de ses efforts n'est pas perdu pour l'humanité. C'est nous qui avons le plaisir facile de récolter ce qu'a semé péniblement le laboureur. Le génie de Milton ne l'a point sauvé de la pauvreté et de la cécité. Le Tasse est mort en prison, et Galilée a été poursuivi par l'inquisition. Ils ont été victimes de leur peine, et nous, la postérité, nous en profitons. L'empire de la littérature est tout le contraire des gouvernements : ici c'est tout pour un seul, là c'est un seul pour tous. La sagesse et le génie doivent avoir leurs martyrs comme la religion ; et le résultat est le même : *semen ecclesiæ est sanguis martyrum*. Cette réflexion doit nous consoler de leur malheur, car peut-être a-t-elle suffi pour les consoler eux-mêmes. Au milieu du passage le plus touchant du livre le plus admirable qui existe, car on y goûte à la fois les pensées les plus générales et un intérêt soutenu pour le héros, je veux parler des deux derniers chants de Childe Harold, le poëte s'échauffe à l'idée qu'il laissera

..... Dans son genre un certain souvenir à la langue de son pays.

« Et qui peut lire la noble et saisissante apologie d'Algernon Sidney, sans prendre part autant à sa consolation qu'à ses malheurs? En parlant de la loi qui est devenue un piége au lieu d'être une protection et en signalant son incertitude et ses dangers sous le règne de Richard II, il dit : « Dieu seul sait quel sera le résultat de pareils actes commis de nos jours ; peut-être dans sa miséricorde viendra-t-il bientôt visiter son peuple affligé, je meurs dans cette espérance, bien que je ne sache ni quand ni comment il le fera. »

— J'aime, dit Clarendon, l'enthousiasme qui tire son espoir d'une si noble source ; mais, croyez-vous que la vanité soit un mobile moins puissant que la philanthropie ? n'est-ce pas le désir de briller parmi les hommes qui nous pousse aux actions éclatantes ? Et si ce désir peut créer ne peut-il pas aussi soutenir ? Je veux bien que l'éclat, le bruit, la réputation, ne président point aux commencements des grands travaux, mais la certitude d'obtenir par la suite ces avantages n'est pas un médiocre stimulant. Supposez par exemple que cet espoir ait produit le *Paradis perdu*, et vous conviendrez qu'il a pu également soutenir le poëte au milieu de ses malheurs. Croyez-vous qu'il ait pensé plus au plaisir que son ouvrage procurerait à la postérité, qu'à l'estime que la postérité ferait de son ouvrage ? Si Cicéron ne nous avait pas laissé sur lui-même des mémoires où il se peint avec tant de franchise, combien n'exalterions-nous pas son patriotisme et sa philanthropie ! Maintenant que nous savons que son but et sa récompense étaient la vanité, pourquoi n'étendrions-nous pas aux autres cette connaissance que nous avons grâce à lui de la nature humaine ? Pour ma part, je serais désolé de savoir pour combien la vanité entrait dans le patriotisme sublime de Sydney, ou dans la fermeté invincible de Caton. »

Glanville fit un signe d'assentiment.

« Mais, dis-je ironiquement, pourquoi se montrer si peu charitable pour cette pauvre vanité, puisque personne ne nie qu'elle puisse produire de bonnes et grandes actions ? Pourquoi la flétrir comme un vice, quand elle engendre ou du moins seconde tant de vertus ? Je m'étonne que les anciens n'aient pas élevé le plus beau de leurs temples au Dieu de la vanité ? Quant à moi, je ne parlerai plus dorénavant de la vanité que comme du *primum mobile* de tout ce qui excite notre vénération et notre admiration. Oui, je croirai faire un très-beau compliment à un homme en lui disant qu'il est doué d'une remarquable vanité.

— Je suis de votre avis, dit Vincent en riant. La cause qui fait que nous n'aimons pas la vanité des autres c'est qu'elle est continuellement en rivalité avec la nôtre. De toutes les passions (si toutefois la vanité en est une) c'est la plus indiscrète ; elle va toujours contant ses secrets. Si elle consentait à se taire, elle serait aussi gracieusement reçue dans la société, que n'importe quel autre intrus de qualité, dont les habits sont bien faits et les manières irréprochables. C'est son bavardage qui la perd. Mais en vérité il est clair que la vanité en elle-même n'est ni un vice ni une vertu, pas plus qu'un canif n'est en lui-même dangereux ni utile. C'est la personne qui l'emploie qui lui donne ses qualités ; par exemple où un grand esprit désire-t-il briller, où met-il sa vanité ? dans les grandes actions. Pour un esprit frivole la vanité sera dans les frivolités ; et ainsi de suite pour toutes les variétés d'esprits. Mais je ne puis admettre, avec M. Clarendon, que mon admiration pour

Algernon Sydney (quant à Caton je ne l'ai jamais admiré)
serait bien diminuée, si je découvrais que sa résistance à
la tyrannie ait été due en grande partie à sa vanité, ou
que cette même vanité l'ait consolé lorsqu'il fut tombé
victime de son héroïque résistance. Qu'est-ce que cela
prouverait? qu'au milieu des sentiments divers qui se dis-
putaient son âme, l'indignation contre les oppresseurs, l'enthousiasme pour la liberté, l'amour de ses semblables, la
noble ambition d'être conséquent avec lui-même jusqu'à
la mort, une foule d'autres sentiments tout aussi purs et
aussi honorables, il y en avait un moins désintéressé, (et
peut-être n'occupait-il qu'une très-petite place) le désir
que sa vie et sa mort fussent appréciées avec justice? Mépriser la renommée c'est presque mépriser la vertu. N'accusez
pas cette vanité qui se borne à désirer que l'on tienne
compte aux braves gens de leurs bonnes actions. Après
l'estime de nous-mêmes, dit le meilleur des philosophes
romains, c'est encore une vertu que de désirer l'estime des
autres.

— Au ton dont vous prononcez le mot *estime*, dit lady
Roseville, je suppose que vous y attachez un sens particulier.

— Oui certainement, dit Vincent, je l'emploie par opposition au mot *admiration*. Nous pouvons convoiter l'admiration générale en faisant une mauvaise action (car il y
a telle mauvaise action qui a un *clinquant* qu'on peut
prendre pour le brillant de l'or), mais on ne peut s'attendre
à *l'estime* générale que si l'on a fait une *bonne* action.

— Ne pouvons-nous pas, dit Hélène, tirer de cette distinction une conséquence qui nous aidera beaucoup à
mieux définir la vanité? ne devons-nous pas en conclure
que la vanité qui ne désire que l'estime des autres est toujours une vertu, et que celle qui ne vise qu'à l'admiration
est fréquemment un vice?

— Nous pouvons admettre cette déduction, dit Vincent,
mais avant d'en finir avec ce sujet, je ne puis m'empêcher
de signaler la sottise des esprits superficiels qui s'imaginent
qu'en étudiant les mobiles qui font agir les hommes, les
philosophes ont pour but de déprécier leurs actions. Di-

riger où il convient notre admiration n'est pas la détruire ;
et pourtant combien n'excitons-nous pas la colère des en-
thousiastes mal à propos, lorsque nous décrivons des
sentiments vrais au lieu des sentiments exagérés qu'ils
préféreraient ! C'est ce qui fait que les avocats de la doc-
trine de l'*utilité*, la plus bienfaisante et la plus indulgente
de toutes les philosophies, sont flétris des épithètes de gens
intéressés et égoïstes. On leur reproche de décrier la perfection morale et de ne pas croire aux actions géhéreuses.
Le vice n'a pas de meilleur ami que le préjugé qui s'inti-
tule vertu. *Le prétexte ordinaire de ceux qui font le
malheur des autres, c'est qu'ils veulent leur bien.* »

Au moment où Vincent finissait de parler, mes yeux se
fixèrent par hasard sur Glanville ; il s'en aperçut et rougit.
Mais il n'évita pas mon regard ; nous tenions les yeux
fixés l'un sur l'autre avec persistance, lorsque Hélène, se
retournant subitement, remarqua l'expression singulière de
nos yeux et mit sa main dans celle de son frère avec une
sorte de frayeur.

Il était tard ; il se leva pour sortir et en passant près de
moi il me dit, à voix basse : « Encore un peu de temps et
vous saurez tout. » Je ne répondis rien. Il quitta la chambre avec Hélène.

« Lady Roseville, dit Vincent, voilà une soirée bien sérieuse par la faute de notre pédantisme et de nos assom-
mantes citations d'histoire ancienne. » Les yeux de la personne à laquelle il s'adressait étaient fixés sur la porte.
Moi, j'étais tout contre elle, et, en entendant ces mots, elle
se détourna brusquement, une larme tomba sur ma main ;
elle s'en aperçut. Je ne voyais pas son visage, mais je compris qu'elle rougissait. Elle était comme moi, si parfois
elle s'abandonnait à un sentiment, elle avait une connaissance trop profonde du monde pour ne pas rentrer promptement en possession d'elle-même ; aussi répondit-elle sur
un ton railleur au mauvais compliment que Vincent nous
faisait, et reçut-elle nos adieux avec sa grâce habituelle et
même avec plus d'enjouement que de coutume.

CHAPITRE LXIX

L'anxiété et les incertitudes de mes projets politiques, la fatigue d'une vie passée au milieu du tourbillon des affaires, et surtout le déplorable état de ma *passion*, altéraient ma santé : je perdis l'appétit, le sommeil, et mes belles couleurs. Ma mère déclara qu'avec une pareille mine, je ne pouvais pas espérer captiver une héritière. Cela me donna à réfléchir et je me dirigeai un matin vers Hampton-Court dans l'intention de respirer l'air de la campagne. C'est une chose qui a bien son charme que de tourner le dos à la grande cité alors que l'animation des plaisirs y est à son comble. La misanthropie est un sentiment qui n'est point à dédaigner, pourvu qu'on n'en abuse pas ; on éprouve une satisfaction mêlée d'une douce mélancolie à parcourir à pas lents la campagne, en maudissant la ville. Je m'arrêtai à un joli petit cottage, à un mille environ de Londres. De la fenêtre de mon salon je jouissais de la perspective luxuriante de trois cochons, d'une vache et d'une bauge de paille ; je pouvais en cinq minutes gagner le bord de la Tamise, en prenant un petit chemin qui passait à travers la cour d'un four à chaux. On ne rencontre pas tous les jours une aussi belle occasion de jouir des beautés de la nature ; vous devez penser si j'en profitai de mon mieux. Je me levais de bon matin, je faisais une promenade avant le déjeuner, pour ma santé, et je rentrais au logis avec une migraine des mieux conditionnées, pour ma peine. Je lisais ensuite pendant trois heures, après quoi je faisais une nouvelle promenade de deux heures en pensant à Abernethy, à la dyspepsie, aux pilules| bleues', jusqu'au dîner. J'avais complétement oublié lord Dawton, l'ambition, Guloseton, l'épicuréisme, tout enfin, excepté… lecteur tu sais sans doute qui était excepté… la dame de mes pensées.

Un jour, séduit par la beauté du ciel, je laissai là mon livre une heure plus tôt que de coutume, et je m'élançai dehors avec une légèreté d'allure et une allégresse d'esprit auxquelles je n'étais plus accoutumé depuis longtemps. Je venais de sauter par-dessus une barrière placée à l'entrée d'un de ces] sentiers ombreux et frais, pour l'amour desquels, nos vieux poëtes, je suppose, ont surnommé notre île la *joyeuse Angleterre*, quand je fus arrêté par un aboiement rapide et bref. Cette aboiement partait d'une haie qui bordait la route ; je me retournai et vis, assis dans le fossé, un homme qui avait l'air d'un colporteur. Devant lui était une grande boîte ouverte ; çà et là étaient épars des articles de lingerie, et des objets pour la toilette des femmes. L'homme paraissait fort occupé à examiner les profondeurs cachées de son magasin ambulant. Un petit terrier noir s'avança vers moi avec un grognement peu amical. A bas ! criai-je. Tous les étrangers ne sont pas des ennemis quoique en général les Anglais soient disposés à le croire.

Là-dessus, l'homme leva la tête ; peut-être avait-il été frappé de la singularité de mon apostrophe à son camarade, car mettant poliment la main à son chapeau, il me dit :

« Monsieur, le chien n'est pas méchant, en vous donnant l'alarme il voulait me la donner à moi. Les chiens, voyez-vous, ont une certaine connaissance de la nature humaine ; ils savent que les meilleurs d'entre nous peuvent ne pas éviter toujours de se laisser surprendre. »

Étonné à mon tour d'une pareille remarque venant d'un tel homme : « Vous êtes un moraliste, lui dis-je : je ne m'attendais pas à tomber précisément sur un philosophe. Avez-vous dans votre boîte quelques objets qui puissent me convenir ? si cela est je serai enchanté de faire aller le commerce d'un marchand si plein de bonnes maximes.

— Non, monsieur, me dit le prétendu colporteur, et en

même temps, remettant ses étoffes dans la boîte et la fermant à clef, non, monsieur, dit-il, je ne fais que porter le
bien d'autrui ; je n'ai qu'une chose qui m'appartienne,
ce sont mes maximes et je les vendrai ce que vous m'en
donnerez.

— Vous êtes modeste, mon ami, lui dis-je, et votre franchise seule est d'un prix inestimable à une époque de trom-
perie, et sur cette terre natale de l'hypocrisie.

— Ah, monsieur, me dit ma nouvelle connaissance, je
vois bien que vous êtes une de ces personnes qui voient le
mauvais côté des choses. Pour ma part, je regarde notre
époque comme la meilleure qui ait jamais existé et notre
pays comme le plus vertueux de l'Europe.

— Je vous félicite de votre opinion, monsieur l'optimiste,
lui dis-je, mais votre observation me porte à penser que
vous êtes à la fois historien et voyageur ! ai-je raison ?

— Oh ! répondit le porte-balle, j'ai quelque peu feuilleté
les livres et je n'ai pas peu fréquenté mes semblables. J'arrive d'Allemagne et je vais rejoindre mes amis à Londres.
Je suis chargé de cette boîte d'effets : je demande au ciel
la grâce de pouvoir la remettre à destination en bon état !

— Amen, dis-je, acceptez mes vœux, et prenez ceci par-
dessus le marché, maintenant je vous souhaite le bonjour.

— Je vous remercie mille fois, monsieur, de l'un et de
l'autre, me dit l'homme, mais voudriez-vous me faire encore la faveur de m'enseigner le plus court chemin pour
aller à...

— Je vais justement moi-même dans cette direction, si
vous voulez que nous fassions une partie de la route ensemble, vous ne risquerez plus ensuite de vous égarer.

— Votre Honneur a trop de bonté, repartit l'homme à la
boîte en se levant et en chargeant son fardeau sur ses
épaules, il y a bien peu de gentlemen de votre rang qui
voulussent consentir à faire trois pas en compagnie d'un
gentleman de mon espèce. Vous riez, monsieur, peut-être
pensez-vous que je ne pourrais pas me regarder moi-même
comme un gentleman. Pourtant j'ai autant de droit à ce
titre que la plupart de ceux qui le prennent. Je ne fais pas
le commerce, Je n'ai pas d'état : j'erre où je veux, et je

m'arrête où il me plaît ; en un mot je ne reconnais d'autre occupation que mon indolence, d'autre loi que mon caprice. Maintenant, monsieur, ne conviendrez-vous pas que je peux me dire gentleman ?

— A coup sûr, lui répondis-je, vous m'avez l'air de tenir le milieu entre un capitaine à demi-solde et le roi des Bohémiens.

— Vous l'avez dit, monsieur, » reprit mon compagnon en souriant. En ce moment il était à côté de moi et, tout en marchant, je pouvais l'examiner à mon aise. C'était un homme de taille moyenne, d'une structure athlétique, paraissant avoir trente-huit ans. Il portait un frac bleu foncé qui n'était ni usé ni neuf, mais qui était mal fait et beaucoup trop long et trop large pour sa taille : son gilet était de velours fané et avait été autrefois comme la tunique de l'ambassadeur de Perse, « rougissant d'écarlate et ruisselant d'or » ; pour le moment on l'eût échangé avantageusement à Monmouth-Street pour la somme légale de deux shellings neuf pence. Sous ce gilet, on en découvrait un autre, en cachemire, qui semblait beaucoup trop neuf pour le reste du costume. Quoique sa chemise fût d'une couleur qui indiquait qu'elle n'avait pas été blanchie depuis longtemps, je remarquai non sans quelque défiance, qu'elle était d'une finesse très-respectable ; une épingle ornée d'une pierre qui était peut-être fausse, mais qui pouvait être tout aussi bien un vrai diamant, brillait au bas d'une sale cravate en poil de chèvre, comme l'œil de la bohémienne à travers ses cheveux épais.

Son pantalon était gris-clair, et la justice de la Providence ou au moins de son tailleur s'était récupérée sur sa culotte de la prodigalité déployée dans la longueur de son habit, car les canons en étaient beaucoup trop étroits pour les membres musculeux qu'ils recélaient, et remontant bien au-dessus de la cheville, étalaient à l'œil de l'observation dans tout son développement une grosse botte à la Wellington, portrait véritable de l'Italie sur la carte.

La figure de l'homme était vulgaire et commune : une de ces têtes qu'on voit grouiller par centaines dans Fleet Street ou à la Bourse. Les traits en étaient petits, irréguliers, assez plats. Cependant, quand vous aviez jeté deux ou trois fois les yeux sur sa physionomie, vous y trouviez dans l'expression quelque chose de singulier et d'accentué qui compensait la vulgarité de ses traits. L'œil droit tournait le dos à l'œil gauche, et formait ce genre de loucherie effrayante qu'on ne saurait mieux comparer pour la forme qu'à ces fusils irlandais fabriqués pour tirer en côté. Ses sourcils étaient larges et velus : on aurait dit des broussailles où ses yeux de renard étaient allés se terrer. Autour de ce gîte on voyait un vrai labyrinthe sans fin de ces rides vulgairement appelées la patte d'oie, profondes, embrouillées, emmêlées; elles rappelaient aux plaideurs ces toiles d'araignées qui ont envahi les dossiers d'un procès à la Chancellerie. Le reste de sa physionomie, non moins étrange d'ailleurs, était parfaitement uni et insignifiant. Les lignes mêmes, ordinairement si fortement accusées chez les hommes de son âge, des narines au coin de la bouche, n'étaient pas plus apparentes que chez un jeune garçon de dix-huit ans.

Son sourire était franc ; sa voix claire et animée ; son abord ouvert et bien supérieur à sa position sociale ; c'était celui d'un homme qui se sent votre égal, sans pourtant se méconnaître. Mais, malgré toutes ces considérations qui militaient en sa faveur, il y avait une telle expression de malice et de ruse dans cet œil vigilant et obstiné, ainsi que dans le réseau de rides qui formait ses dépendances, que je ne pouvais me défendre de me défier de lui, tout en prenant goût à sa compagnie. Peut-être cela tenait-il à ce qu'il était en effet trop franc, trop familier, trop *dégagé* pour être tout-à-fait naturel. L'expérience donne bientôt à l'honnête homme plus de réserve. Il n'est rien de tel que les coquins pour être ouverts et communicatifs ; la confiance et le sans-gêne ne leur coûtent rien. Pour en finir avec le portrait de ma nouvelle connaissance, je dois ajouter que je fus frappé de lui trouver dans la physionomie quelque chose qui ne m'était pas tout-à-fait inconnu, ce quelque chose que, selon toute probabilité, nous n'avons pourtant jamais vu, mais, qu'en raison même de sa vulgarité, nous imaginons avoir déjà rencontré plus de cent fois.

Nous marchions d'un bon pas, et cependant il faisait chaud. Le fait est que l'air était si pur, l'herbe si verte, l'atmosphère de midi si pleine du bourdonnement, du mouvement, de la vie de la création qu'on se sentait plutôt fortifié et rafraîchi qu'énervé par la chaleur.

« Nous avons là, monsieur, un magnifique pays, me dit mon héros porte-balle. En sortant des tristes et stériles parages du continent, on se croit transporté dans un véritable paradis. Un cœur vertueux est toujours patriote, monsieur. Pour ma part, il me prend à chaque instant des élans de reconnaissance pour remercier la Providence, quand je considère ses œuvres, et je ressemble aux vallées du psaume qui sont prêtes « à rire et à chanter. »

— Comment donc, mais vous n'êtes pas seulement philosophe, vous êtes de plus enthousiaste ! Encore un peu et, si je me trompe, je vais découvrir que j'ai l'honneur de saluer aussi en vous un poëte.

— Mais, monsieur, répliqua notre homme, j'ai fait quelques vers dans ma vie ; d'ailleurs j'ai fait un peu de tout, car j'ai toujours été grand amateur de la variété : mais, si Votre Honneur veut bien me permettre de lui renvoyer sa question : ne seriez-vous pas vous-même un favori des muses ?

— Je ne peux pas me flatter de cela. Je peux tout au plus parler de mon bon sens, l'antipode du génie, vous savez, s'il faut en croire l'opinion reçue.

— Le bon sens ! répéta mon compagnon avec un sourire singulier et fort expressif, accompagné d'un clignement plein de malice dans l'œil gauche. Le bon sens ! ah ! pour cela, ce n'est pas mon fort, monsieur. Vous êtes alors à ce que je puis croire un de ces gentlemen qu'il n'est pas facile d'attraper et qui ne se laissent pas aisément tromper par les actes ou les apparences ; moi, au contraire, j'ai été dupe toute ma vie. Un enfant m'en ferait accroire. Je suis la personne du monde la moins défiante.

— Oui, me dis-je en moi-même, et trop ingénu de moitié. Il faut que cet homme-là soit un fripon ; mais qu'est-ce que cela me fait ? C'est la première et la dernière fois que je l'aurai vu : et, fidèle à mon habitude de ne jamais perdre une occasion d'étudier les caractères individuels, je me dis qu'on pourrait tirer grand parti d'une pareille connaissance, surtout dans le commerce. Aussi trouvais-je que c'était grand dommage que mon compagnon m'eût déclaré qu'il n'exerçait aucun métier.

— Mais, monsieur, me dit-il, j'ai de temps en temps un état, ma profession nominale est le courtage. J'achète des châles et des mouchoirs de pauvres comtesses, et je les revends à de riches bourgeoises. Je monte de linge les nouveaux ménages à des conditions plus modérés que dans les magasins, et je fournis au fiancé ses cadeaux de noces et ses bijoux à quarante pour cent au-dessous du prix des joailliers. J'aime même autant une intrigue qu'un mariage, et à défaut de joyaux, je vends volontiers, dans ce cas, mes bons offices. Un joli garçon comme Votre Honneur peut bien avoir quelque affaire secrète : vous pourriez alors compter sur ma discrétion et mon zèle. Bref, vous voyez en moi un brave garçon, bien innocent, bien bon enfant, incapable de faire du mal à personne pour rien au monde, et disposé à faire plaisir à qui que ce soit pour quelque chose.

— Je vous fais mon compliment de vos talents, et, quand j'aurai besoin d'un tiers entre Vénus et moi, je ne manquerai pas de vous employer. Avez-vous toujours exercé cette profession peu laborieuse, ou ne vous en a-t-on pas donné d'abord une autre?

— On avait d'abord voulu faire de moi un orfèvre, répondit notre ami, mais la Providence en a décidé autrement. Comme on m'avait appris dès mon enfance à répéter « Notre père, qui êtes aux cieux... » notre père m'a entendu et il m'a délivré de la tentation... le fait est qu'elle est terriblement séduisante, quand elle se présente sous la figure d'une cuiller d'argent.

— Ma foi! vous êtes bien le plus honnête coquin que j'aie jamais rencontré et en vérité on vous confierait volontiers sa bourse rien que pour la franchise avec laquelle vous avouez que vous seriez disposé à la voler. Mais, faites-moi donc le plaisir de me dire s'il ne serait pas possible que j'aie déjà eu le bonheur de vous voir. Je ne peux pas m'ôter cela de l'idée, et pourtant, comme je n'ai jamais été

en prison, ni au violon, ni à Old Bailey, ma raison me dit
qu'il faut bien que je me trompe.

— Point du tout, monsieur, vous ne vous trompez pas,
répliqua ce digne monsieur. Je me souviens de vous à
merveille, et je n'ai jamais vu une figure comme la vôtre
sans m'en souvenir. J'ai eu l'honneur de vider quelques
petits verres de liqueurs britanniques, dans la même salle
où vous étiez un soir, en compagnie de mon ami
M. Gordon.

— Hé! lui dis-je, je vous remercie de ce détail, cela me
rappelle à présent qu'il me dit même que vous étiez
l'homme le plus ingénieux de toute l'Angleterre, et que
vous aviez l'heureuse faculté de prendre le bien d'autrui
pour le vôtre. Je suis charmé d'avoir fait votre précieuse
connaissance. »

Mon nouvel ami, qui n'était autre que M. Job Jonson,
sourit avec sa béatitude ordinaire et me fit une profonde
révérence de remerciement avant de reprendre :

« M. Gordon ne vous a pas trompé, monsieur. Je me
flatte qu'il y a en effet peu de gentlemen qui entendent
mieux que moi l'art de l'*expropriation*. D'ailleurs je ne
l'avouerais pas, que tout le monde le dirait pour moi : ma
réputation est faite. Vous saurez, monsieur, que j'ai toujours eu la fortune contre moi, et que je n'ai trouvé que
deux remèdes à ce mal, deux vertus, monsieur, la persévérance et le savoir-faire. Pour vous donner une idée de
ma mauvaise fortune, je vous dirai que j'ai été arrêté
vingt-trois fois, pour suspicion. Vous jugerez de ma persévérance, quand vous saurez que j'ai été vingt-trois fois
arrêté justement, et de mon savoir-faire, si vous voulez
bien vous rappeler que j'ai été relâché vingt-trois fois
faute de trouver un témoignage légal contre moi.

— Je suis plein de vénération pour vos mérites, M. Jonson, répliquai-je, puisque vous voulez bien prendre ce
nom, quoique je soupçonne qu'à l'instar des divinités
payennes, vous ne manquiez pas d'autres titres à prendre,
dont les uns chatouillent plus agréablement vos oreilles
que les autres.

— Non, répondit l'homme aux deux vertus, je ne rougis

jamais de mon nom, et en vérité, je n'ai jamais rien fait pour le déshonorer. Jamais je n'ai fréquenté une mauvaise compagnie, jamais je ne me suis livré à une crapuleuse débauche; tout ce que j'ai exécuté en vertu de ma profession, je l'ai fait d'une manière supérieure, en véritable artiste, et non en truand comme tant d'autres aventuriers. De plus, j'ai toujours eu du goût pour la littérature polie, et je me suis même mis quelque temps en apprentissage chez un libraire, uniquement pour lire les ouvrages qu'il publiait, avant qu'ils fussent en vente. En un mot je n'ai négligé aucune occasion de développer mon esprit, et le pis qu'on puisse dire contre moi, c'est que je me suis trop bien rappelé mon catéchisme; je me suis donné tout le mal possible «, pour apprendre à travailler sérieusement de manière à gagner ma vie et faire mon devoir dans la position où il a plu à la Providence de m'appeler en ce monde. »

— J'avais souvent entendu dire, répondis-je, qu'il y a de l'*honneur* parmi les voleurs, mais je suis bien aise d'apprendre de votre bouche qu'ils ont aussi de la religion : vos parrain et marraine doivent être fiers d'avoir tenu sur les fonts un filleul qui a si bien profité du baptême.

— Ils doivent l'être en effet, monsieur, car c'est par eux que j'ai commencé mes tours d'adresse. L'histoire en est un peu longue, mais, si jamais vous désirez l'entendre, je me ferai un plaisir de vous la raconter.

— Merci, merci ! en attendant, il faut que je vous souhaite le bonjour. Voici votre chemin à droite. Je vous renouvelle mes remerciements d'avoir bien voulu condescendre à accompagner un individu aussi ordinaire que mon humble personne.

— Oh! ne parléz pas de cela, Votre Honneur. Je serai toujours trop heureux de faire route avec un gentleman de bon sens comme vous. Adieu, monsieur, au plaisir de vous revoir ! »

Là-dessus M. Jonson prit son chemin et nous nous séparâmes.

Je m'en revins à la maison, en rêvant à mon aventure, charmé de mon aventurier. Je n'étais plus qu'à trois pas de ma porte, quand je fus accosté, sur le ton le plus lamentable, par un pauvre vieux mendiant, qui paraissait réduit à la plus profonde misère et dans un état de santé déplorable. Malgré mes principes en fait de charité, je me laissai émouvoir par ce spectacle déchirant jusqu'à lui faire l'aumône. Je mis la main à la poche ; plus de bourse. Je cherche de l'autre côté, et voilà que mon mouchoir, mon portefeuille, un médaillon en or qui avait appartenu à Mme Danville avaient disparu de compagnie.

Ce qui prouve qu'il ne faut pas faire société avec ces messieurs à double vertu, et qu'on leur paie bien les compliments qu'ils vous font sur votre bon sens.

Le mendiant continuait de m'importuner.

« Voulez-vous lui faire servir à manger et lui donner un petit écu », dis-je à mon hôtelière.

Deux heures après, elle vient à moi toute troublée : « Ah ! monsieur, ma théière d'argent... c'est ce gueux de mendiant ! »

Un trait de lumière vint m'éclairer... « Ah ! M. Job Jonson ! m'écriai-je dans une rage indescriptible. Laissez-moi tranquille, madame ; laissez-moi. » Je ne pus en dire davantage, j'étais hors de moi. Et qu'on ne vienne pas me dire que la honte est la compagne de la faute. Le scélérat qui a fait le mal n'est jamais aussi honteux de lui-même que l'innocent qu'il a trompé.

CHAPITRE LXX

Je restai huit jours dans le repos de ma retraite, pendant lesquels je ne jetai pas une seule fois les yeux sur un journal. Admirez un peu ma philosophie ! Le neuvième, je commençai à penser qu'il était grandement temps pour moi d'avoir des nouvelles de Dawton ; et m'apercevant que je n'avais mangé que deux flûtes pour mon déjeuner, et que certaines rides prématurées commençaient à me donner une plus chétive apparence, je me préoccupai de nouveau des « Beautés de Babylone. »

Tandis que j'étais dans ces obligeantes dispositions à l'égard de la grande ville et de ses habitants, mon hôtesse me remit deux lettres. L'une était de ma mère, l'autre de Guloseton. J'ouvris la dernière d'abord ; elle s'exprimait ainsi.

    « Cher Pelham,

« J'ai été très-chagrin d'apprendre que vous aviez quitté
« la ville, et d'une manière si inattendue encore. J'ai obtenu
« votre adresse à l'hôtel Mivart et je me dépêche d'en faire
« usage. Je vous en prie, revenez à la ville sur-le-champ. On
« m'a fait cadeau d'un filet de chevreuil sur lequel je veux
« avoir votre opinion ; c'est un morceau trop délicat pour le
« garder, car ce sont les meilleurs qui se gâtent le plus vite :
« *corruptio optimi pessima*, comme Moore, si je ne me
« trompe, le dit des fleurs, appliquant seulement à la douceur
« de leur parfum ce que je dis ici de la corruption d'un mets

« savoureux. Ainsi, vous le voyez, il faut que vous veniez
« sans perdre de temps.

« Mais vous, mon ami, à quoi donc avez-vous pu dépenser
« votre temps? Moi j'ai été tenu éveillé toute la nuit, à
« me demander comment diable vous faites pour dîner. Le
« poisson, il n'en faut pas parler à la campagne ; les poulets
« meurent de la pépie partout ailleurs qu'à Londres ; le
« gibier n'est plus de saison ; il est impossible d'envoyer
« chez Giblet pour de la viande. Il est également impossi-
« ble d'en avoir partout ailleurs ; et quant aux seules pro-
« ductions naturelles de la campagne, les végétaux et les
« œufs, je n'ai pas besoin d'une pénétration extraordinaire
« pour être certain que votre cuisinier ne peut transformer
« les derniers en omelette aux huîtres, ni les premiers en
« légumes à la crème.

« Vous voyez donc par une série de démonstrations
« incontestables que vous devez littéralement mourir de
« faim. A cette pensée des pleurs roulent dans mes yeux ;
« pour l'amour du ciel, pour l'amour de moi, pour l'amour
« de vous-même, par-dessus tout, pour l'amour du che-
« vreuil, hâtez-vous de revenir à Londres. Je me figure
« vous voir au dernier degré d'atrophie, léger comme un
« fétu, maigre comme l'ombre d'un lévrier.

« Je n'ai pas besoin d'en dire là-dessus davantage. Je
« puis me reposer sur votre propre prudence du soin de
« me procurer le plaisir immédiat de votre compagnie.
« Vraiment, si j'avais à m'appesantir plus longtemps sur
« votre mélancolique position, je ne pourrais résister à ma
« sensibilité. Mais revenons à nos moutons (expression char-
« mante, soit dit en passant). Ah ! les Français sont nos
« maîtres en toutes choses, depuis la science souveraine
« de la cuisine jusqu'à l'art moins important de la conver-
« sation. Ils faut que vous me disiez votre opinion sincère,
« impartiale, réfléchie sur le chevreuil. Pour ma part je ne
« m'étonnerais pas de voir la mythologie du nord placer
« la chasse parmi les principaux plaisirs de leur paradis, si
« le chevreuil était l'objet de leur chasse, mais *nihil est*
« *omni parte beatum*. Je ne le trouve pas assez gras,
« mon cher Pelham, et je ne vois pas comment remédier à

« ce défaut ; car si nous nous adressons à l'art pour le
« rendre plus moelleux ce sera aux dépens du fumet qu'il
« doit à la nature ; divin fumet, mon cher Pelham, qui
« fut toujours mon grand argument en faveur de la liberté.
« Claquemurées, enchaînées, confinées dans les villes, et
« dans l'esclavage, toutes choses perdent la fraîche et géné-
« reuse saveur que peuvent seules leur donner la liberté
« et la campagne.

« Dites-moi, mon ami, quel a été le dernier sujet de vos
« réflexions? Mes pensées se sont arrêtées, souvent et
« sérieusement, sur la *terra incognita*. Les régions encore
« inconnues du *pays culinaire*, que les plus profonds
« investigateurs ont laissées vierges et inexplorées..... sur le
« veau. Mais nous en reparlerons, plus tard ; la légèreté
« d'une lettre convient mal aux profondeurs d'une recher-
« che philosophique.

« Lord Dawton m'a sondé hier sur mon vote. Et puis,
« me disait-il, quel dommage que vous ne parliez jamais à la
« chambre des Lords : « Fit orator », lui répondis-je, fi des
« orateurs! Vous voyez que je n'ai pas trop mal paraphrasé
« le vieil adage des rhéteurs.

« Adieu, mon cher ami, car mon ami, vous l'êtes, si le
« philosophe est dans le vrai en définissant la véritable
« amitié, celle qui consiste à *rechercher les mêmes biens*,
« *à fuir les mêmes maux* [1]. Vous détestez les panais au
« naturel..... ainsi fais-je ; vous aimez les pâtés de foie gras,
« et moi aussi, mon ami : nous voilà donc les meilleurs
« amis du monde !

« GULOSETON. »

Passons de mon ami, à ma mère, pensai-je, en ouvrant
l'épître maternelle que je transcris ici :

« Mon cher Henri,

« Venez à la ville sans perdre de temps ; chaque jour les
« ministres remplissent les moindres places, et il faut une
« mémoire bien sûre chez un homme politique pour se

---

1. Idem velle, atque idem nolle, ea demùm firma amicitia. (SALL.)

« souvenir des absents. M. V*** a dit hier à un dîner auquel
« j'étais présente, que lord Dawton lui a promis le bourg
« de ***. Or vous savez, mon cher Henri, que c'est justement
« celui qu'il vous a promis à vous-même, faites-y atten-
« tion. Lord Dawton est une assez bonne pâte d'homme,
« mais il a refusé une fois de se battre en duel ; or s'il a
« négligé son honneur dans une circonstance, il peut le
« négliger dans une autre : à tout événement, vous n'avez
« pas de temps à perdre.

« Le jeune duc de *** donne un bal demain soir : c'est
« mistress *** qui paye toute la dépense, et je sais avec
« certitude qu'elle l'épousera dans une semaine ; ceci est
« un secret encore. La société sera bien mêlée, mais le bal
« mérite qu'on y aille. J'ai un billet pour vous.

« Lady Huffemall et moi, nous pensons que nous ne
« patronnerons pas la nouvelle duchesse, mais nous ne
« sommes pas encore décidées. Lady Roseville, cependant,
« parle avec un grand respect du mariage projeté, et dit
« que puisque nous admettons la *convenance* comme règle
« principale dans un mariage, elle ne se souvient pas d'un
« exemple où on en ait tenu plus de compte que dans celui-ci.

« Il doit y avoir plusieurs promotions dans la noblesse.
« Les amis de lord *** font exprès courir le bruit qu'il
« obtiendra un titre de duc ; mais j'en doute. Cependant, il
« l'a bien mérité ; car non-seulement il donne les meilleurs
« dîners de la ville, mais aussi les meilleurs comptes-rendus
« de ces dîners dans le Morning Post le lendemain ; voilà
« ce qui s'appelle, ou je ne m'y connais pas, soutenir comme
« il faut la dignité de notre ordre.

« J'espère très-ardemment que, dans votre retraite à la
« campagne, vous ne négligez pas votre santé, ni, permet-
« tez-moi d'ajouter, votre esprit, et que vous trouvez l'oc-
« casion tous les deux jours de cultiver la valse, ce que
« vous pouvez très-bien faire avec le secours d'un fauteuil.
« Je vous enverrais, si je ne vous attendais pas sitôt ici, les
« Réminiscences musicales de lord Mount E.... ; non-seu-
« lement parce que c'est un livre très-amusant, mais aussi
« parce que je désire que vous donniez à la musique plus
« d'attention que vous ne paraissez disposé à le faire. B**** »

« qui n'est jamais très-raffiné dans ses bons mots, dit que
« lord M*** semble avoir considéré le monde comme un
« concert, dans lequel le meilleur rôle est au premier vio-
« lon. En vérité, il est très-divertissant de voir la vénéra-
« tion que porte notre musical ami à l'orchestre et à ses
« exécutants. Je fais des vœux au ciel, mon cher Henri,
« pour que le cher homme puisse vous communiquer un
« peu de son ardeur. Je suis tout à fait mortifiée parfois
« de votre ignorance des airs et des opéras ; rien ne fait
« un meilleur effet dans la conversation que la connais-
« sance de la musique, comme vous l'apprendrez un jour
« ou l'autre.

« Dieu vous bénisse, mon très-cher Henri. Sûre de vous
« voir, prochainement, j'ai envoyé retenir votre ancien
« appartement à l'hôtel Mivart ; n'allez pas me désap-
« pointer.

« Votre mère,

« F. P. »

Je lus la lettre qui précède deux fois d'un bout à l'autre,
et je sentis mes joues s'enflammer et mon cœur se gonfler en
revoyant le passage relatif à lord Dawton et au bourg. Le
nouveau ministre avait certainement depuis quelques semaines joué double jeu avec moi. Il lui aurait été facile
depuis longtemps de me procurer une position subordonnée, plus facile encore de me placer dans le parlement ;
cependant il s'était contenté de promesses douteuses et de
vaines civilités. Ce qui pourtant me paraissait le plus inexplicable, c'était son motif pour rompre ou pour éluder ses
engagements ; il savait que je l'avais servi lui et son parti
plus que la moitié de tous les siens ; il professait, non-seulement en ma présence, mais dans la société, la plus haute
estime pour mon habileté, mes connaissances et mon application : il savait donc bien si je pouvais être dans l'occasion
un ami utile ; et, les mêmes qualités jointes à la position
que me donnaient ma naissance et mes relations pouvaient
facilement lui faire augurer que je ne serais pas au besoin
un ennemi moins influent.

Cette réflexion calma les battements de mon cœur et

l'agitation de mon pouls. Je froissai la maudite lettre dans ma main ; j'arpentai trois fois la chambre, je m'arrêtai à la sonnette, je la tirai avec violence, je commandai des chevaux de poste à l'instant même, et en moins d'une heure j'étais sur la route de Londres.

Combien varie l'esprit humain selon la différence des lieux ! Dans nos passions, aussi bien que dans nos croyances, nous sommes de vrais esclaves de notre position géographique. Même l'imperceptible variation d'un seul mille suffira pour mettre en révolution tous les flux et les reflux, tous les torrents de nos cœurs. L'homme qui est doux, généreux, bienveillant et bon, à la campagne, entre-t-il sur la scène des débats, le voilà qui devient aussitôt fier ou rampant, égoïste ou dur, précisément comme si les vertus n'étaient faites que pour la solitude, et les vices pour la ville. Je sens que j'ai mal exprimé ce que je voulais dire ; n'importe, je n'en rendrai que mieux mes sentiments à l'instant dont je parle, car pour l'instant j'étais trop ardent et trop préoccupé pour ajuster mes mots. A mon arrivée chez Mivart je me donnai à peine le temps de changer de toilette avant de me rendre chez lord Dawton. Il faut qu'il me donne une explication, pensais-je, ou un dédommagement, ou une réparation. Je frappai à la porte ; le ministre était sorti. « Vous lui donnerez cette carte, dis-je au portier, et lui direz que je reviendrai demain à trois heures. »

J'allai me promener à Brookes ; là je rencontrai M. V***. Ma connaissance avec lui était légère ; mais c'était un homme de talent, et, ce qui convenait mieux à mon but, un homme d'un naturel ouvert. J'allai à lui, et nous entrâmes en conversation. « Est-il vrai, lui dis-je, que j'aie à vous féliciter sur la certitude de votre nomination à *** au bourg de *** de lord Dawton ?

— Je le crois, reprit V***, lord Dawton me l'a promis la semaine passée, et M. H***, le présent membre, a accepté les districts de Chiltern [1]. Vous savez que toute notre famille

---

1. Manière familière de dire qu'un membre du parlement a cédé son siége pour une compensation, pour une place du gouvernement, par exemple.

soutient chaudement lord Dawton dans la crise présente, et l'on a positivement insisté pour ma nomination à ce bourg. Ainsi vont les choses, vous voyez, M. Pelham, même en ces vertueux jours de pureté parlementaire.

— C'est vrai, dis-je, en dissimulant mon chagrin, vous et Dawton vous avez fait un admirable échange. Pensez-vous que l'on puisse croire que le ministère est bien assis?

— Nullement; tout dépend de la motion qui sera présentée la semaine prochaine. Dawton la regarde comme la bataille décisive de cette session. »

Lord Gavelton nous ayant rejoint en ce moment, je continuai notre promenade de l'air le plus indifférent en apparence. Au bout de Saint-James-Street, la voiture bien connue de lady Roseville passa devant moi. Elle s'arrêta un moment. « Nous nous rencontrerons chez le duc de ***, ce soir, dit-elle, n'est-ce pas?

— Si vous y allez, certainement, » repris-je.

Je retournai chez moi, à mon appartement solitaire, et si je souffris quelque peu des tourments de l'espérance déçue et de l'ambition mécontente, l'ennui ne doit pas en revenir au lecteur. Mes moments agréables sont pour le monde, mes heures sombres sont pour moi seul ; et, comme cet enfant de Sparte, au milieu même des douleurs de la mort, je voudrais garder sous mon manteau les dents et les griffes qui s'enfonceraient dans ma poitrine.

CHAPITRE LXXI

La première personne que je vis chez le duc de ***, fut
M. Mivart, il faisait l'office de gentleman huissier : la seconde fut ma mère; elle était, comme d'habitude, entourée
d'hommes, « ombres des héros qui avaient été, » restes
des anciens jours, où elle aurait pu rivaliser dans l'art de
la danse, même avec la gracieuse duchesse de B ***. Sur
les dandies de son temps elle avait conservé son ancien empire; et il était assez amusant d'entendre les discours amoureux de chaque *ci-devant jeune homme* qui continuait,
par habitude, les compliments que trente ans auparavant
il avait commencés par admiration.

Ma mère était véritablement ce que le monde appelle
une charmante femme. Peu de personnes avaient plus de
succès dans la société : ses manières étaient la perfection
même, son sourire, un charme; elle vivait, se mouvait,
respirait, seulement en vue du monde, et le monde lui
tenait compte de la persévérance de son zèle. Cependant,
si ses lettres ont donné à mes lecteurs quelque idée de son
caractère, ils auront pu voir que ce même désir de supré-
matie dans le ton donnait (le ciel me pardonne mon impiété filiale !) une sorte de demi-vulgarité à ses idées; car
ceux qui vivent exclusivement pour l'opinion des autres,
manquent toujours de cette dignité personnelle qui seule
peut donner de l'élévation aux sentiments. Les plus réellement irréprochables aux yeux de la mode sont souvent

ceux à qui manque l'aristocratie franche et naturelle de l'esprit.

Je rejoignis le cercle de ma mère et bientôt lady Frances trouva l'occasion de murmurer à mon oreille : « Vous avez bonne mine et vous êtes un fort joli homme; je vous déclare que vous me ressemblez un peu, surtout par les yeux. Je viens d'entendre dire que miss Glanville va être une riche héritière, car le pauvre sir Réginald ne peut vivre longtemps encore. Elle est ici ce soir; ne perdez pas cette occasion, je vous prie. »

Mes joues brûlèrent comme du feu à ce discours. Ma mère me fit observer tranquillement que j'avais de belles couleurs, et qu'il fallait en profiter pour chercher immédiatement à rencontrer miss Glanville de peur qu'elles ne vinssent à se passer si j'y mettais le moindre retard; et elle me laissa là pour parler d'un déjeuner public qui devait se donner bientôt. Je passai dans le salon de danse; là je trouvai Vincent; je ne l'avais jamais vu plus en train.

« Eh bien! dit-il, en ricanant, vous n'occupez pas encore votre siége. Je suppose que le représentant de lord Dawton dont vous devez prendre la place est comme Thésée, *sedet æternumque sedebit*. C'est bien dommage que vous ne puissiez pas entrer avant la semaine prochaine; car nous allons avoir de brûlantes motions dans la Chambre basse, à ce que disent les astrologues. »

Je souris. « Ah, mon cher! lui dis-je, Sparte a beaucoup de fils plus dignes que moi! Cependant comment vont les nobles lords Lesborough et Lincoln? Avouez qu'on n'a jamais vu une pareille paire d'amis formés exprès par la nature.

— Peuh! fit Vincent assez brusquement, ils iront leur petit bonhomme de chemin, avant que vous fassiez le vôtre. Oubliez-les, mais ne vous oubliez pas, souvenez-vous que César joue le rôle d'ingrat. »

Vincent me quitta; mes yeux étaient rivés à terre; la belle lady *** passa près de moi : « Quoi! vous, rêveur! dit-elle en riant; il ne manque plus que de voir notre hôte lui-même tourner à la mélancolie!

— Dam! lui dis-je, comment voulez-vous qu'on soit

joyeux en votre absence? Pourtant, si la mythologie de
Moore est vraie, la beauté n'en aime que mieux la folie
quand elle emprunte quelque chose à la raison ; mais,
venez, ce n'est pas ici la place des discours graves, c'est
plutôt celle des étourdis. Joignons-nous aux valseurs.

— Je suis engagée.

— Je le sais! croyez-vous que je voulusse danser avec
une femme qui ne le fût pas? Le beau triomphe pour
la vanité en ce cas! Allons, il faut que vous me préfériez à
un engagement; » et en parlant ainsi j'entraînai ma conquête.

Son partner projeté était M. V*** ; juste au moment où
nous venions de nous joindre aux danseurs, il nous découvrit et s'approcha avec son long, sérieux et respectueux visage. La musique commença et le moment d'ensuite le pauvre V*** fut près d'être culbuté. Plein du plus
politique dépit, je pirouettai droit contre lui, m'excusai
avec mon sourire le plus caressant, et le laissant essuyer
sa bouche et se frotter l'épaule, il présentait au naturel
l'espérance déconfite.

Bientôt je me lassai de ma danseuse, et, l'abandonnant
au destin, j'allai rôder dans une autre pièce. Là, assise
seule, se tenait lady Roseville. Je me plaçai près d'elle ; il
existait une espèce de franc-maçonnerie entre elle et moi ;
chacun de nous en savait sur l'autre plus que le monde
n'en connaissait, et nous avions pour lire dans nos cœurs
des signes plus sûrs que les mots. Je vis bientôt qu'elle
n'était pas de bonne humeur : tant mieux, c'était une
compagnie qui n'en convenait que mieux à un aspirant
éconduit comme moi.

La chambre où nous nous tenions était presque déserte ;
nous n'avions pas d'interruption à craindre et notre conversation prit une teinte sentimentale.

« Combien la foule, dit lady Roseville, sait peu de
chose des individus qui la composent : de même que les
couleurs les plus opposées peuvent se fondre en une
seule, perdre leur nuance particulière et se voir ainsi
classées sous un seul nom, ainsi chacun des invités va
s'en retourner chez lui en parlant de la gaieté de la fête,

sans songer un seul moment que cette gaieté générale ne se compose que de douleurs particulières.

— J'ai souvent pensé, lui dis-je, que nous sommes bien sévères dans nos jugements envers les autres, que souvent nous accusons d'être mondains les gens qui n'ont que le tort de le paraître aux yeux du monde. Vous, par exemple, quand on vous a vue dans vos moments les plus brillants, on ne vous supposerait jamais capable de faire l'aveu qui vient de vous échapper.

Je ne voudrais pas le faire à beaucoup d'autres que vous, répondit lady Roseville. Non, vous n'avez pas besoin de me remercier. J'ai quelques années de plus que vous; j'ai vécu plus longtemps dans le monde, j'ai vu beaucoup de ses divers caractères; et mon expérience m'a appris à apprécier un caractère comme le vôtre. Vous paraissez frivole à la superficie, mais je sais que vous avez un esprit, non-seulement capable des plus sérieuses et des plus importantes affaires, mais habitué à les approfondir avec réflexion. Vous paraissez efféminé, mais je sais que personne n'est plus hardi; indolent, et nul n'a une ambition plus active; égoïste achevé, et je sais qu'aucun intérêt terrestre ne pourrait obtenir de vous une bassesse ou une injustice, non, pas même un abandon vénal de vos principes. C'est parce que je vous connais ce caractère-là que je suis franche et ouverte avec vous. D'ailleurs, je reconnais dans cet orgueil jaloux, avec lequel vous cachez vos sentiments les plus élevés et les plus profonds, quelque chose qui ressemble au mobile le plus puissant qui anime mon esprit. Tout cela m'intéresse chaudement à votre sort; puisse-t-il être aussi brillant que mes pressentiments me l'ont fait voir! »

Je contemplais la figure de la belle causeuse quand elle finit par ce souhait : peut-être en ce moment de solitude mon cœur fut-il infidèle à Hélène; mais c'est une infidélité qui s'effaça aussi vite que le souffle de mon haleine sur le miroir. Tout fat que j'étais, je savais parfaitement que l'intérêt que l'on me montrait était désintéressé de toute passion. Tout coureur que j'avais été, je savais aussi combien peut être pure l'amitié d'une femme, *pourvu qu'elle en aime un autre !*

Je remerciai chaudement lady Roseville de la bonne opinion qu'elle avait de moi. « Peut-être, ajoutai-je, si j'osais solliciter votre avis, ne me trouveriez-vous pas tout à fait indigne de votre estime.

— Mon avis, répondit lady Roseville, serait en vérité pire qu'inutile, s'il n'était pas dirigé par une certaine connaissance que peut-être vous ne possédez pas. Vous paraissez surpris. Eh bien! écoutez-moi, n'êtes-vous pas assez lié avec lord Dawton? N'attendez-vous pas de lui quelque chose de digne de votre rang et de votre mérite?

— En vérité, lui dis-je, vous me surprenez. Quelque intimes que puissent être mes rapports avec lord Dawton, je les croyais beaucoup plus secrets qu'ils ne paraissent l'être. Néanmoins, je reconnais que je suis en droit d'attendre de lord Dawton, non, peut-être, la récompense d'un service, mais au moins l'accomplissement d'une promesse : et je commence à croire que je serai trompé dans cette attente.

— Vous le serez, répondit lady Roseville. Baissez la tête davantage, les murs ont des oreilles. Vous avez un ami, un infatigable et ardent ami parmi ceux qui sont maintenant au pouvoir; dès qu'il eut appris que l'on promettait à M. V*** le bourg qu'il savait vous être promis depuis longtemps, il alla droit à lord Dawton. Il le trouva avec lord Clandonald; ce qui ne l'empêcha pas de rompre la glace immédiatement. Il parla très-chaudement de vos droits; il fit plus, il les confondit avec les siens, qui ne sont pas de médiocre importance, et ne demanda d'autre récompense pour lui-même que l'accomplissement de la promesse qui vous est faite depuis longtemps. Dawton était extrêmement confus, et lord Clandonald répliqua pour lui, que certainement l'on ne pouvait nier votre talent, qu'il était fort grand, que vous aviez sans nul doute rendu d'éminents services à leur parti, et que, par conséquent, il était de bonne politique de vous attacher à leurs intérêts; mais qu'il y avait en vous une certaine fierté, une prétention, et il pouvait le dire (remarquez la gradation), une indépendance véritablement des plus déplaisantes dans un homme aussi jeune; que d'ailleurs il

était impossible de se fier à vous, que vous ne vous enga-
giez à aucun parti, que vous ne parliez seulement que de
clauses et de conditions, que vous traitiez la proposition
de votre entrée au Parlement plutôt comme une grâce de
votre part que comme une faveur de lord Dawton, qu'en
un mot, l'on ne pouvait compter sur vous. Lord Dawton
alors reprit courage et parla dans le même sens en faisant
un long panégyrique de V***, un long récit de ce qu'on
lui devait, et du zèle de sa famille ; ajoutant que dans une
crise comme celle qui se présentait, il était absolument
nécessaire d'engager plutôt un allié certain qu'un appui
douteux et indécis ; que pour sa part, s'il vous plaçait
dans le Parlement, il n'était pas plus sûr d'y faire entrer
un ami qu'un ennemi ; que grâce au mariage de votre
oncle, vos espérances n'étaient nullement proportionnées
à vos prétentions, et que le même talent qui vous recom-
mandait à la faveur en qualité d'allié, rendait aussi péril-
leux de vous placer dans un poste où vous pouviez devenir un ennemi fort incommode. Toutes ces raisons, et
d'autres encore du même genre furent poussées avec vigueur par le digne couple ; et votre ami fut obligé de
prendre congé, parfaitement convaincu que, à moins que
vous ne prissiez une humeur complaisante, ou que vous
ne fussiez disposé à donner des gages plus assurés au
nouveau ministère, vous n'aviez rien à en attendre au
moins pour le présent. Le fait est, qu'il a trop grand'peur
de vous et qu'il aimerait mieux vous tenir en dehors de
la Chambre que de contribuer le moins du monde à vous y
obtenir un siége. Vous pouvez compter là-dessus, comme
je vous le dis.

— Je vous remercie de tout mon cœur, dis-je avec chaleur,
en saisissant et en serrant la main de lady Roseville. Vous
me confirmez ce que je soupçonnais depuis longtemps. Maintenant je suis sur mes gardes, et ils verront que je ne suis
pas moins fort sur l'attaque que sur la parade. Mais ce
n'est pas le moment de me vanter ; ayez l'obligeance de me
dire le nom de mon ami inconnu ; je n'aurais jamais cru
qu'il y eût une créature au monde qui voulût se déranger
d'un pas pour Henry Pelham.

— Cet ami, reprit lady Roseville d'une voix hésitante et en rougissant, c'était sir Réginald Glanville.

— Quoi! m'écriai-je, répétez-moi le nom ou... je m'arrêtai et me remis. Sir Réginald Glanville, repris-je avec hauteur, est beaucoup trop gracieux de s'occuper de mes affaires. Il faut que je sois étrangement changé si j'ai besoin du zèle officieux de personne pour me servir de redresseur de torts.

— Non, M. Pelham, se hâta de dire la comtesse, vous êtes injuste envers Glanville, envers vous-même. Quant à lui, il ne se passe pas un jour qu'il ne fasse mention de vous avec les plus grands éloges et la considération la plus affectueuse. Il disait dernièrement que vous avez changé à son égard, mais qu'il n'est pas surpris de ce changement; quant à la cause il n'en parle jamais. Si ce n'est pas trop d'indiscrétion souffrez que je m'en enquière; peut-être (oh! combien cela me rendrait heureuse) me serait-il possible de vous réconcilier. Si vous connaissiez, si seulement vous pouviez deviner la moitié du caractère noble et élevé de Réginald Glanville, vous ne permettriez pas à de légers différends de vous séparer.

— Ce ne sont pas de légers différends, lui dis-je en me levant, et il ne m'est pas permis d'en faire connaître la cause. Cependant, Dieu vous bénisse, très-chère lady Roseville, et préserve ce bon et généreux cœur de pires assauts que ceux de l'ambition désappointée ou de la confiance trahie. »

Lady Roseville tenait ses yeux fixés à terre, son sein se soulevait avec violence, elle avait compris le sens de mes paroles. Je la quittai pour retourner chez moi.

CHAPITRE LXXII

Le lendemain matin, je reçus un billet de Guloseton, qui m'invitait à venir dîner avec lui à huit heures, pour *me rencontrer* avec son *chevreuil*. Je lui renvoyai une réponse affirmative, et alors je me mis à réfléchir mûrement sur ce que j'avais de mieux à faire avec lord Dawton. Il serait assez plaisant, disait la colère, d'aller lui demander hardiment le bourg qu'il vous promit si souvent, et en cas de refus, de le braver, de le tancer, et de rompre avec lui.

— C'est vrai, répliquait ce raisonneur plus simple et moins théâtral que nous pouvons appeler connaissance du monde; mais cela n'aurait ni utilité ni dignité. Le sens commun ne querelle jamais personne. Allez voir lord Dawton, si vous voulez, demandez-lui de remplir sa promesse, avec votre sourire de seconde qualité, et recevez ses défaites avec votre sourire premier numéro. Puis vous ferez après ce qu'il vous plaira. Brisez avec lui ou ne brisez pas, vous pouvez faire l'un et l'autre avec grâce et tout tranquillement; ne faites jamais de scènes, or les reproches et la colère ne manquent jamais d'en faire quelqu'une.

— Vous avez raison, dis-je en réponse à cette dernière suggestion; et ayant arrêté ma résolution, je me rendis à trois heures moins le quart à la maison de lord Dawton.

« Ah! Pelham, dit le petit ministre, enchanté de vous voir si bon visage; c'est affaire à la campagne, mais vous allez rester à la ville maintenant, je l'espère, jusqu'à la fin de la saison?

— Certainement, lord Dawton, ou, à tout événement,
jusqu'à la prorogation du Parlement. Comment, en vérité,
pourrais-je faire autrement avec la bonne promesse de
Votre Seigneurie, que j'ai devant les yeux ! M. ***, le membre pour votre bourg de *** a, je crois, accepté les districts
de Chiltern ? Je vous suis vraiment bien obligé de la promp-
titude que vous avez mise à remplir votre promesse envers
moi.

— Hem ! mon cher Pelham, hem ! » murmura lord Dawton. Je me penchai vers lui comme pour l'écouter avec déférence, mais en réalité pour mieux voir son embarras, et
jouir de plus près de sa confusion. Il leva les yeux et saisit mon regard, et comme il ne fut pas trop satisfait de
l'expression involontaire de mes yeux, il devint de plus en
plus embarrassé ; enfin il rappela son courage.

« Eh mais ! cher monsieur, dit-il, oui vraiment, je vous
ai promis ce bourg ; mais souvent les amitiés personnelles
doivent être sacrifiées au bien public. Tout notre parti
insistait pour que l'on envoyât M. V *** à la place du dernier membre : que pouvais-je faire ? J'ai fait valoir vos
droits ; mais tous, jusqu'au dernier, se sont récriés sur
ceux de votre rival. Il est certain qu'il est plus âgé que
vous et que sa famille est très-puissante dans la Chambre-
Basse ; bref, vous apercevez, mon cher Pelham,..... vous
comprenez... vous devez sentir combien ma position était
délicate ; on ne pouvait pas commencer par se montrer
trop ardent pour ses propres amis, et je fus forcé de
céder. »

Lord Dawton s'était tant bien que mal acquitté de son
speech ; il ne me restait donc plus qu'à le féliciter sur ce
chef-d'œuvre.

« Mon cher lord, commençai-je, vous ne pouviez pas me
faire plus de plaisir : M. V*** est un très-estimable homme,
et je ne voudrais pour rien au monde vous avoir exposé
au soupçon de faire passer une vétille telle que votre honneur, c'est-à-dire, la promesse que vous m'avez faite, avant
les exigences, c'est-à-dire les intérêts de votre parti ; mais
n'en parlons plus. Votre Seigneurie était-elle chez le Duc
de *** la nuit dernière ? »

Dawton saisit avec joie l'occasion de changer de conversation, et nous nous mîmes à causer et à plaisanter sur des sujets indifférents jusqu'au moment où je pensai qu'il était temps de me retirer. Je le fis avec la plus cordiale apparence d'égards et d'estime; et ce ne fut qu'après avoir franchi le seuil de sa porte que je laissai un libre cours à la bile amère que j'avais sur le cœur. Je tournai mes pas vers Green Park, et je me promenais lentement le long de l'avenue principale, les mains derrière le dos et les yeux fixés à terre, quand j'entendis prononcer mon nom. En regardant derrière moi j'aperçus lord Vincent à cheval; il s'arrêta à causer avec moi. Dans l'humeur où j'étais contre lord Dawton, je l'accueillis avec plus de chaleur que je n'avais fait naguère; et lui de son côté se trouvant dans des dispositions sociables, sembla si satisfait de notre rencontre, et de mon humeur qu'il mit pied à terre pour se promener avec moi.

« Ce parc est bien différent maintenant, dit Vincent, de ce qu'il était du temps du Joyeux Monarque; cependant c'est encore un lieu beaucoup plus à mon goût que son frère ambitieux, le romantique Hyde Park. Il y a une certaine mélancolie qui n'est pas sans douceur à se promener dans les lieux consacrés par l'histoire; car tous tant que nous sommes nous vivons plus dans le passé que dans le présent.

— Voyez, dis-je, comme les hommes sont toujours les mêmes dans tous les âges. A la place même où nous voici, combien d'hommes ont été animés des mêmes sentiments qui nous font agir maintenant! combien ont fait peut-être la même remarque que vous venez de faire! C'est cette identité universelle qui nous rattache avec le plus de puissance au passé. C'est plaisir de voir comme nous ressemblons aux Agamemnons des temps jadis, et nous ne laissons perdre aucun des personnages disparus, à voir le soin que nous mettons à ressembler aussi aux Thersites du temps.

— C'est vrai, reprit Vincent; si les sages et les grands hommes savaient seulement quelle légère différence il y a entre eux et les fous ou les gens du commun, ils ne pren-

draient pas tant de peines pour être grands et sages ;
comme dit le proverbe chinois, ils sacrifient un tableau
pour en avoir les cendres. Il est presque à regretter que ce
désir d'avancement soit si nécessaire à notre existence.
L'ambition est souvent un beau sentiment, mais qui jamais ne donne le bonheur. Cyprien, dans un beau passage
sur l'envie, l'appelle « la vermine de l'âme » ; cependant,
peut-être, cette passion même est-elle moins dévorante,
moins semblable au *tabes pectoris*, que l'ambition. Vous
êtes surpris de ma véhémence ? Le fait est que je suis furieux
en pensant où peut nous entraîner la folie de regarder seulement en haut, et de fouler aux pieds, sans y faire attention,
dans l'aveuglement de nos désirs, les affections que nous
trouverions partout sous nos pas. Tenez ! vous et moi, depuis
longtemps nous nous sommes perdus de vue. Pourquoi ?
est-ce l'effet de quelque dispute, de quelque désagrément
particulier, de quelque découverte blessante pour l'honneur, la fidélité, la loyauté de l'un de nous ? Non ! mais simplement parce que je dîne avec lord Lincoln, et vous avec
lord Dawton, voilà tout. Ah ! que les Jésuites ont raison de
dire que ceux qui vivent pour le public doivent renoncer
à tout attachement privé. Le jour où nous devenons ci-
toyens, nous devons cesser d'être hommes. Notre vie privée est comme Léon X ; du moment qu'elle expire, toute
paix, tout confort, toute joie, toute société, meurent nécessairement avec elle ; et un âge de fer, *barbara vis
et dira malorum omnium incommoda*, doit lui suc-
céder.

— C'est dommage que nous n'ayons pas suivi la même
route, lui dis-je ; aucun plaisir n'aurait été plus grand pour
moi que de confondre nos intérêts politiques ; mais....

— Peut-être n'y a-t-il pas de mais, interrompit Vincent ;
peut-être comme les deux chevaliers du vieux conte, nous
donnons seulement des noms différents au même bouclier,
parce que nous ne le voyons pas du même côté ; imitons-
les de même dans leur réconciliation, aussi bien que dans
leur querelle, et puisque nous avons déjà rompu des lances
l'un contre contre l'autre, reconnaissons notre erreur et
renonçons à nos différends. »

Je restai silencieux; la vérité est que je ne voulais pas en dire trop long. Vincent continua.

« Je sais, dit-il, et c'est en vain que vous le cachez, que Dawton a mal agi avec vous. M. V*** est mon cousin germain; il vint à moi le lendemain du jour où le bourg lui avait été donné, et me rapporta tout ce que Clandonald et Dawton lui avaient dit à ce propos. Croyez-moi, ils ne vous ont pas épargné; vous avez grièvement offensé le premier; vous savez qu'il s'est brouillé sans retour avec son fils Dartmore, et qu'il persiste à dire que vous êtes l'ami et l'instigateur de ce candide jeune homme dans toutes ses débauches et ses extravagances. *Tu illum corrumpi sinis.* Je vous dis cela sans hésitation, car je sais que vous avez moins de vanité que d'ambition, et je ne crains pas de froisser la première pour rendre service à la seconde. Quant à moi, je vous avoue nettement et franchement qu'il n'y a rien que je ne fisse pour vous assurer à notre parti. Joignez-vous à nous, et, comme je vous l'ai souvent répété, vous serez sur les bancs parlementaires sans le moindre délai de notre part. Je ne puis vous promettre plus, car je ne puis me promettre davantage à moi-même, mais à partir de cet instant votre fortune, si je juge bien votre habileté, est entre vos mains. Vous secouez la tête. Assurément vous devez voir que nos divergences ne sont pas très-violentes, elles portent moins sur les mesures que sur les hommes. Il n'y a pour ainsi dire qu'un malentendu entre nous; et nous devons reconnaître la sagesse du conseil donné par Aulu-Gelle : « qu'il faut être fou pour aller sacrifier des intérêts importants à des distinctions de mots qui n'ont pas entre elles l'épaisseur d'un cheveu ». Vous riez de la bizarrerie de ma citation ; les proverbes les plus bizarres sont souvent les plus vrais. »

Si mon lecteur était tenté de n'avoir pas trop bonne opinion de moi quand j'avouerai que je me sentis flottant et irrésolu à la fin de ce discours, qu'il se place pour un moment dans ma position, qu'il se sente indigné de la trahison, de l'injustice, de l'ingratitude d'un homme ; et, qu'au plus fort de son ressentiment, il se voie flatté, courtisé, cajolé par l'offre de l'amitié et du crédit d'un autre.

Qu'il méprise personnellement le premier, comme il estime le second ; et qu'il soit, par-dessus tout, convaincu aussi bien que *persuadé* de la vérité des assertions de Vincent, c'est-à-dire, qu'on ne lui demandait aucun sacrifice de principes, ou d'idées, non, rien qu'une alliance contre les hommes, opinions réservées. Et quels étaient ces hommes ? m'étaient-ils attachés par un seul lien ? méritaient-ils un seul égard de ma reconnaissance ? Non ! C'étaient des hommes qui, plus que tous les autres, m'avaient abreuvé des plus grands affronts, et méritaient de moi la plus mince estime...

Cependant, si des sentiments humains pouvaient me faire balancer, je sentais que ce n'était pas par ceux-là seuls que je devais me décider. Je ne suis pas un homme dont les vertus et les vices soient réglés par l'impulsion et la passion du moment ; si je suis prompt à agir, je suis lent d'habitude à délibérer. Je me tournai vers Vincent et lui serrai la main : « Je n'ose pas me décider à vous répondre maintenant, lui dis-je, accordez-moi jusqu'à demain, j'aurai alors eu le temps de réfléchir et de prendre une détermination. »

Je n'attendis pas sa réponse ; je m'éloignai rapidement, je tournai le passage qui conduit à Pall Mall, et me hâtai de rentrer au logis pour me consulter avec mon cœur. Hélas ! ce n'était pas pour trouver plus de calme.

Dans ces confessions je ne me suis point fait scrupule d'avouer mes erreurs et mes faiblesses ; tout ce qui pouvait donner plaisir ou profit au lecteur lui appartenait. Je n'ai laissé de voile que sur les émotions les plus sombres et les plus orageuses de mon âme ; toutes les choses qui ne pouvaient ni amuser ni instruire les autres, je les ai gardées pour moi.

Les heures s'écoulèrent, le moment de m'apprêter arriva, je sonnai Bédos, je m'habillai comme d'habitude, les grandes émotions dérangent peu les opérations mécaniques de la vie, et je courus chez Guloseton.

Il n'avait jamais été plus amusant ; le dîner, de son côté, n'avait jamais été meilleur ; mais, me croyant assez intime avec mon hôte pour ne pas être obligé de dissimuler mes sentiments, je restai distrait, préoccupé, maussade.

« Qu'avez-vous, mon ami, me dit l'excellent épicurien ; vous n'avez ni applaudi mes bons mots, ni goûté mes escalopes ; et votre humeur morose n'a pas eu plus d'égards pour mon chevreuil que pour mes sentiments ? » Le proverbe a bien raison de dire que « le chagrin est expansif. » Je confesse que j'étais pressé de m'ouvrir à quelqu'un en qui je pusse me confier. Guloseton m'écouta avec beaucoup d'attention et d'intérêt. Il me dit avec bonté : «Quelque peu que je me soucie moi-même de ces matières, je sais cependant sympathiser avec ceux qui s'y intéressent. Je désirerais pouvoir vous servir plus utilement que par des avis. Quoi qu'il en soit, vous ne pouvez pas, j'imagine, hésiter à accepter l'offre de Vincent. Peu importe que vous soyez assis sur un banc ou sur l'autre, pourvu que ce ne soit pas dans un courant d'air ; ou que vous dîniez chez lord Lincoln ou chez lord Dawton, si leurs cuisiniers se valent ? Quant à Dawton, j'ai toujours pensé que c'était un fourbe, un pauvre hère, qui achète ses vins bon marché et vend cher ses services. Allons, mon cher ami, buvons à sa confusion. »

En même temps, Guloseton remplit mon verre jusqu'aux bords. Il m'avait montré de la sympathie, je pensai donc qu'il était de mon devoir de le payer de retour ; et nous ne nous séparâmes que quand les yeux du bon vivant virent plus de choses dans le ciel et sur la terre que n'en rêva jamais le philosophe à jeun.

CHAPITRE LXXIII

Je me levai de bonne heure comme à mon ordinaire ; le sommeil avait servi à calmer, et, je l'espère, aussi à améliorer mes sentiments. J'avais eu le loisir de réfléchir que n'ayant embrassé mon parti par aucun motif privé ou intéressé, ce n'était pas par un motif privé ou intéressé non plus qu'il m'était permis de l'abandonner. Nos passions sont de terribles sophistes ! Quand Vincent m'avait dit, la veille, que c'était des hommes, et non des principes que j'aurais à me séparer, et qu'un tel divorce méritait à peine le nom de changement, mon cœur avait adopté ce sophisme, et l'avait pris pour une vérité.

Mais maintenant je commençais à en reconnaître l'illusion ; si le gouvernement était aussi parfait dans son mécanisme qu'il est loin de l'être (quoique j'aie la confiance qu'il peut le devenir), peu importerait quelles pures machines régleraient ses ressorts. Mais le caractère principal d'une constitution comme la nôtre est l'incertitude. Les hommes y proportionnent invariablement les mesures de leur politique à la hauteur de leur talent ou de leurs désirs ; et au rebours de la maxime du tailleur, les *mesures* y font rarement l'homme. Il ne fallait donc pas une grande pénétration pour voir combien il était dangereux de confier aux préjugés aristocratiques de Lincoln, ou à la véhémente imbécillité de Lesborough, l'exécution des mêmes mesures qui pouvait être remise en toute sécurité au sens droit de Dawton, et, surtout aux talents éminents et variés

de ses auxiliaires. Mais la différence vitale entre les deux
partis était moins dans les chefs que dans la masse. Sous
la bannière de Dawton étaient enrôlés les hommes les
meilleurs, les plus purs, les plus sages du jour. Ils prenaient sur eux l'initiative de toutes les mesures actives, et
lord Dawton était simplement leur instrument. L'esprit
droit, sans prétention, un peu faible de lord Dawton, cédait
volontiers aux plus capables de son parti une autorité qu'il
était si désirable qu'ils exerçassent. Dans le parti de Vincent au contraire, à l'exception de lui, il y avait à peine
un individu qui eût l'honnêteté requise pour s'intéresser
aux projets qu'ils faisaient semblant de prendre au sérieux,
ou les talents nécessaires pour les amener à bien ; ni l'ar-
rogant Lincoln, ni son brusque et despote compagnon
Lesborough, n'étaient de trempe à souffrir cette tranquille
mais puissante intervention des autres à laquelle Dawton
se soumettait sans hésiter.

Je n'en étais que plus résolu à rendre toute la justice
possible au parti de Dawton, en me sentant une inclination naturelle qui m'entraînait vers l'autre. Car dans toutes
les matières où la vanité blessée et l'intérêt personnel peuvent se trouver en jeu, j'ai toujours appelé toute la matu-
rité de mes réflexions sur l'examen particulier du côté de
la question que ces mauvais conseillers sont le moins disposés à faire valoir. Pendant que je me sentais peu à peu
mais sûrement entraîné vers une décision, je reçus de Guloseton le billet suivant :

« Je ne vous ai rien dit hier soir de ce qui va faire le
« sujet de ma présente lettre, de peur que vous ne fussiez
« tenté de l'imputer plutôt à l'effet subit des vapeurs du
« vin, qu'à ma sincère estime pour votre esprit, à ma sin-
« cère affection pour votre cœur, à ma sympathie sincère
« pour votre ressentiment et vos intérêts.

« On me dit que le triomphe de lord Dawton ou sa dé-
« confiture dépendent entièrement du succès de la motion
« sur la question de ***, qui doit être présentée à la Cham-
« bre des Communes, le ***. Je me soucie fort peu, vous le
« savez, pour mon propre compte, de la façon dont cette

« question sera décidée; ne pensez donc pas que je fasse
« aucun sacrifice en vous demandant de me permettre de
« suivre votre avis pour disposer de mes quatre voix. J'i-
« magine, naturellement, que vous ne serez pas fâché
« qu'elles suivent le parti opposé à lord Dawton; et sur le
« reçu d'une ligne de votre main à cet effet, mes quatre
« voix recevront leur direction.

« Ayez l'obligeance aussi, je vous prie, de prendre sur
« vous tout le mérite de cette mesure, et de dire (partout
« où cela peut vous être utile) que les votants et leur in-
« fluence sont à votre discrétion. J'ai la confiance que nous
« ferons voir à ce dragon que Bel n'est pas mort, et que
« nous le renverserons de son piédestal.

« Plaignez-moi, mon cher ami; je dîne aujourd'hui en
« ville, et je sens déjà, à un frisson intuitif, que la soupe
« sera froide et que le xérès sera chaud. Adieu.

Tout à vous,

« GULOSETON. »

Maintenant, donc, mon triomphe, ma vanité et ma vengeance pouvaient se trouver satisfaits. Devant moi se présentait une occasion d'or pour déployer ma propre puissance et humilier celle du ministre. Ma poitrine se gonflait
à cette pensée. Qu'on me pardonne, si, pour un moment,
tous mes calculs de haute moralité s'évanouirent, et si je
ne vis plus que l'offre de Vincent et la générosité de Guloseton. Cependant je réprimai les élans de mon cœur et
je forçai mon esprit orgueilleux à l'obéissance.

Je plaçai la lettre de Guloseton devant moi; et, comme je
la relisais pour y répondre, la bonté désintéressée et la
délicatesse d'un homme que j'avais longtemps, dans l'injustice de mes pensées, taxé d'égoïsme, se présentèrent à
moi avec tant de force, et contrastèrent si profondément
avec l'inanité d'autres amis plus retentissants qui faisaient
grand bruit de leur dévouement et de leurs principes que
mes yeux se remplirent de larmes.

Mille déceptions font moins de peine qu'un bon procédé
ne fait de plaisir.

J'écrivis en réponse une lettre bien sentie de remercîments empressés pour une offre dont la bonté m'avait pénétré jusqu'au fond de l'âme. Je détaillai avec quelque étendue les motifs qui m'avaient amené à la décision que j'avais prise; j'esquissai aussi la nature de l'importante motion qu'on allait présenter à la Chambre, et fis voir combien, en conscience, il m'était impossible de m'opposer au parti de lord Dawton dans le débat. Je terminai en répétant les expressions que me suggérait ma reconnaissance; et après avoir décliné toute influence sur les voix de Guloseton, je me hasardai à ajouter que, si j'avais voulu en faire usage, c'eût été pour appuyer Dawton, non comme homme, mais comme ministre, non comme ami personnel, mais comme serviteur des intérêts de l'État.

Je venais d'expédier cette lettre quand Vincent entra, je le mis au fait de ma détermination, quoique de la manière la plus respectueuse et la plus amicale. Il parut grandement désappointé et essaya d'ébranler ma résolution; mais quand il vit que tout était inutile, il finit par sembler satisfait, et même touché de mes raisons. Quand nous nous séparâmes, ce fut avec la promesse réciproque qu'aucun différend politique ne viendrait altérer de nouveau l'estime que nous avions l'un pour l'autre.

Lorsque je me retrouvai seul et que je me vis ramené au pied même de l'échelle que j'avais gravie si haut et si heureusement, quand je vis qu'en rejetant toutes les ouvertures de mes amis, j'étais laissé totalement seul et sans secours au milieu de mes ennemis, quand je regardai au delà et que je n'aperçus pas la plus faible lueur d'espérance, pas un marchepied pour me remettre en selle et recommencer ma carrière brisée dès le début, peut-être une atteinte de regret me traversa-t-elle l'esprit. Mais il y a un merveilleux reconfort dans une bonne conscience, et l'on apprend bientôt à regarder avec confiance dans l'avenir, quand on se sent autorisé à jeter les yeux avec orgueil sur le passé.

Mon cheval arriva à la porte à l'heure habituelle de mes promenades; avec quelle joie je m'élançai sur son dos! je sentis le grand air rafraîchir mes joues fiévreuses et je courus vers les avenues de verdure qui bordent la grande cité du côté de l'ouest. Je ne connais rien qui dispose mieux à la gaîté qu'un cheval ardent. Je ne m'étonne pas que l'Empereur romain ait fait un consul de son coursier. C'est à cheval que je sens toujours le mieux ce dont je suis capable, que j'apprécie le mieux mes ressources. C'est à cheval que je conçois toujours mes plans les plus subtils et que je devine le mieux les moyens d'exécution. Donnez-moi seulement un bout de bride et l'espace libre devant moi, et je suis Cicéron-Caton-César. Démontez-moi : une fois à pied, je redeviens une simple motte de cette terre que vous me condamnez à toucher : le feu, l'énergie, la substance éthérée se sont envolés; je suis la terre sans le soleil, le tonneau sans le vin, les habits sans l'homme.

Je retournai au logis l'esprit remonté et l'âme recueillie; j'arrachai ma pensée aux soucis de ma propre situation, pour l'arrêter sur ce que lady Roseville m'avait dit de l'intervention de Réginald Glanville en ma faveur. Cet homme extraordinaire continuait toujours à exciter puissamment mon intérêt; et je ne pouvais, sans être ému des sentiments les plus doux, songer aux efforts qu'il avait faits pour ma cause, efforts que je n'avais pas sollicités et qui me seraient restés inconnus, sans la communication de lady Roseville. Quoique les agents de la justice fussent encore activement occupés à la poursuite du meurtrier de Tyrrel, et que les journaux fussent toujours pleins de conjectures sur leur peu de succès, la curiosité publique avait commencé à se refroidir sur cette affaire. Je m'étais trouvé une ou deux fois dans la société de Glanville lorsque ce meurtre avait été mis sur le tapis, et j'avais examiné de près sa tenue en présence d'un sujet qui devait le toucher si cruellement. Cependant je n'avais pu remarquer ni confusion ni changement extraordinaire dans sa contenance; peut-être ses joues pâles le devenaient-elles un peu plus, son œil rêveur, plus distrait encore, ses pensées errantes plus vagues qu'auparavant; mais combien d'autres causes que le crime supposé pouvaient expliquer des signes aussi douteux et aussi futiles!

« Bientôt vous saurez tout. » Ces dernières paroles qu'il m'avait adressées, résonnaient encore à mes oreilles; et avec la plus grande ardeur mes désirs allaient au-devant de l'accomplissement de cette promesse. L'espoir aussi, ce flatteur décevant, trop souvent l'antithèse de la raison, m'insinuait tout bas que ce n'était pas là l'assurance d'un coupable. Cependant il avait dit à lady Roseville, qu'il ne s'étonnait pas que je me fusse éloigné de lui. N'étaient-ce pas là des paroles qui ne semblaient pas admettre une interprétation aussi favorable que celles qu'il m'avait adressées à moi-même? De plus, en faisant cette réflexion à part moi, une autre encore, d'une nature moins flatteuse pour le désintéressement de Glanville, se présentait d'elle-même. Son intervention en ma faveur auprès de lord Dawton ne pouvait-elle pas être dictée plutôt par une bonne politique, que par l'amitié? ne pouvait-il pas se dire, si, comme je l'imaginais, il était instruit de mes soupçons et en reconnaissait la terrible justesse, qu'il ferait bien de mériter au moins mon silence? Telles étaient les pensées qui venaient m'assaillir en foule, et laissaient mon âme se débattre dans le doute.

Mes réflexions ne me faisaient pas non plus illusion sur la nature de l'affection de lady Roseville pour Glanville. A en juger par l'apparente froideur et l'austérité prétendue de sir Réginald, il était vraisemblable que cette affection était innocente, au moins dans le fait. Il y avait même quelque chose de candide dans la manière dont elle paraissait se glorifier de son attachement plutôt que s'en cacher. Il est vrai qu'elle n'était retenue par aucun lien, elle n'avait ni mari ni enfants dont l'oubli pût rendre son amour criminel. Libre et sans empêchement, si elle avait donné son cœur à Glanville, il lui était toujours facile de rendre ce don légitime et éternel par les bénédictions de l'Église.

Hélas! renfermée comme elle l'est, dans le cercle étroit et limité de ses devoirs, combien la femme connaît peu de chose de la vie errante et des actions variées de son amant? Lady Roseville, par exemple, lorsque dans la chaleur de son enthousiasme, elle parlait du caractère élevé et généreux de Glanville, ne se doutait guère de l'infâme et lâche forfait dont il était plus que soupçonné. Pendant que son plus ardent désir était peut-être de s'allier à la destinée de cet homme, les fantaisies les plus déréglées de son imagination n'auraient jamais été jusqu'à deviner le sort qui tôt ou tard attendait le scélérat si la mort ne se hâtait pas de l'y soustraire.

Quant à Thornton je ne l'avais point revu et je n'avais jamais entendu parler de lui depuis mon départ de chez lord Chester, mais ce n'était qu'un délai qui devait expirer bientôt. J'avais à peine gagné Oxford Street, en retournant chez moi, quand je l'aperçus traversant la rue avec un autre homme. Je me retournai pour examiner avec attention les traits de son compagnon, et, en dépit d'un grand changement de toilette, d'une énorme paire de fausses moustaches et des dehors factices d'un âge plus avancé, mon tact d'observation habituelle me fit reconnaître à l'instant mon spirituel et vertueux ami, M. Job Jonson. Ils disparurent dans une boutique, et je ne pensai pas que ce fût la peine de les surveiller davantage quoique je conservasse toujours contre M. Job Jonson un dépit rétrospectif que j'étais fermement résolu à satisfaire à la première occasion favorable.

Je passai près de la porte de lady Roseville. Quoique l'heure fût avancée et que je n'eusse par conséquent que peu de chances de la rencontrer chez elle, je pensai cependant que cette chance valait du moins la peine de m'en informer. A mon agréable surprise, je fus reçu : il n'y avait personne au salon. Le domestique me dit que lady Roseville était occupée en ce moment, mais qu'elle pourrait me voir bientôt et me priait de vouloir bien attendre.

Agité comme je l'étais par diverses réflexions, j'allais et venais (dans mon humeur impatiente) par les chambres spacieuses qui formaient les appartements de réception de lady Roseville. A l'extrémité la plus éloignée se trouvait un petit boudoir, dans lequel n'étaient admis que les favoris peu nombreux de la déesse. Comme j'approchais de ce côté, j'entendis des voix, et le moment d'après je reconnus les tons graves de celle de Glanville. Je me retirai à la hâte de peur d'entendre la conversation; mais à peine avais-je fait trois pas que le son convulsif d'un sanglot de femme arriva à mon oreille. Bientôt après, des pas descendirent l'escalier, et la porte de la rue s'ouvrit.

Les minutes s'écoulaient, et je devenais impatient. Le domestique rentra. Lady Roseville se trouvait si soudainement et si sérieusement indisposée qu'elle était incapable de me recevoir; il me fallut quitter la maison pour retourner chez moi, l'âme en proie aux conjectures les plus étranges.

Le jour suivant fut un des plus importants de ma vie. Je me tenais pensif près de ma cheminée, écoutant avec la plus morne attention une vielle poussive qui stationnait en face de ma fenêtre, quand Bédos annonça la visite de sir Réginald Glanville. Il se trouvait, que le matin même, j'avais tiré la miniature que j'avais trouvée dans le champ funeste, de l'endroit secret où je la gardais ordinairement, pour l'examiner de près. Je craignais qu'une recherche plus minutieuse n'y fît découvrir quelque indice fatal à son propriétaire, quelque preuve plus convaincante que les initiales et l'interprétation de Thornton.

La peinture était posée sur la table quand Glanville entra : mon premier mouvement fut de la saisir et de la cacher : mon second, de la laisser et de surveiller l'effet que sa vue pourrait produire sur lui. En prenant ce dernier parti, je voulus cependant rester maître de choisir le moment où je jugeais à propos de découvrir la miniature; et, passant devant la table, je jetai négligemment mon mouchoir sur le portrait. Glanville m'aborda tout d'un coup, et son visage, ordinairement d'une expression froide et réservée, prit un air plus franc et plus décidé.

« Vous avez depuis peu changé à mon égard, me dit-il; comme je tiens à votre ancienne amitié, je suis venu vous en demander la raison.

— La mémoire de sir Réginald Glanville, répondis-je, ne peut-elle lui en fournir aucune raison probable ?

— Elle le peut, reprit Glanville, mais je ne voudrais pas m'en rapporter seulement à elle. Asseyez-vous, Pelham, et écoutez-moi. Je lis dans vos pensées, et je pourrais affecter d'en mépriser le sens; peut-être depuis deux ans cela m'était-il permis. Mais à présent je ne puis que les plaindre et les excuser. Je suis venu à vous aujourd'hui, avec la confiance et l'affection de nos premières années pour réclamer comme alors votre bonne opinion et votre estime. Si vous demandez quelque explication qui dépende de moi, elle vous sera donnée. Mes jours touchent à leur fin. J'ai réglé mes comptes avec les autres, je voudrais faire de même avec vous. Je confesse que je souhaiterais ardemment laisser après moi dans votre cœur le même souvenir d'affection que j'aurais pu réclamer jadis; quels que soient vos soupçons, je n'ai rien fait pour la perdre. J'ai, d'ailleurs, un intérêt plus cher que le mien encore à consulter dans ce souhait que je vous exprime. Vous rougissez, Pelham, vous savez à qui je veux faire allusion ; pour l'amour de ma sœur, si ce n'est pour moi, vous m'entendrez. »

Glanville s'arrêta un moment. Je levai le mouchoir de dessus la miniature que je poussai vers lui : « Reconnaissez-vous cela ? » lui dis-je tout bas.

Avec un cri sauvage qui vibra dans mon cœur, Glanville se précipita pour saisir le portrait. Il le regarda ardemment et profondément et ses joues s'enflammèrent, ses yeux étincelèrent, sa poitrine se souleva. Le moment d'après il se renversa sur son siége, dans un de ces demi-évanouissements auxquels chaque émotion soudaine et violente soumettait ses nerfs épuisés.

Avant que j'eusse pu venir à son aide, il était remis. Il me regarda d'un air égaré et courroucé. « Parlez, s'écria-t-il, parlez ; où avez-vous eu cela ? par pitié, répondez?

— Rentrez en vous-même, lui dis-je sévèrement. J'ai trouvé ce témoignage de votre présence sur le lieu où Tyrrell a été assassiné.

— C'est vrai, c'est vrai, » dit Glanville lentement et d'un ton distrait et concentré. Il s'arrêta brusquement, et se couvrit le visage de ses mains ; puis, sortant de cette attitude par un mouvement soudain :

« Dites-moi, demanda-t-il avec un accent étouffé et triomphant, n'était-il pas... n'était-il pas rouge du sang de l'homme assassiné?

— Misérable ! m'écria-je, vous glorifiez-vous de votre crime?

— Arrêtez ! dit Glanville se levant. Et prenant tout à coup un ton de hauteur. Ce n'est pas vos accusations que je dois écouter en ce moment. Si vous êtes toujours désireux d'en peser la justice avant de les juger une bonne fois, je vous en fournirai l'occasion : je serai chez moi à dix heures ce soir; venez me trouver et vous saurez tout. A présent la vue de cette peinture m'a ôté mes forces. Vous verrai-je ? »

Toute ma réponse se borna à l'expression rapide de mon assentiment ; et Glanville quitta aussitôt la chambre.

Pendant toute la durée de ce jour, mon esprit fut tourmenté par un état d'excitation fiévreuse tout à fait extraordinaire. Je ne pouvais rester un seul instant à la même place : mon pouls battait avec l'irrégularité du délire. La dernière heure je plaçai ma montre devant moi et je tins constamment mes yeux fixés dessus. Ce n'était pas seulement la confession de Glanville que j'avais à entendre ; mon propre destin, mon union future avec Hélène reposaient sur l'histoire de cette nuit. Pour moi, quand je rappelais à mon esprit la vivacité avec laquelle Glanville avait reconnu ce portrait et la lenteur, presque la répugnance avec laquelle il s'était souvenu du lieu où il avait été trouvé, je ne pouvais permettre à mon esprit, si confiant qu'il pût être, de conserver le moindre espoir.

Quelques minutes avant dix heures je me rendis à la maison de Glanville. Il était seul. La peinture était devant lui.

Je tirai ma chaise près de la sienne en silence, et levant accidentellement les yeux, je rencontrai le miroir qui se trouvait en face. Je tressaillis à la vue de mon propre visage; la vivacité de l'intérêt que je m'attendais à trouver dans ces explications l'avait rendu plus pâle encore que celui de mon compagnon.

Il y eut une pause de quelques moments; après quoi Glanville commença ainsi.

CHAPITRE LXXIV

HISTOIRE DE SIR RÉGINALD GLANVILLE

« Vous vous rappelez mon caractère en pension, la difficulté que vous aviez à me tirer de l'isolement visionnaire et distrait qui, même à cette époque, était plus conforme à mes goûts que tous les plaisirs et toutes les sociétés recherchés par les autres enfants. Vous vous rappelez la joie profonde, et pour vous inexplicable, avec laquelle je retournais à mes rêveries et à ma solitude. Ce caractère est demeuré le même dans la vie ; les circonstances, loin de l'altérer, lui ont donné de la force. Il en a été de même pour vous ; votre caractère, vos habitudes, vos goûts, qui contrastaient si fort avec les miens dans l'enfance, n'ont rien perdu de ce qui fait ce contraste. Votre ardeur pour les diverses ambitions de la vie est encore l'antipode de mon indifférence : votre résolution hardie, infatigable, réfléchie dans la poursuite de votre but fait honte encore à mon indolence et à mon esprit rêveur. Vous êtes encore le disciple du monde, en attendant que vous deveniez son maître ; moi je suis son fugitif et je mourrai sa victime.

« Après notre séparation au sortir du collége, j'allai passer quelque temps chez mon tuteur dans le comté de***. Je fus bientôt las de cet endroit ; et la mort de mon père me rendant en grande partie mon maître, je ne perdis pas de temps pour le quitter. J'étais pris de cette manie de voyages assez commune à toutes les personnes de

mon âge et de mon humeur. Ma mère me laissait la disposition presque illimitée de la fortune qui devait m'appartenir, un jour ; et, cédant à mes désirs plutôt qu'à ses
craintes, elle me permit à l'âge de dix-huit ans de partir
seul pour le continent. Peut-être la tranquillité et la réserve
de mon caractère lui faisaient-elles moins craindre pour
moi les dangers de la jeunesse que si j'eusse été d'un naturel
plus actif et plus versatile. C'est une erreur qui n'est pas
rare ; une humeur sérieuse et contemplative est souvent
la pire de toutes pour acquérir promptement la connaissance du monde : c'est du moins la plus propre à souffrir
profondement de l'expérience.

« Je choisis pour quelque temps ma résidence à Spa.
C'est, vous le savez peut-être, un endroit par lui-même assez ennuyeux pour qu'il n'y ait d'autre amusement possible
que le jeu. Tout le monde jouait et je n'échappai pas à la
contagion. Je n'en avais même nulle envie ; car j'étais
comme le ministre Godolphin, mon goût prononcé pour
le silence me faisait aimer le jeu pour l'amour du jeu, parce
qu'il dispensait de la conversation. Voilà ce qui me fit
faire la connaissance de M. Tyrrell qui alors demeurait à
Spa. Il n'avait pas à cette époque tout à fait dissipé sa
fortune, mais il faisait chaque jour un pas vers cette fin
désirable. La connaissance d'un joueur n'est pas difficile
à faire, ni à garder pourvu que l'on joue aussi.

« Nous devînmes aussi intimes que la réserve de mes
habitudes m'a permis jamais de le devenir avec tout autre que vous. Il avait quelques années de plus que moi,
il connaissait bien le monde, il avait fréquenté les meilleures sociétés, et dans ce temps-là, quelle que fût la vulgarité de son esprit, il n'avait pas encore cette grossièreté de manières qui le distingua bientôt après : car les
mauvaises fréquentations ne sont pas longues à produire
leur effet. Notre connaissance était donc assez naturelle,
surtout si l'on considère que ma bourse était entièrement
à sa disposition, : l'emprunt est une double bénédiction
pour celui qui reçoit et pour celui qui donne ; le premier
devient complaisant et soumis, et le prêteur pense favorablement de celui qu'il a obligé.

« Nous nous séparâmes à Spa, avec la promesse mutuelle de nous écrire. Je ne me souviens pas si cette promesse fut tenue, probablement non ; cependant nous n'en fûmes pas moins bons amis pour avoir été mauvais correspondants. Je continuai mes voyages environ une année encore. Alors je retournai en Angleterre, toujours le même, aussi mélancolique, aussi rêveur, aussi enthousiaste qu'auparavant. Il est vrai que ce sont les circonstances qui font l'homme ; mais l'homme aussi peut faire souvent les circonstances. Je veux dire qu'elles reçoivent leurs influences de la disposition préalable de nos esprits : ce qui élève l'un abaisserait l'autre, et ce qui gâte mon voisin est peut-être ce qui serait bon pour me corriger. Ainsi l'expérience du monde rend quelques personnes plus éprises du monde, d'autres plus détachées ; et la satisfaction des sens devient une lutte pour certains esprits, une seconde nature pour d'autres. Quant à moi, j'avais goûté de tous les plaisirs que peuvent procurer la jeunesse et l'opulence et ils m'étaient plus antipathiques que jamais. Je m'étais mêlé à beaucoup de variétés de l'espèce humaine, et j'étais rivé plus que jamais à la monotonie du moi.

« Et si je me rappelle ces particularités, ce n'est pas dans l'espoir de m'attribuer un caractère extraordinaire : je crois que notre époque en a produit beaucoup de semblables. Dans quelque temps d'ici, ce sera une recherche curieuse d'approfondir les causes de cette maladie aiguë de l'esprit qui a été, qui est encore une espèce d'épidémie. Vous me connaissez assez pour croire que je ne suis pas tourmenté de l'affectation ridicule de m'approprier un caractère artificiel, ou de créer en ma faveur un intérêt factice. Je suis loin de vouloir vous faire prendre un vice d'organisation pour une distinction de l'esprit. Pardonnez-moi donc un peu de prolixité. J'avoue qu'il m'est très-pénible d'arriver franchement à mes confessions, et je tâche de m'y préparer en faisant traîner le prélude. »

Ici Glanville s'arrêta quelques moments. En dépit de la sentencieuse froideur avec laquelle il faisait semblant de parler, je voyais qu'il était puissamment et péniblement affecté.

« Si bien donc, continua-t-il pour reprendre le fil de
son récit, qu'après avoir demeuré quelques semaines
avec ma mère et ma sœur, je profitai de leur départ pour
le continent et je résolus de faire un voyage dans toute
l'Angleterre. Les gens riches, et j'ai toujours été très-
riche, sont bientôt extrêmement fatigués de l'embarras des
richesses. Je m'arrêtais avec délices à l'idée de voyager
sans équipage et sans domestiques; je pris simplement
un cheval favori, et le chien noir, le pauvre Terreur, que
vous voyez en ce moment à mes pieds.

« Le jour où je commençai à mettre ce plan à exécution
fut pour moi le début d'une nouvelle et terrible existence.
Cependant il faut que vous me pardonniez de ne pas entrer
ici dans de bien grands détails. Qu'il vous suffise de savoir
que je fis la connaissance d'une personne.... pour la première et la seule fois de ma vie, j'aimai! Cette miniature
est un essai tenté pour rendre ses traits; les initiales qui
sont derrière, entrelacées avec celles de mon nom, sont les
siennes.

— Oui, dis-je sans y penser, ce sont les initiales de
Gertrude Douglas.

— Quoi! s'écria Glanville d'un ton élevé qu'il réprima à
l'instant et qui finit par un murmure faible et inarticulé,
combien il y a de temps que je n'ai entendu ce nom! et
maintenant... maintenant... » Il s'interrompit brusquement,
puis reprit d'une voix plus calme : « Je ne sais comment
vous avez pu apprendre son nom : peut-être me l'explique-
rez-vous ?

— Je l'ai appris de Thornton, dis-je.

— Et vous en a-t-il dit davantage ? s'écria Glanville,
comme suffoqué. — La terrible histoire...

— Pas un mot, me hâtai-je de dire; il était avec moi
quand je trouvai le portrait, et il m'a expliqué les initiales.

— C'est bien! répondit Glanville se remettant, vous
allez voir tout à l'heure si j'ai des raisons pour voir avec
plaisir ces infâmes lèvres profaner l'histoire que je suis
en train de vous raconter. Gertrude était fille unique;
quoique de sang noble, elle n'était un parti convenable
pour moi ni par le rang ni par la fortune. Ne vous disais-

je pas à l'instant que le monde ne m'avait pas changé ? Voyez ma folie ; un an avant de la voir, je n'aurais pas pensé que ce fût elle, mais moi qui serais honoré par ce mariage — et douze misérables mois avaient suffi pour .... — Dieu me pardonne ! J'abusai de son amour — de sa jeunesse — de son innocence — elle s'enfuit avec moi — et ce n'était pas pour aller à l'autel ! »

Glanville fit encore une pause, puis, par un violent effort, il vainquit son émotion et continua :

« Le vice ne devrait jamais s'arrêter à moitié chemin — l'homme ne devrait jamais répandre ses plus pures affections sur la femme qu'il perd — jamais il ne devrait à la fois nourrir dans son cœur un sentiment de tendresse et satisfaire l'égoïsme de sa passion. Un débauché qui aime réellement sa victime est un des êtres les plus misérables. En dépit de mon amour heureux et triomphant ; en dépit de la première ivresse de la possession ; de la plus douce, de la plus profonde joie que cause la réciprocité de pensée, de sentiment, de sympathie ; pour la première fois, au milieu du luxe que pouvaient me procurer mes richesses, au milieu des couleurs voluptueuses et printanières dont la jeunesse, la santé et le premier amour entourent la terre que foule la femme aimée et l'air qu'elle respire : en dépit de ces choses, en dépit de tout, je découvris que je n'étais pas du tout heureux. Si les joues de Gertrude paraissaient une idée plus pâles, ou ses yeux moins brillants, je me rappelais le sacrifice qu'elle m'avait fait et je croyais qu'elle le sentait aussi. Vainement, avec le tendre et généreux dévouement qui ne se rencontre que dans la femme, elle m'assurait que mon amour la dédommageait de tout ; plus sa tendresse était touchante, plus le remords était poignant. Je n'aimai jamais qu'elle. L'amour n'est donc pas pour moi un lieu commun, et je ne puis, même aujourd'hui, juger son sexe comme en général le fait le nôtre. Je pensais, je pense encore, que l'ingratitude envers une femme est souvent un crime plus odieux, et je suis convaincu qu'il entraîne un châtiment plus douloureux, que l'ingratitude envers un homme. Mais assez sur ce sujet ; si vous me connaissez, vous pouvez pénétrer la nature de mes sentiments ; sinon, c'est en vain que j'espèrerais **votre** sympathie.

« Jamais je n'ai aimé à demeurer longtemps dans le même endroit. Nous traversâmes la plus grande partie de l'Angleterre et de la France. Quels doivent être les charmes de l'amour quand il est accompagné de l'innocence et de la joie, puisque, même dans le péché, dans le remords, dans le chagrin, il donne un ravissement auprès duquel tout le reste est sans saveur ! Oh ! c'étaient là des instants trempés dans le véritable élixir de vie ; des moments où l'âme débordait des flots pressés de la tendresse et de la sympathie, où le cœur était trop plein pour parler et trop agité pour se taire ! C'est alors que je posais mon front brûlant sur son sein, et je sentais, pendant que ma main pressait les siennes, que mes visions s'étaient réalisées, et que mon humeur vagabonde s'était enfin près d'elle fixée dans le repos.

« Je me rappelle, comme si j'y étais, qu'une nuit, nous traversions une des plus belles parties de l'Angleterre ; c'était dans toute la plénitude et tout l'éclat de l'été, et la lune remplissait de sa présence le vaste ciel de juin et répandait une plus triste et plus pâle beauté sur le visage de Gertrude. Elle était toujours d'une humeur mélancolique et abattue ; c'est un rapport de plus qu'elle avait avec moi ; cette nuit-là, quand je jetai les yeux sur elle, je ne fus pas surpris de voir ses yeux pleins de larmes. « Vous allez vous moquer de moi, dit-elle, pendant que je les essuyais avec mes baisers et que je lui en demandais la cause ; mais j'ai un pressentiment que je ne puis chasser ; il me dit qu'avant quelques mois, vous traverserez de nouveau cette route, mais que moi je ne serai pas avec vous, ni peut-être même sur cette terre. » Elle avait raison dans ses pressentiments, elle ne se trompait que sur la date de sa mort qui n'arriva que plus tard.

« Nous choisîmes notre résidence pour quelque temps dans une position magnifique à peu de distance d'un petit établissement de bains. Ce fut là qu'à ma grande surprise, je rencontrai Tyrrell. Il était venu, en partie pour voir un parent sur lequel il fondait quelques espérances, et en partie pour refaire sa santé fort endommagée par ses dérégle-

ments et ses excès. Je ne pouvais refuser de renouer connaissance avec lui ; et, véritablement, je le pensais trop
homme du monde et de société pour sentir avec lui, au
sujet de Gertrude, cette singulière délicatesse qui me faisait
éviter en général tout commerce avec mes anciens amis. Il
était dans un grand embarras pécuniaire, beaucoup plus
profond que je ne l'imaginais alors ; car je croyais que cet
embarras n'était que momentané. Cependant ma bourse,
comme auparavant, fut à sa disposition, et il ne se fit pas
faute d'y puiser largement. Il venait fréquemment à la
maison ; la pauvre Gertrude, qui pensait que j'avais, pour
l'amour d'elle, fait un sacrifice réel en renonçant à mes
connaissances, s'efforçait de vaincre sa défiance habituelle,
et un sentiment, plus pénible que la défiance, bien naturel
dans sa position ; elle affectait même de trouver dans la
société de mon ami un plaisir qu'elle était bien loin d'é-
prouver.

« Je fus retenu à *** pendant plusieurs semaines par l'ac-
couchement de Gertrude. L'enfant, heureuse créature !
mourut huit jours après sa naissance. Gertrude était encore au lit qu'elle ne pouvait quitter, quand je reçus un
lettre d'Hélène, qui me disait que ma mère était arrêtée
alors à Toulouse, et dangereusement malade. Si je désy-
rais la voir encore une fois, Hélène pensait que je n'avais
pas de temps à perdre pour me mettre en route et traverser le détroit. Vous pouvez vous imaginer ma situation,
ou plutôt vous ne le pouvez pas, car vous ne sauriez concevoir la plus petite partie de cet immense amour que je
portais à Gertrude. Pour vous, pour tout autre homme,
ce n'eût pas été un sacrifice bien pénible peut-être de la
quitter, même pour un laps de temps incertain ; pour moi
c'était comme si l'on m'arrachait la vie.

« Je lui procurai une sorte de demi-compagne et de demi-
garde : je pourvus pour elle à tout ce que l'amour le plus
inquiet et le plus rempli de sollicitude peut suggérer ; et,
l'esprit tourmenté de sombres présages, je me rendis à la
hâte vers le premier port de mer où je mis à la voile pour
la France.

« Quand j'arrivai à Toulouse, ma mère était beaucoup

mieux, mais encore dans un état de santé très-incertain
et très-inquiétant. Je demeurai avec elle pendant plus d'un
mois, durant lequel chaque courrier m'apporta quelques
mots de Gertrude et lui reporta un message de « mon
cœur au sien » en retour. Ce n'était pas une petite consolation, d'autant plus que chaque lettre annonçait un progrès dans les forces et dans la santé. A la fin du mois, je
me préparais au retour, ma mère se remettait tout doucement et je n'avais plus de craintes pour elle ; mais il y a
dans notre destinée de ces chaînons mystérieux qui sont
fatalement enlacés les uns aux autres et qui ne se démê-
lent que dans les angoisses de notre dernier arrêt. La
veille du jour fixé pour mon départ, j'étais allé dans une
une maison où sévissait une maladie épidémique ; la nuit
je me plaignis d'une oppression cruelle ; avant le matin
j'étais en proie à une fièvre violente.

« Tant que j'eus la connaissance de mon état, j'écrivis
constamment à Gertrude, en lui cachant avec soin ma maladie ; mais pendant plusieurs jours je fus dans le délire.
Quand je recouvrai le sentiment je demandai avec empressement mes lettres ; il n'y en avait pas : — pas une ! Je
ne pouvais pas croire que je fusse éveillé ; cependant les
jours continuaient à s'écouler, et pas une ligne d'Angleterre — de Gertrude. Dès que je le pus, j'insistai pour que
l'on mit les chevaux à ma voiture ; je ne pouvais endurer
plus longtemps les tortures de mon incertitude. Je pressai
mon voyage autant que le permettait ma faiblesse : enfin
j'arrivai en Angleterre. Je descendis à *** par la même
route que j'avais suivie avec elle. Les moindres paroles de
son pressentiment prophétique, à cette époque, tombaient
sur mon cœur comme de la glace : « Avant quelques mois
vous traverserez de nouveau cette route, mais moi, je ne
serai pas avec vous, ni peut-être même sur cette terre ! »
A cette pensée j'aurais, je crois, demandé comme un bienfait à la tombe de s'ouvrir pour moi. Son silence inexplicable et prolongé en dépit de toutes les pressantes instances,
de toutes les sollicitations de mes lettres, me remplissait
des plus affreux pressentiments. Ah ! Dieu ! ah ! Dieu ! ce
n'était rien en comparaison de la vérité !

« Enfin j'arrivai à ***. Ma voiture s'arrêta devant la maison même; j'avais un frisson glacial; je tremblais de tous mes membres; la glace de mille hivers semblait se figer au milieu de mon sang. La sonnette résonne une fois, deux fois, pas de réponse; j'aurais voulu sauter hors de la voiture; j'aurais voulu forcer l'entrée, mais j'étais incapable de me mouvoir. Un homme enchaîné dans son cauchemar, sous l'oppression magique de l'incube qui l'étouffe, est moins anéanti que moi. Enfin, une vieille femme, que je n'avais jamais vue auparavant, parut.

« Où est-elle? Comment! » Je ne pus en articuler davantage; mes yeux s'étaient fixés sur la figure curieuse et épouvantée que je voyais en face de moi. Mes regards, pensai-je, ont dit peut-être tout ce que mes lèvres n'ont pu prononcer; je m'étais trompé; la vieille femme ne me comprenait pas plus que je ne la comprenais moi-même. Une autre personne parut, je reconnus sa figure; c'était celle d'une fille qui avait été à notre service. Croirez-vous qu'à cette vue, à la vue d'une personne dont les traits ne m'étaient pas inconnus et pouvaient s'attacher au souvenir de Gertrude respirant, vivant et présente, un frisson de joie courut en moi; mes craintes semblèrent s'évanouir, le charme se rompre.

« Je m'élançai de la voiture; je saisis la fille par sa robe. « Votre maîtresse, dis-je, votre maîtresse; elle se porte bien; elle est vivante? parlez, parlez! » La fille poussa un cri; ma véhémence, et peut-être ma maigreur et l'altération de mes traits lui faisaient peur. Cependant elle avait les nerfs robustes de la jeunesse et fut bientôt rassurée. Elle me pria d'entrer, elle allait me raconter tout. Ma femme (Gertrude avait toujours porté ce nom) était vivante, et elle la croyait en bonne santé, mais il y avait quelques semaines qu'elle était partie. Tremblant et plein de crainte encore, mais transporté dans les cieux, par comparaison avec ma première douleur, je suivis la fille et la vieille femme dans la maison.

« La première me présenta de l'eau. Maintenant, dis-je, quand j'en eus bu un grand coup avec délices, je suis prêt à entendre tout; ma femme a quitté cette maison, dites-

vous ; pour quel endroit ? » La fille hésita et regarda à terre ;
la vieille femme qui était un peu sourde, et ne comprenait
pas parfaitement mes questions, ni la nature de l'intérêt
personnel que j'attachais à la réponse, se mit à dire : « Que
demande le gentleman ? la pauvre jeune dame qui était
ici dernièrement ? Dieu lui vienne en aide !

— Qu'est-elle devenue ? m'écriai-je avec un nouvel effroi.
Qu'est-elle devenue ? Où est-elle allée ? Qui l'a enlevée ?

— Qui l'a enlevée ! grommela la vieille femme contrariée
de mon ton d'impatience ; qui l'a enlevée ! mais le médecin
des fous, bien sûr !

« Je n'en entendis pas davantage, ma constitution ne pouvait supporter plus longtemps les angoisses que mon esprit
avait souffertes ; je tombai sans vie par terre.

« Quand je revins à moi, c'était au milieu de la nuit. J'é-
tais couché, la vieille femme et la fille étaient à mes côtés.
Je me levai lentement et avec calme. Vous savez, tous les
hommes qui ont souffert beaucoup connaissent cette étrange
anomalie du désespoir : le calme dans l'angoisse la plus
violente. J'appris peu à peu de mes gardiennes, abusées par
mon air d'indifférence, que Gertrude, quelques semaines
auparavant, avait manifesté certains symptômes de folie ;
que ces symptômes en quelques heures avaient pris le
caractère le plus alarmant. Pour quelque motif que les
deux femmes ne pouvaient m'expliquer, elle avait peu de
temps auparavant congédié la compagne que j'avais laissée
avec elle ; elle se trouvait donc seule avec des domestiques.
Ils envoyèrent chercher les mauvais praticiens de l'endroit,
qui essayèrent leurs remèdes sans succès ; sa folie aug-
menta ; les domestiques, avec l'horreur superstitieuse qu'inspire cet état aux basses classes, devinrent de plus en plus
alarmés ; l'hôtesse insista pour qu'on l'enlevât de chez elle ;
et, et, je vous l'ai dit, Pelham, je vous l'ai dit, ils la chas-
sèrent ; ils la reléguèrent dans une maison de fous ! j'écou-
tai tout cela... tout ! oui, d'un bout à l'autre, avec patience.
Je pris l'adresse de sa présente demeure ; c'était environ
à vingt milles de ***. Je demandai des chevaux frais, et je
partis immédiatement.

« J'arrivai là à la pointe du jour. C'était une vieille et vaste maison, qui semblait ne pas avoir de porte. Sombre et triste, le bâtiment massif paraissait digne de la destination à laquelle il était consacré. Il se passa beaucoup de temps avant que nous pussions éveiller quelqu'un qui répondît à notre appel; enfin je fus introduit dans un petit parloir; je revois encore en souvenir tous les menus objets qui garnissaient cette chambre! variétés étranges qui se rencontrent dans les passions extrêmes! quelquefois le même sentiment émoussera tous nos sens; quelquefois il les rendra cent fois plus subtils!

« Enfin parut un homme au teint de rose, aux lèvres souriantes. Il me montra une chaise, se frotta les mains, et me pria de lui expliquer mon affaire; peu de mots suffirent. Je demandai humblement à voir sa malade. Je demandai qui l'avait autorisé à se charger de lui donner ses soins. La figure de l'homme changea visiblement. Il n'était pas très-charmé de la nature de ma visite. « La dame, dit-il, froidement, avait été confiée à ses soins, avec une rémunération honnête, par M. Tyrrel; et, sans la permission de ce gentleman, il ne pourrait même pas se permettre de me la laisser voir. » Je réprimai mon agitation; j'avais quelque expérience, sinon de la nature des maisons de fous, au moins de l'espèce humaine. Je réclamai la malade comme ma femme; je lui exprimai la reconnaissance de ses soins et le suppliai d'accepter une nouvelle récompense que je lui présentai et qu'il accepta en effet avec ardeur. La glace était rompue; il n'y a pas d'enfer dont un rameau d'or ne vous puisse ouvrir les portes.

« L'homme ne me retint pas plus longtemps; il se hâta de me conduire. Nous traversâmes de longs corridors; quelquefois le faible gémissement de la souffrance et de la faiblesse arrivait à mon oreille; quelquefois c'était le murmure confus d'un soliloque que radotait quelque idiot. D'un corridor qui coupait celui par lequel nous avancions, partit un cri farouche et perçant, qui s'éteignit tout à coup dans le silence; peut-être comprimé sous le fouet!

« Nous étions alors dans un autre département de l'établissement. Tout était calme, silencieux, sourd, sans vie; cela me semblait plus effrayant encore que le terrible cri

que je venais d'entendre. Mon guide avançait lentement,
parfois rompant le calme de cette obscure galerie par le
tintement de ses clefs, parfois par un panégyrique à voix
basse de sa digne personne et de son humanité. Je le sui-
vais sans l'écouter, sans lui répondre.

« Nous lisons dans les annales de l'Inquisition, que chaque membre, chaque muscle, chaque nerf de la victime
étaient tendus jusqu'à leur dernière limite avec tant d'intelligence, de précision et d'exactitude que le corps n'aurait
pu endurer une goutte de douleur de plus. Eh bien ! j'étais
comme cela. Nous arrivâmes à une petite porte, à main
droite : c'était l'avant-dernière dans le corridor. Nous nous
arrêtâmes devant. « Un moment, dis-je, un seul moment, »
car j'étais si faible et j'avais le cœur si malade, que je m'appuyai contre la muraille pour me remettre avant de lui
laisser ouvrir la porte. Quand il l'eut ouverte, ce fut un
soulagement pour moi, plus grand que je ne puis l'exprimer, de voir que tout était plongé dans l'obscurité. Attendez, monsieur, me dit mon guide, en entrant ; et un bruit
sourd m'apprit qu'il ôtait les barres du lourd volet. La lumière grise et froide du matin pénétra lentement ; une
sombre figure était étendue sur un lit misérable à l'extrémité la plus reculée de la chambre. Elle se souleva au
bruit. Elle tourna son visage de mon côté ; je ne tombai
pas, je ne m'évanouis pas, je ne criai pas ; je me tenais debout sans mouvement, comme scellé dans la pierre ; et cependant c'était Gertrude que je contemplais. Oh, ciel ! quel
autre que moi eût pu la reconnaître ? Ses joues étaient
celles des morts, la peau décolorée était collée aux os. L'œil
était morne et vitreux par moments ; puis, l'instant d'après,
il brillait d'un éclat terrible et extraordinaire, mais il y manquait le rayon de l'intelligence, de la connaissance, de la
mémoire. Elle me regarda longtemps et fixement ; une voix
creuse et cassée, mais qui m'allait toujours au cœur, sortit
de ses lèvres pâles qui se mouvaient à peine dans cet effort
suprême. « J'ai grand froid, disait-elle, mais si je me plains
vous me battrez. » Elle retomba sur le lit, et se cacha le
visage.

« Mon guide, qui était appuyé avec insouciance près de

la croisée, se tourna vers moi avec une sorte de ricanement.
« Voilà comme elle est, monsieur, dit-il, sa folie est d'une
espèce singulière : nous n'avons pas encore pu jusqu'à présent découvrir jusqu'où elle va ; quelquefois elle semble
avoir la conscience du passé, quelquefois elle paraît avoir
entièrement oublié toutes choses. Pendant des jours entiers
elle est parfaitement silencieuse, ou, du moins, elle ne dit
rien de plus que ce que vous venez d'entendre ; mais, d'autres fois, elle délire avec tant de violence, que, que... *mais
jamais je n'emploie la force que lorsqu'on ne peut pas
faire autrement.* »

« Je regardai cet homme, mais comment lui répondre autrement qu'en le mettant en pièces à l'instant ? Je sortis de
la chambre à la hâte ; mais je ne quittai pas la maison sans
Gertrude, je la plaçai dans la voiture, à côté de moi, malgré toutes les protestations et toutes les craintes du gardien, qui furent aisément réduites au silence par la somme
que je lui donnai. La vérité est que je recueillis de sa conversation, que Tyrrel avait parlé de Gertrude comme d'une
malheureuse qu'il avait séduite, et dont il était bien aise de
se débarrasser. Merci, Pelham, de ce froncement de sourcils,
mais gardez votre indignation pour quelque chose de mieux.

« J'emmenai ma victime, comme je l'appelais alors, dans
un lieu retiré et solitaire : j'eus pour elle toutes les consul-
tations que pouvait fournir l'Angleterre ; tout fut inutile.
Nuit et jour j'étais à ses côtés, mais jamais, un seul moment, elle ne sembla me reconnaître. Cependant il y avait
des instants de délire farouche et violent où mon nom
était prononcé dans les transports de l'enthousiasme le plus
passionné, où mes traits, comme s'il eussent été loin, comme
si je n'eusse pas été présent à ses yeux étaient rappelés et
dépeints avec toute la délicatesse des détails les plus fidèles.
Je m'agenouillais devant elle dans les moments où aucun
être humain n'était près de nous, je pressais sa main amaigrie, j'essuyais la rosée de son front, et je contemplais son
visage convulsif et changeant. Je l'appelais d'une voix qui
autrefois eût pu calmer ses plus violentes émotions ; et j'a-
vais la douleur de voir son œil s'arrêter sur moi avec l'indifférence la plus complète, ou la plus véhémente et la plus

terrible aversion. Cependant à tout moment, elle proférait des paroles qui me glaçaient jusqu'à la moëlle des os; des mots que je n'aurais pas osé croire quand ils auraient eu quelque sens et quelque vraisemblance dans leur extravagance, mais qui pénétraient dans mon cerveau et s'y déchaînaient comme la flamme dévorante d'un incendie. Il y avait de la vérité dans ce délire, de la raison dans cette incohérence, et mon calice n'était pas encore plein.

« Enfin, un médecin, qui me parut avoir plus de connaissance que les autres des mystérieux effets de son affreuse maladie, me conseilla de la conduire dans les lieux qui avaient servi de théâtre à sa première enfance. « Ce sont là les scènes, disait-il avec raison, qui de toutes celles de la vie laissent le plus tendre souvenir; et j'ai remarqué dans beaucoup de cas de folie qu'on se rappelle plus aisément les lieux que les personnes; peut-être si nous pouvions seulement rattacher un des anneaux de la chaîne, rétablirait-il la communication avec les autres. »

« Je suivis ce conseil, et je partis pour Norfolk. Sa première habitation n'était éloignée que de quelques milles du cimetière où vous m'avez rencontré une fois et dans lequel sa mère avait été enterrée. Elle était morte avant la fuite de Gertrude; la mort du père l'avait suivie de près; peut-être mes souffrances n'étaient-elles qu'une juste punition qui m'était infligée en retour. La maison avait passé en d'autres mains et je n'eus pas de difficulté à m'en accommoder. Grâce au ciel, le chagrin de rencontrer quelqu'un des parents de Gertrude me fut épargné.

« Il était nuit quand nous nous rendîmes à la maison. J'avais placé dans la chambre où elle avait l'habitude de coucher tout l'ameublement et les livres qui d'après mes informations, s'y trouvaient autrefois. Nous la déposâmes dans son ancien lit de jeune fille. Je me cachai dans un coin de la chambre, et comptai les minutes tristes et monotones jusqu'à ce que la lumière du jour commençât à poindre. Je passe les détails, cette expérience réussit en partie. Hélas! elle ne réussit que trop. Plût à Dieu qu'elle fût descendue dans la tombe sans révéler son épouvantable secret! Plût à Dieu, mais... »

. Ici la voix de Glanville défaillit, et il y eut un court instant de silence avant qu'il recommençât à parler.

« Gertrude, dès ce moment, eut beaucoup d'intervalles lucides ; mais ma présence suffisait toujours pour les changer en délires extravagants, plus incohérents même que jamais n'avait été sa folie. Elle cherchait à se sauver de moi avec des cris d'épouvante ; elle ensevelissait sa figure dans ses mains et ressemblait à une personne oppressée, obsédée par une apparition surnaturelle, tout le temps que je restais dans la chambre. Du moment que je la quittais, elle commençait, petit à petit, à se remettre un peu.

« Mais la plus amère de toutes les afflictions pour moi, c'est que l'on m'empêchait de la garder, de veiller sur elle, d'en prendre soin, c'était comme si l'on m'eût ravi ma dernière espérance. L'insouciant ou l'homme du monde ne peuvent pas comprendre la profondeur d'un véritable amour ; j'avais l'habitude d'attendre tout le jour à sa porte, et je ne puis dire quel bonheur c'était pour moi de saisir ses accents, ou de l'entendre se mouvoir, soupirer, pleurer même. Toute la nuit, comme elle ne pouvait se douter de ma présence, je couchais à terre près de son lit ; et quand il m'arrivait de tomber dans un sommeil court et convulsif au milieu de mes rêves rapides et vaporeux, je la voyais encore avec tout l'amour dévoué, toute l'éclatante beauté qui faisaient autrefois mon unique bonheur, mon *univers*.

« Un jour on m'appela de mon poste auprès de sa porte, mais on vint me chercher à la hâte, elle était tombée dans de violentes convulsions. Je volai au haut de l'escalier, et je la soutins dans mes bras jusqu'à ce que l'accès eût cessé ; alors nous la remîmes au lit ; jamais elle ne s'en releva plus. Mais sur ce lit de mort, les paroles, aussi bien que la cause de son ancienne folie, furent expliquées, le mystère fut dévoilé.

« C'était par une nuit calme et sans un souffle de vent. La lune, qui était dans son déclin, entrait par les volets à moitié fermés, et, sous sa grave et éternelle clarté, Gertrude se rendit à mes prières et me révéla tout. Cet homme, mon ami, Tyrrell avait souillé ses oreilles de ses déclarations, et s'étant vu interdire l'entrée de la maison, il avait corrompu la femme que j'avais laissée avec elle et l'avait chargée de remettre ses lettres; cette femme fut chassée, mais Tyrrell n'était pas un scélérat ordinaire; il entra dans la maison un soir, quand personne ne s'y trouvait que Gertrude. Approchez-vous de moi Pelham, plus près, tendez votre oreille : il usa de force, et de violence! Cette nuit même la raison de Gertrude l'abandonna, vous connaissez le reste.

« Du moment que j'eus reconnu d'après les phrases entre-coupées de Gertrude, toute l'horreur du crime, à ce moment même le démon de la vengeance entra dans mon âme. Tout sentiment humain sembla s'enfuir de mon cœur; il se concentra dans un brûlant, avide et farouche besoin, le besoin de la vengeance! J'aurais voulu m'élancer loin du lit, mais la main de Gertrude était attachée à la mienne, et me retenait. La pression humide, glacée, devint plus froide, plus froide encore, elle cessa. La main tomba, je me retournai, un léger mais effroyable frisson passa sur ce visage rendu plus pâle encore par la clarté de la lune, une convulsion agita les membres, un murmure s'échappa des lèvres défaillantes et décolorées. Je ne puis vous dire le reste, vous savez, vous devinez.

« Huit jours après, nous l'ensevelîmes dans le cimetière solitaire où elle avait, dans ses moments lucides, témoigné le désir de reposer à côté de sa mère. »

CHAPITRE LXXV

« Grâce au ciel, la partie la plus pénible de mon histoire
est terminée. Vous pourrez maintenant vous expliquer
notre rencontre au cimetière. Je m'assurai un logement
dans une chaumière non loin du lieu qui contenait les
restes de Gertrude. Toutes les nuits j'errais dans cet endroit solitaire, et je soupirais après une place de repos à
côté de la dormeuse dont j'enviais la couche dans l'égoïsme
de mon âme. Je me prosternais sur le tertre qui la re-
couvrait : je ne rougissais pas de verser des larmes. Dans
le débordement douloureux de mon cœur j'oubliais les orageuses passions qu'il avait juré de satisfaire ; vengeance,
haine, tout s'évanouissait. Je levais la tête vers les cieux
pour implorer leur pitié : j'adressais des exclamations à
l'air silencieux et tranquille ; et quand je ramenais mes
regards sur ce tertre insensible, je ne pensais à rien qu'à
la douceur de nos jeunes amours, à l'amertume de sa
mort prématurée. Ce fut dans de tels moments que vos
pas vinrent interrompre ma douleur : dès l'instant que
d'autres m'avaient vu, que d'autres yeux avaient pénétré
dans le sanctuaire de mes regrets, dès cet instant, ce qu'il
y avait encore de tendresse et de sentiments pieux et
saints dans les ténèbres de mon esprit sembla s'évanouir comme un songe confus. Je revins au souvenir
cruel, inexorable, qui devait être désormais la clef et le pi-
vot de mon existence. Je me rappelai la dernière nuit de
la vie de Gertrude ; je frissonnai en pensant à ces mots,

murmurés à voix basse, dont le sens terrible avait brisé mon âme. Je sentis encore la froide et terrible étreinte de ses doigts amaigris et mourants ; je retrempai de nouveau mon cœur dans une volonté de fer, et jurai une profonde, une éternelle, une implacable vengeance.

« Le lendemain du jour où vous m'aviez vu, je quittai ma demeure. J'allai à Londres et j'essayai de mettre en ordre ces plans de vengeance. La première chose à découvrir était la demeure actuelle de Tyrrell. J'appris, par hasard, qu'il était à Paris, et, deux heures après en avoir reçu l'avis, je partis pour cette ville. Lorsque j'arrivai là, ses habitudes de joueur le découvrirent bientôt à mes recherches. Je le vis un soir dans une maison de jeu. Il était évidemment dans une position embarrassée, et la fortune du tapis vert était contre lui. Sans qu'il m'aperçût, je délectais mes yeux de l'altération progressive de sa physionomie, à mesure que ces péripéties mortelles, poignantes, qui ne se rencontrent qu'à la table de jeu, se peignaient dans ses traits. Tandis que je l'examinais, une pensée de vengeance plus exquise et plus raffinée que jamais vint illuminer mon esprit ; tout entier à la méditation de cette conception infernale, j'allai dans la pièce voisine qui était presque vide. Là je m'assis, pour essayer de développer avec plus de détails et de perfection l'ébauche informe de mon plan.

« L'archi-tentateur me favorisa d'un fidèle allié dans mes projets. J'étais perdu dans mes rêveries quand je m'entendis appeler par mon nom. Je levai la tête, et vis un homme que j'avais souvent rencontré avec Tyrrell, tant à Spa qu'à l'établissement de bains où, en compagnie de Gertrude, j'avais rencontré Tyrrell. C'était un individu de basse naissance et de caractère plus bas encore : ce qui ne l'empêchait pas, grâce à sa grosse gaieté et à son assurance vulgaire, de passer pour un homme d'infiniment d'esprit, une sorte d'Yorick auprès des gens en rapport de goûts avec Tyrrell. Cette réputation bien peu justifiée, et l'habitude du jeu qui met de niveau tous les rangs, l'avait élevé, dans certaines sociétés, bien au-dessus du sien. Ai-je besoin de vous dire que cet homme était Thornton ? Je ne le connaissais que fort légèrement ; cependant il m'accosta avec cordialité et s'efforça d'entrer avec moi en conversation. « Avez-vous vu Tyrrell ? dit-il ; il y est retourné ; qui a bu, boira..., vous savez. » Je me tournai tout pâle en entendant prononcer le nom de Tyrrell, et je répondis très-laconiquement, je ne sais plus quoi. « Ah ! ah ! répliqua Thornton, m'examinant avec un air d'impertinente familiarité, je vois que vous ne lui avez pas pardonné ; il est vrai qu'il vous a joué un vilain tour à *** ; il a séduit votre maîtresse, ou quelque chose comme cela. Il m'a conté toute l'affaire : comment, je vous prie, se porte maintenant la pauvre fille ? »

« Je ne fis pas de réponse ; je m'affaissai sur moi-même : j'étais suffoqué. Tout ce que j'avais souffert ne me semblait rien auprès de l'indignité que j'endurais alors. *Elle, elle !* qui autrefois avait été mon orgueil, mon honneur, ma vie, voilà comme on parlait d'elle. Je ne pouvais m'appesantir sur cette idée. Je me levai à la hâte, et jetant sur Thornton un coup d'œil qui aurait couvert de confusion un homme moins impudent et moins endurci que lui, je quittai la pièce.

« Cette nuit, pendant que je m'agitais dans l'insomnie de la fièvre sur mon lit d'épines, je me dis que Thornton pouvait m'être utile pour l'exécution du plan que j'avais formé. Dès le lendemain matin je me mis à sa recherche. J'achetai (ce n'était pas très-difficile) à la fois sa discrétion et son aide. Mon plan de vengeance, aux yeux d'un homme qui n'aurait pas étudié comme vous les variétés de la nature humaine, pourrait paraître bien subtil et bien recherché ; car pendant que les gens superficiels sont disposés à admettre comme toute naturelle l'excentricité dans le calme et le sang-froid de la vie ordinaire, ils ne veulent pas reconnaître qu'elle puisse exister dans la fougue des passions. Comme si, en de pareils moments, on pouvait regarder comme absurde aucun des moyens qui peuvent conduire au but. Si l'on pouvait mettre à nu les secrets d'un cœur agité par la passion et ses palpitations désordonnées, il s'y trouverait beaucoup plus de romanesque que dans toutes les fables dont nous nous détournons avec incrédulité et que nous traitons avec dédain, comme des exagérations hyperboliques.

« Parmi les mille plans de punition qui s'étaient succédé dans mon esprit, la mort de ma victime n'était que l'objet final. Car la mort, la crise d'un moment ne me paraissait qu'une trop faible réparation pour la vie d'angoisse, de langueur, de désespoir, à laquelle m'avait condamné sa trahison. Mais enfin, ma peine à moi, ma cruelle peine, j'aurais pu la lui pardonner. C'était le sort de cette créature innocente, immolée, qui irritait l'aiguillon et nourrissait le venin de ma vengeance. Cette vengeance ne pouvait être satisfaite par un châtiment ordinaire. Si le fanatisme ne peut être rassasié que par la torture et les flammes, vous pouvez facilement supposer une furie non moins inexorable à une haine aussi mortelle, aussi concentrée, aussi juste que la mienne. Si le fanatisme peut se persuader alors qu'il est une vertu, ma haine se le persuadait aussi.

« Mon plan était d'attacher Tyrrell de plus en plus à la table de jeu, d'être témoin de son entêtement, de délecter mes yeux de la fiévreuse anxiété de son esprit en suspens, de le mener pas à pas aux plus profonds abîmes de la pauvreté, de rassasier mon âme de l'abjection et de l'humiliation de sa pénurie; de le dépouiller de tout secours, de toute consolation, de toute sympathie, de toute amitié; de le suivre, sans être vu, à son misérable et sale logis; d'observer les combats de la nature en proie à la nécessité contre les dégoûts de l'orgueil, enfin d'être aux aguets pour voir sa constitution s'user, ses yeux se creuser, ses lèvres devenir livides, et tous les terribles et douloureux progrès du besoin dévorant, jusqu'aux dernières angoisses de la faim. Alors, dans ce dernier état, mais seulement alors, je pourrais me révéler; me tenir debout auprès du lit de mort où il serait étendu sans espoir et sans secours; crier à son oreille frappée de vertige un nom qui pourrait tripler les horreurs de ses souvenirs; arracher à sa conscience dans la lutte de l'agonie, la dernière planche, la dernière paille, auxquelles, dans sa rage, elle pourrait s'accrocher; je pourrais enfin épaissir les ombres qui environnent le départ de la vie, en ouvrant devant son esprit frissonnant de terreur les portes béantes de l'enfer impatient qui le réclame.

« Poussé par la fièvre de ces projets impies, je ne pensai plus qu'à les accomplir. J'employai Thornton, qui restait lié avec Tyrrell, à l'attirer de plus en plus à la maison de jeu, et comme, au gré de mon impatience, les chances inégales de la table publique n'étaient pas assez rapides dans leurs résultats pour consommer la ruine d'un joueur , même aussi véhément et aussi impétueux que Tyrrell, Thornton saisissait toutes les occasions de l'engager dans quelque jeu particulier et d'accélérer la crise par les artifices illicites dans lesquels il était passé maître. Mon ennemi avançait chaque jour vers les derniers degrés de la ruine ; de proches parents il n'en avait aucun ; tous ses parents éloignés, il les avait désobligés ; tous ses amis et même ses simples connaissances, il les avait fatigués de ses importunités ou dégoûtés par sa conduite. Dans le monde entier il semblait ne pas avoir un être qui voulût lui tendre une main secourable pour le sauver de la misère la plus absolue. Tout ce qu'il avait pu sauver des débris de son ancienne fortune, tout ce qu'il avait pu mendier auprès de ses anciens amis , avait été immédiatement risqué à la maison de jeu, et perdu aussitôt.

« Peut-être cela ne fût pas arrivé si vite, si Thornton n'eût pas habilement nourri et soutenu ses espérances. Il avait été longtemps employé par Tyrrell en qualité d'agent d'affaires ; il connaissait bien toutes celles du joueur ; et quand il promettait, au pis aller, de trouver quelque expédient pour les relever, Tyrrell adoptait facilement une assurance aussi flatteuse.

« Sur ces entrefaites, j'avais pris le nom et le déguisement sous lesquels vous m'avez rencontré à Paris. Thornton m'avait présenté à Tyrrell comme un jeune Anglais d'une grande richesse et d'une inexpérience plus grande encore. Le joueur alla vivement au devant d'une connaissance dont Thornton lui persuada facilement qu'il pourrait tirer si grand parti. Je pus ainsi noter, jour par jour, que mon projet réussissait, que ma vengeance marchait rapidement à son triomphe.

« Ce n'est pas tout. J'ai dit qu'il n'y avait pas dans le monde entier un être qui voulût sauver Tyrrell du sort qu'il avait mérité et qu'il allait bientôt subir. Pourtant, il y en avait un que l'affection lui attachait encore et pour lequel il semblait conserver quelques-uns des sentiments plus purs des jours d'autrefois où il était moins dégradé et moins coupable. Cette personne, (vous devinerez aisément que c'etait une femme) je n'eus pas de repos que je ne l'eusse enlevée à ma victime. Je ne voulais pas lui laisser une consolation, à lui qui ne m'en avait laissé aucune. J'usai de tous les moyens de séduction pour le ruiner dans son affection. Tout ce que les promesses et les serments pouvaient faire, fut essayé; enfin, ce ne fut pas sans succès; je triomphai. La femme devint mon esclave. C'est elle qui, toutes les fois que Tyrrell hésitait dans sa course vers la destruction, combattait ses scrupules et triomphait de sa répugnance. C'est elle qui m'informait en détail du pitoyable état des finances de ce misérable et qui aida, de tout son pouvoir, à en accélérer la ruine. La trahison plus cruelle encore de l'abandonner dans son plus extrême besoin, je la réservai pour une occasion meilleure. J'en jouissais d'avance avec une joie sauvage.

« Je fus gêné dans mon plan par deux circonstances; d'abord par votre connaissance avec Thornton, et secondement par une somme très-inattendue de deux cents livres sterling que Tyrrell reçut vers cette époque en retour de son renoncement à toute réclamation ultérieure contre les acquéreurs de son bien. Quant à la première, comme elle pouvait contrarier mes desseins, ou me mettre en évidence, vous devez me pardonner d'y avoir promptement mis un terme; la seconde me jeta dans une grande consternation car la première idée de Tyrrell fut de renoncer au jeu et de s'efforcer de vivre de cette maigre pitance qu'il venait de recevoir, aussi longtemps que la stricte économie le lui permettrait.

« Cette idée, Marguerite, la femme dont j'ai parlé, suivant mes instructions, la combattit avec tant d'art et de succès que Tyrrell céda à son penchant naturel et retourna de nouveau à la table de jeu. Cependant j'étais poursuivi sans cesse par mon impatience de voir finir cette partie préliminaire de ma vengeance; aussi, Thornton et moi nous convîmes qu'il donnerait à Tyrrell le conseil de risquer tout, contre moi, tout, jusqu'à son dernier liard, dans une partie. Tyrrell, qui comptait bien, pour se refaire, sur mon inexpérience au jeu, tomba aisément dans le piége; et la seconde nuit de notre partie il avait perdu non-seulement le reste de son petit avoir, mais il avait signé des billets pour une somme bien trop importante, pour s'en acquitter jamais.

« Enorgueilli, enflammé presque fou de mon triomphe, je cédai à la joie du moment. Je ne savais pas que vous fussiez si près. Je me découvris ; vous vous rappelez la scène. Je rentrai joyeux chez moi ; et pour la première fois depuis la mort de Gertrude, je fus heureux. Là seulement je m'imaginais qu'allait commencer ma vengeance ; je me réjouissais dans l'espoir brûlant de contempler la faim et toutes ses horreurs. Le jour suivant, quand Tyrrell se tourna dans son désespoir vers celle qu'il croyait son amie fidèle, sa dernière amie sur la terre le railla et s'éloigna de lui.

« Remarquez bien, Pelham, que j'étais là tout près et que j'entendis tout.

« Mais là devait finir brusquement ma vengeance. Au moment où ma soif ne demandait qu'à se satisfaire, tout à coup la coupe est arrachée de mes lèvres. Tyrrell disparut ; personne ne savait où il était. Je mis Thornton en campagne. Une semaine après il m'envoya dire que Tyrrell était mort dans le dernier dénûment, de faim et de désespoir. Croiriez-vous qu'en apprenant cette nouvelle, mes premiers sentiments furent seulement de la rage et du désappointement! C'est vrai, il était mort, mort dans toute la misère que mon cœur pouvait lui souhaiter, mais je ne l'*avais pas vu mourir.*

« Je ne sais pas encore aujourd'hui, quoique souvent je l'aie questionné, quel intérêt Thornton avait à me tromper par ce conte. Pour ma part je crois qu'il était trompé lui-même ; il est certain, (car je m'en suis informé) qu'une personne, répondant parfaitement au signalement de Tyrrell, avait péri dans l'état indiqué par Thornton ; et c'est là sans doute ce qui l'avait jeté dans l'erreur.

« Je quittai Paris, et je retournai en Normandie, de là en
Angleterre (où je restai quelques semaines) ; là je vous rencontrai de nouveau, mais je pense que ce ne fut qu'après
avoir été persécuté par les insolences et les importunités de Thornton. Les instruments de nos passions sont
à deux tranchants ; comme ces monarques, qui em-
ployaient des animaux monstrueux dans leurs armées,
nous découvrons que nos perfides alliés sont moins pernicieux pour les autres que pour nous-mêmes. Mais je
n'étais pas d'un caractère à souffrir patiemment les rail-
leries et la domination d'une de mes créatures. J'avais
eu assez de peine à endurer sa familiarité, quand j'avais
absolument besoin de ses services. Ce n'était pas pour
supporter son indiscrétion quand ces services, non d'a-
mitié mais d'intérêt, n'étaient plus désormais nécessaires. Thornton, comme tous les drôles de son espèce, avait
un bas orgueil que je blessais sans cesse. Il s'était trouvé
sur un pied de familiarité avec des gens qui étaient
plus que mes égaux par le rang ; et il ne pouvait souffrir
la *hauteur* avec laquelle mon dégoût pour son caractère
me forçait de le traiter. Il est vrai que la profusion de
mes libéralités était telle, qu'elle faisait digérer au malheureux les affronts dont il était si largement payé ; cependant, avec la haine rusée et malicieuse qui lui était naturelle, il savait bien me les rendre en nature. Tout en
m'aidant, il affectait de tourner ma vengeance en ridicule ; et quoiqu'il vît bientôt qu'il ne pouvait oser, sans
péril pour sa vie, souffler un mot contre Gertrude, ou
contre sa mémoire, cependant il essayait par des remarques générales et des insinuations perfides de me piquer
au vif sur les points mêmes les plus délicats. De là une
profonde et cordiale antipathie qui naquit entre nous,
grandit, se fortifia, jusqu'à ce que, je crois, semblable
aux Furies dans les enfers, notre haine mutuelle devint
notre commun châtiment.

« A peine fus-je retourné en Angleterre, que je l'y
trouvai, attendant mon arrivée. Il me favorisa de nombreuses visites et de fréquentes demandes d'argent.
Quoiqu'il ne fût en possession d'aucun secret qui inté-

ressât véritablement mon honneur, il savait bien qu'il en possédait un qui importait à ma tranquillité ; et il en profitait habilement. A la fin cependant, il me lassa. Je découvris qu'il s'enfonçait de plus en plus dans la lie et le rebut de la société, et je ne pus supporter plus longtemps l'idée d'endurer sa familiarité et d'entretenir ses vices.

« Je passe les détails de mes propres sentiments aussi bien que l'histoire de ma vie extérieure dans le monde. Il s'était fait dans mon esprit un grand changement ; je n'étais plus déchiré par des passions violentes et contraires ; sur la mer tumultueuse une morte et pesante torpeur s'était abattue, les vents même, nécessaires à la santé, avaient cessé.

« Je dormais sur l'abîme sans vagues. Une passion violente et qui nous absorbe entièrement est peut-être la pire de toutes les immoralités, car elle laisse l'esprit trop stagnant et trop épuisé pour l'activité et l'énergie qui font partie de nos devoirs réels. Cependant, maintenant qu'était écarté le sentiment qui régnait en tyran dans mon esprit, j'essayais de secouer l'apathie qu'il avait produite pour revenir aux occupations et aux affaires diverses de la vie. Tout ce qui pouvait me détourner de mes sombres souvenirs, ou donner un mouvement momentané à l'apathie de mon esprit, je m'y accrochais avec la passion et l'ardeur d'un enfant. Ainsi vous m'avez trouvé entouré de toutes les jouissances du luxe dont je me dégoûtais aussitôt que la nouveauté en était passée ; tantôt soupirant après les vanités de la gloire littéraire, tantôt après les vains hochets plus futiles encore que donne la richesse. Il fut un temps où je m'enfermais dans mon cabinet, pour m'appesantir sur les dogmes des savants et sur les erreurs des sages ; d'autres fois, je me plongeais dans les occupations plus entraînantes et plus actives de la foule vivante qui roulait autour de moi, et je me flattais qu'au milieu des applaudissements des sénateurs, et du tourbillon des affaires, je pourrais endormir les voix du passé et le spectre des morts.

« Si ces espérances se réalisèrent, et, si je ne livrai pas

là un combat inutile, vous n'avez, pour le savoir, qu'à regarder cette figure égarée, ce corps tous les jours penché davantage vers l'ombre du tombeau? Mais je vous ai promis de ne pas m'étendre sur cette partie de mon histoire; aussi bien n'est-ce pas nécessaire. Il y a pourtant une chose, une seule chose, qui ne se rattache pas précisément à mes confessions, et dont il est juste que je parle pour l'amour d'un être sensible et innocent.

« Dans le monde froid et indifférent que je fréquentais, il y avait un cœur qui depuis des années s'était entièrement donné à moi. Dans ce temps-là, j'ignorais le don que je méritais si peu, ou bien (car c'était avant que je connusse Gertrude) j'aurais pu le payer de retour et éviter des années de crime et d'angoisses. Depuis lors, la personne à laquelle je fais allusion s'était mariée, et, par la mort de son mari, elle était redevenue libre une seconde fois. Intimement liée avec ma famille et plus particulièrement avec ma sœur, elle me rencontrait alors constamment. Sa compassion pour le changement qu'elle remarquait en moi était plus forte même que sa réserve, et c'est la seule raison pour laquelle je parle d'un attachement qu'autrement j'aurais dû cacher. Je crois que vous avez déjà compris de qui je veux parler, et puisque vous avez découvert sa faiblesse, il est juste que vous connaissiez aussi sa vertu; il est juste que vous appreniez qu'en elle ce ne fut pas le caprice ou la passion d'un moment, mais un amour long et caché; ce fut par pitié, et non par un mépris de l'opinion peu fait pour son sexe, qu'elle ne craignit pas de hasarder quelques imprudences. Enfin elle est, en ce moment, innocente de toute chose, hormis peut-être de la folie de m'aimer.

« Je passe au temps où je découvris que, soit exprès soit sans intention, j'avais été trompé, et que mon ennemi vivait encore! qu'il vivait honoré, prospère, entouré des faveurs du monde. Toutes les pensées orageuses, les sentiments, les passions, depuis longtemps calmées, se précipitèrent de nouveau dans une mêlée terrible et tumultueuse. Le lit tranquille où s'était reposé mon esprit fut balayé bien loin; tout sembla naufrage, convulsion des éléments luttant les uns contre les autres; mais ce n'est là qu'une description banale et inerte de mes sentiments; les mots ne peuvent être que des lieux communs pour exprimer la révulsion que j'éprouvais. Cependant au milieu de tout il y avait une pensée dominante et suprême auprès de laquelle le reste était comme des atômes dans l'immensité, la pensée de la vengeance? mais comment l'assouvir?

« Placé comme Tyrrell l'était alors dans l'échelle sociale, toute autre réparation que celle que j'avais rejetée d'abord, semblait désormais impossible. Ce fut donc à celle-là, toute faible, toute miséricordieuse qu'elle me parût, que j'eus recours. Vous avez bien voulu vous charger de mon cartel pour Tyrrell, vous vous rappelez sa conduite. Une mauvaise conscience ne peut jamais faire de nous que des lâches! La lettre enfermée pour moi dans celle qu'il vous adressa ne contenait que ce banal argument employé si souvent par ceux qui nous ont fait outrage, c'est-à-dire le refus d'attenter à notre vie après avoir ruiné notre bonheur. Quand j'appris qu'il avait quitté Londres, ma rage ne connut plus de bornes; j'étais complètement fou d'indignation; la terre vacillait devant mes yeux; j'étais presque suffoqué par la violence, par le tourbillon de mes émotions. Je ne me donnai pas le temps de réfléchir, et je quittai la ville pour courir après mon ennemi.

« Je découvris que toujours attaché, quoique moins follement, je crois, que par le passé, à ses anciens amusements, il était dans le voisinage de Newmarket, attendant les courses qui devaient bientôt y avoir lieu. A peine eus-je appris son adresse que je lui écrivis un autre défi rédigé avec plus de force encore et d'un style plus insultant que celui dont vous vous étiez chargé. Dans celui-ci je lui disais que son refus ne lui servirait de rien; que j'avais juré que ma vengeance l'atteindrait; et que, tôt ou tard, à la face du ciel et en dépit de l'enfer, mon serment serait rempli. Souvenez-vous de ces paroles, Pelham, j'y reviendrai plus tard.

« La réponse de Tyrrell fut brève et dédaigneuse; il

affectait de me traiter comme un fou. Peut-être (et je confesse que l'incohérence de ma lettre autorisait ce soupçon), croyait-il que je l'étais réellement. Il terminait en disant que s'il recevait encore de mes lettres, il se mettrait à l'abri de mes attaques sous la protection des lois.

« Au reçu de cette réponse, une résolution inflexible, opiniâtre, une volonté de fer pénétra dans mon sein. Je ne trahis mon agitation par aucune marque extérieure; je m'assis en silence, je plaçai cette lettre et le portrait de Gertrude devant moi. Là, silencieux et sans mouvement, je demeurai des heures. Je me souviens que je fus éveillé de ma sombre rêverie par l'horloge qui sonnait la première heure du matin. A ce son solitaire et sinistre les souvenirs d'effroi romanesque que les fables de notre enfance y ont attachés se précipitèrent froids et lugubres dans mon esprit; des gouttes glacées tombaient de mon front; le sang se figeait dans mes veines. A ce moment je tombai à genoux et proférai le frénétique et terrible serment, dont maintenant je n'oserais répéter les mots, qu'avant trois jours expirés, l'enfer ne serait plus privé de sa proie. Je me levai, je me jetai sur mon lit, et je dormis.

« Le lendemain je quittai ma demeure, j'achetai un cheval vigoureux et rapide, et, me dissimulant de la tête aux pieds sous un long manteau de cavalier, je m'en allai seul, renfermant dans mon cœur la calme et froide conviction que mon serment serait tenu. Je plaçai, cachés dans mes vêtements, deux pistolets; mon intention était de suivre Tyrrell partout où il irait, jusqu'au moment où nous nous trouverions seuls et sans crainte d'aucun dérangement. Alors j'étais déterminé à le forcer au combat, et, pour qu'aucun tremblement de la main, aucune erreur de la vue troublée ne pût trahir mon but, à nous placer pied contre pied, et la bouche de chaque pistolet à la tempe de chaque antagoniste, et je ne fus pas détourné un moment de cette résolution en songeant que ma propre mort devait être aussi certaine que celle de ma victime. Au contraire, cette manière de mourir et de déjouer ainsi

la mort plus lente, mais non moins sûre qui me minait
de jour en jour, je l'envisageais avec la même joie farouche, fiévreuse, avec laquelle tant d'hommes se sont
précipités au combat et ont cherché une mort qui leur
était moins cruelle que la vie.

« Pendant deux jours, quoique chaque jour je visse
Tyrrell, le destin ne m'offrit aucune occasion d'exécuter
mon dessein. Le surlendemain arriva, Tyrrel était sur le
champ de courses; certain qu'il y resterait quelques
heures, je mis mon cheval fatigué à l'écurie dans la ville,
et, m'asseyant dans un coin obscur de la course, je me
contentai de le surveiller de loin, comme le serpent fait
sa victime. Peut-être vous souvenez-vous d'avoir passé
devant un homme assis à terre dans un manteau de cavalier. Je n'ai pas besoin de vous dire que c'était moi. Je
vous vis galoper près de moi, mais dès que vous fûtes
parti j'oubliai cet incident : car je contemplais la foule
qui roulait au loin, comme un enfant observe les figures
de la fantasmagorie, sachant à peine si mes yeux ne me
trompaient pas, me sentant envahi par une sorte de sensation de stupeur et d'effroi, et caressant la conviction
que ma vie ne ressemblait pas à celle des créatures qui
passaient devant moi.

« Le jour décroissait, je retournai chercher mon cheval,
je revins aux courses, et, me tenant assez loin pour ne
point exciter de soupçons, je suivis les mouvements de
Tyrrell. Il rebroussa chemin vers la ville, s'y reposa, se
rendit à une maison de jeu, y resta peu de temps, retourna
à son hôtel et demanda son cheval.

« Dans tous ces mouvements je ne perdais pas de vue
l'objet de ma poursuite; et mon cœur bondit de joie
quand, enfin, je le vis sortir seul. Je le suivis jusqu'à ce
qu'il laissât la grande route. Alors je pensai que le moment pour moi était arrivé. Je doublai le pas, et je l'avais
presque atteint, lorsque quelques cavaliers venant à paraître me forcèrent à ralentir ma course. D'autres inter-
ruptions pareilles vinrent encore retarder l'exécution de
mon projet. Enfin tout fut tranquille. J'éperonnai mon
cheval, j'étais déjà sur les talons de mon ennemi, quand je

le vis joindre un autre homme. Cet homme, c'était vous. Je serrai les dents et repris haleine, en me retirant de nouveau à distance. Bientôt deux hommes me dépassèrent, et je reconnus que quelque accident de voyage les avait arrêtés près de vous pour vous assister. Il paraît, d'après votre témoignage sur un événement ultérieur, que ces hommes étaient Thornton et son ami Dawson. A ce moment ils passèrent trop rapidement, et j'étais trop occupé de mes propres pensées pour les observer : je n'avais d'yeux que pour Tyrrell et vous, parfois saisissant le contour de vos figures à la clarté de la lune, parfois (avec le sens subtil de l'impatience) distinguant seulement le bruit aigu des sabots de vos chevaux sur les cailloux du chemin. Enfin une lourde averse survint ; imaginez ma joie, quand Tyrrell vous quitta et s'éloigna seul !

« Je vous dépassai et je suivis mon ennemi de toute la vitesse de mon cheval ; mais il n'égalait pas celui de Tyrrell, qui courait au grand galop. Quoi qu'il en soit, j'arrivai enfin à une descente raide et presque à pic. Je fus forcé d'avancer lentement et avec prudence ; cependant je ne m'en préoccupais pas le moins du monde, j'étais convaincu que Tyrrell était obligé de prendre les mêmes précautions. Ma main était sur mon pistolet que je venais de saisir pour ma vengeance préméditée, quand un cri aigu, perçant, solitaire, vint éclater à mon oreille.

« Aucun bruit ne suivit, tout redevint silencieux. J'approchais justement du bas de la descente, lorsqu'un cheval sans cavalier passa devant moi. L'averse avait cessé et la lune depuis quelques minutes s'était échappée de derrière les nuages ; à sa clarté je reconnus le cheval monté par Tyrrell. « Peut-être, pensai-je, il a désarçonné son maître et maintenant ma victime ne peut plus m'échapper ! » Je poussai en avant à la hâte, quoique la côte fût encore rapide. J'arrivai en un lieu d'une singulière désolation, c'était une vaste friche avec un étang sur la droite et un arbre flétri bien reconnaissable, qui suspendait au-dessus ses rameaux. Je me précipitai en avant. Dieu clément ! mon ennemi avait échappé à mon bras, il était là gisant, devant moi, dans tout le calme de la mort !

— Quoi ! m'écriai-je, interrompant Glanville, car je ne pus me contenir plus longtemps, ce n'est pas par vous que Tyrrell est tombé ? » A ces mots, je saisis sa main, et surexcité comme je l'avais été par le pénible et émouvant intérêt de son récit, je fondis en pleurs de reconnaissance et de joie. Réginald Glanville était innocent. Hélène n'était pas la sœur d'un assassin !

Après une courte pause Glanville continua :

« Je contemplai fixement son visage tourné en l'air et bouleversé, dans un profond et morne silence ; une terreur sombre et vague se glissa dans mon cœur ; j'étais là debout sous la voûte solennelle et sacrée des cieux, et je sentais que la main de Dieu était étendue sur moi, qu'un mystérieux et redoutable arrêt venait d'être rendu, que ma colère téméraire et impie, au fort même de sa furie, avait été brisée, comme le vain emportement d'un enfant, que le plan que j'avais concerté dans la folle sagesse de mon cœur, avait été suivi, pas à pas, par un œil qui voit tout, et déjoué au moment de son succès présumé, par un impénétrable et terrible jugement. J'avais souhaité la mort de mon ennemi, eh bien ! mon souhait était accompli. Comment ? je ne pouvais le savoir ni le deviner ; là, un morceau d'argile inerte et insensible, incapable de faire ou de souffrir une injure était gisant à mes pieds. Il semblait que, au moment où mon bras s'était levé, le Divin Vengeur eût réclamé sa prérogative, que l'ange qui avait frappé l'Assyrien, eût immolé encore cette vulgaire victime, et qu'en punissant la faute d'un mortel coupable, il l'eût soustrait par une barrière éternelle à la vengeance d'un ennemi mortel !

« Descendant de cheval, je me penchai sur l'homme ainsi frappé d'une mort inattendue. Je tirai de mon sein la miniature qui ne me quittait jamais et je trempai l'image de Gertrude dans le sang du traître qui l'avait abusée. A peine avais-je fini que mon oreille entendit un bruit de pas ; je rejetai, à la hâte, je le crus du moins, la miniature dans mon sein, et remontant à cheval je me sauvai précipitamment. A cette heure, et pendant plusieurs autres qui lui succédèrent, je crois que tout sen-

timent fut suspendu en moi. J'étais comme un homme
assailli par un rêve qui dirige ses pas errants, ou comme le
possédé pour lequel le monde vivant, le monde de l'activité
et des affaires n'est qu'une terre habitée par des figures
imaginaires, des ombres flottantes, et pleine des mons-
tres enfantés par les ténèbres et les terreurs de la tombe.

« Ce ne fut que le jour suivant que je m'aperçus que
le portrait me manquait, je retournai sur les lieux, je le
cherchai avec le plus grand soin, mais en vain, je ne pus
le retrouver ; je revins à la ville, et bientôt après les
journaux m'informèrent de ce qui était arrivé ensuite. Je
vis avec épouvante que toutes les apparences me dési-
gnaient comme le coupable, et que les officiers de police
étaient occupés en ce moment de mon manteau et de la
couleur de mon cheval qui semblaient les mettre sur la
voie. Ma mystérieuse poursuite sur les pas de Tyrrell,
le déguisement que j'avais pris, mon apparition devant
vous sur la route et ma fuite à votre approche, va-
laient des volumes de témoignages contre moi. Un indice
plus fort restait encore et il était réservé à Thornton de
le révéler. A ce moment ma vie était entre ses mains. Peu
de temps après mon retour à la ville, il força l'entrée de
ma chambre, ferma la porte, mit le verrou, et, dès que
nous fûmes seuls, me dit avec une sauvage expression de
triomphe et de défi : « Sir Réginald Glanville, vous m'avez
plusieurs fois, souvent même, insulté par votre orgueil
et plus encore par vos dons. Maintenant c'est à mon tour
de vous insulter et de triompher de vous, sachez qu'un
mot de moi pourrait vous envoyer au gibet !

« Il récapitula alors en détail les indices qui existaient
contre moi, et tira de sa poche la lettre menaçante que
j'avais écrite la dernière fois à Tyrrell. Vous vous rappelez que dans cette lettre je disais que ma vengeance
était déchaînée contre lui, et que, tôt ou tard, elle l'atteindrait. « Joignez, dit Thornton froidement, en remettant
la lettre dans sa poche, joignez ces mots aux preuves qui
existent déjà contre vous, et je ne donnerais pas un farthing de votre vie. »

« Comment Thornton s'était-il procuré ce papier si important pour ma sûreté, je n'en sais rien : mais quand il le lut je tressaillis du danger auquel je me voyais exposé. Un coup d'œil suffit pour me montrer que j'étais entièrement à la merci du scélérat qui se tenait devant moi : il vit mon embarras et jouit de mon trouble.

« Maintenant, dit-il, nous nous connaissons tous les deux; pour le moment j'ai besoin de mille livres sterling; vous ne me les refuserez pas, j'en suis sûr; quand elles seront finies, je reviendrai; jusque-là vous pouvez vous passer de moi. Je lui jetai un mandat de cette somme et il partit.

« Vous pouvez concevoir la mortification que je souffris dans ce sacrifice de l'orgueil à la prudence, mais ce n'étaient pas des motifs ordinaires qui m'engageaient à m'y soumettre. Comme je marchais rapidement vers la tombe, il m'importait peu que ce fût une mort violente qui vînt abréger une vie dont la limite était déjà fixée et que j'étais bien loin de vouloir prolonger; mais je ne pouvais endurer la pensée de déverser sur ma mère et ma sœur le malheur et la honte. Quand j'embrassai d'un coup d'œil toutes les circonstances qui se dressaient contre moi, mon orgueil semblait souffrir encore moins d'humiliation à prendre ce parti, qu'à l'idée de voir s'ouvrir pour moi le cachot du criminel, de comparaître en meurtrier devant un tribunal, d'entendre les huées et les imprécations, de la populace, d'affronter la mort de l'assassin, et de laisser dans la postérité cette tache à mon nom.

« Mais au-dessus de ces motifs il faut compter encore mon éloignement et mon antipathique aversion pour tout ce qui devait, selon toute apparence, révéler la secrète histoire du passé. Je défaillais à la pensée que le nom et le sort de Gertrude seraient dévoilés aux yeux du vulgaire, exposés aux commentaires, aux censures, aux risées du public désœuvré et curieux. Il me sembla donc qu'il ne fallait pas un grand effort de philosophie pour vaincre mes sentiments d'humiliation devant l'insolence et le triomphe de Thornton, et me consoler en me disant, que le peu de de mois que j'avais à vivre m'auraient bientôt délivré à la fois de ses extorsions et de l'existence.

« Cependant, depuis peu, les persécutions et les exigences de Thornton se sont élevées à ce point, que j'ai eu toutes les peines du monde à me contraindre et à subir sa loi. La lutte est trop forte pour ma constitution ; elle précipite le plus terrible et le dernier combat que j'aurai à livrer « avant que le scélérat cesse de me persécuter ; avant que la victime harassée trouve enfin le repos. » Depuis quelques jours j'en suis venu à une résolution que je suis maintenant sur le point d'exécuter ; c'est de quitter ce pays et de chercher un refuge sur le continent. Là je me soustrairai aux poursuites de Thornton et au danger dont elles me menacent ; là, inconnu et tranquille, j'attendrai la fin de mon mal.

« Mais deux devoirs me restaient à remplir avant mon départ ; je les ai maintenant accomplis tous les deux. L'un était envers l'être au cœur ardent et noble qui m'a honoré de son intérêt et de son affection, l'autre envers vous. Je suis allé hier chez elle, je lui ai esquissé cette histoire que je viens de vous raconter en détail. Je lui ai fait voir à nu les ravages de mon cœur, je lui ai parlé du mal qui me consume. Oh ! la belle chose que l'amour d'une femme ! Elle voulait me suivre au bout du monde ; recevoir mon dernier soupir, me voir enfin couché dans le repos qui doit finir mes peines ; et cela sans une espérance, sans une pensée de récompense, même de la part de mon indigne amour.

« Mais en voilà assez ! — Je lui ai fait mes adieux. Vos soupçons, je les avais vus et pardonnés, ils étaient si naturels ; je me devais de les dissiper ; je sens que j'y ai réussi ; mais j'avais encore une autre raison pour vous faire mes confessions. J'ai usé le roman de mon cœur, et maintenant je n'ai aucune indulgence pour les petites délicatesses et les petits scrupules qui souvent viennent embarrasser la route de notre bonheur réel. J'ai remarqué vos premières intentions sur Hélène, et avec beaucoup de joie, je l'avoue ; car je reconnais, au milieu de toute votre ambition mondaine, de toute l'expression artificielle de votre extérieur compassé, que votre cœur n'en est pas moins un cœur ardent et généreux ; votre esprit, une intelligence d'élite ; et

ma sœur fût-elle dix fois plus parfaite que je ne le crois,
je ne lui souhaiterais pas sur la terre un mari plus digne
d'elle. J'ai vu dans ces derniers temps votre éloignement
pour Hélène, et, en même temps que j'en devinais la
cause, j'ai senti, quoi qu'il dût m'en coûter, que je devais
la détruire. Elle vous aime... quoique, peut-être, vous ne
le sachiez pas ; elle vous aime beaucoup et véritablement ;
et puisque ma vie jusqu'ici s'est passée dans une inaction
qui n'a profité à personne, je voudrais au moins être utile
à deux êtres que j'aime si chèrement, et pouvoir espérer
que leur bonheur commencera à ma mort.

« Et maintenant, Pelham, j'ai fini ; je suis faible et
épuisé, je ne puis supporter plus longtemps, même votre
société. Pensez à ce que je viens de vous dire, et permettez-
moi de vous revoir demain ; car après-demain je quitte
l'Angleterre pour toujours. »

CHAPITRE LXXVI

Ce n'était pas avec un cœur entièrement soulagé, mais avec une joie tempérée et sobre, que je voyais maintenant mon ami innocent du crime dont mes soupçons l'avaient accusé, en même temps que le seul obstacle à mon mariage avec sa sœur était désormais levé. Il est vrai que l'épée était toujours suspendue sur sa tête, et que tant qu'il vivait il ne pouvait y avoir pour lui d'assurance raisonnable d'échapper à la honte et à la mort des criminels. Aux yeux du monde la barrière qui me séparait d'Hélène était donc loin d'être complètement détruite, mais, au moment où je parle, mes désappointements m'avaient dégoûté du monde, et je me tournai avec un redoublement de tendresse vers celle dont le pur et saint amour pouvait être à la fois ma récompense et mon asile.

D'ailleurs cette considération personnelle n'était pas mon seul motif dans la conduite que j'étais résolu à adopter; au contraire, elle était plutôt subordonnée dans mon esprit au désir de donner à un ami, qui alors m'était plus cher que jamais, sa seule consolation sur cette terre, et à Hélène la protection la plus sûre pour le cas où quelque danger menacerait son frère. A ces sentiments, il s'en mêlait d'autres qui, dans des temps plus heureux, auraient été des transports de bonheur, en voyant aboutir si heureusement un amour profond et dévoué. Mais je n'avais pas le droit de me livrer à cette joie tant que la vie même de Glanville était aussi incertaine, et je la réprimais aussitôt qu'elle venait me tenter.

Après une nuit sans sommeil je me rendis chez lady Glanville. Il y avait longtemps que je n'y étais allé, et le domestique qui me fit entrer parut un peu surpris d'une visite si matinale. Je demandai à voir la mère, je l'attendis au parloir. Mon exorde ne fut pas long. En très-peu de mots j'exprimai mon amour pour Hélène et je lui demandai d'être ma médiatrice; je crus pouvoir me prévaloir auprès d'une si tendre mère de l'approbation donnée par Glanville à mes prétentions.

« Hélène est en haut dans le salon; dit lady Glanville. Je vais la préparer à vous recevoir; si vous obtenez son consentement, vous avez le mien.

— Voulez-vous alors, lui dis-je, me permettre de vous prévenir? pardonnez à mon impatience, et laissez-moi la voir avant vous. »

Lady Glanville était une femme de la bonne vieille école; elle tenait un peu aux formes et aux cérémonies. Je n'attendis donc pas sa réponse, car je prévoyais bien qu'elle pourrait ne pas m'être favorable, mais avec mon assurance accoutumée je quittai la chambre, et je gagnai à la hâte le haut de l'escalier. J'entrai dans le salon, j'en fermai la porte. Hélène était au fond de la pièce; et comme j'étais entré d'un pas léger, elle ne m'aperçut que lorsque je fus près d'elle.

Elle tressaillit en me voyant, et ses joues, très-pâles à mon arrivée, devinrent tout à coup cramoisies. « Bon Dieu! est-ce vous! dit-elle en balbutiant. Je... je pensais, mais excusez-moi pour un instant, je vais appeler ma mère.

— Demeurez un moment au contraire, je vous en supplie, c'est de la part de votre mère que je viens; elle m'a renvoyé à vous. » Et d'une voix tremblante et précipitée, car toute ma hardiesse habituelle m'avait abandonné, je lui fis, en mots rapides et brûlants, l'aveu de l'amour secret depuis longtemps amassé dans mon cœur; je lui racontai ses doutes, ses craintes et ses espérances.

Hélène se renversa sur sa chaise, silencieuse et accablée par ses sentiments, comme par la véhémence des

miens. Tombant à genoux je saisis sa main; je la couvris
de mes baisers; elle ne la retira pas. En levant les yeux,
je pus lire dans les siens tout ce qu'avait espéré mon
cœur, sans oser se flatter du succès.

« Vous, vous! dit-elle, quand enfin elle put trouver
des paroles; je m'étais imaginé que vous ne pensiez qu'à
l'ambition et au monde; je ne me serais jamais figuré
cela. » Elle s'arrêta, rougissante et embarrassée.

« Il est vrai, lui dis-je, que vous aviez le droit de penser
ainsi, car, jusqu'à ce moment, je n'ai jamais soulevé à
vos yeux un coin du voile qui vous cachait mon cœur
avec ses secrets et violents désirs. Mais trouvez-vous que
mon amour en soit moins un trésor parce qu'il était
caché? ou moins profond parce que je le cachais au fond
de mon âme? Non, non; croyez-moi, cet amour ne devait
pas être mêlé aux choses ordinaires de la vie; il était trop
pur pour être profané par les légèretés et les folies qui
sont tout ce que j'ai voulu montrer de ma nature aux
yeux du monde. Ne vous imaginez pas, si j'ai eu l'air d'un
oisif avec les désœuvrés, d'un égoïste avec les gens intéressés, d'un homme froid, vain, et frivole avec ceux pour
qui de pareilles qualités étaient à la fois un passe-port et
une vertu; ne vous imaginez pas pour cela que je n'avais
rien en réserve au fond de l'âme de plus digne de vous et
de moi. Mon amour même pour vous montre que je suis
plus sage et meilleur que je ne l'ai paru. Parlez-moi, Hélène; voulez-vous me permettre de vous appeler de ce
nom? dites-moi un mot, une syllabe! parlez-moi, dites-
moi que vous avez lu dans mon cœur et que vous ne me
repousserez pas? »

Il ne vint pas de réponse sur ces lèvres chéries; mais
leur doux et tendre sourire me dit que je devais espérer.
Cette heure, je me la rappelle et la bénis encore; cette
heure fut la plus heureuse de ma vie.

CHAPITRE LXXVII

De chez Hélène, je me rendis à la hâte chez sir Réginald.
Le vestibule était dans toute la confusion d'un prochain
départ. Je m'élançai par-dessus tout l'attirail de livres et
de caisses qui m'obstruaient le chemin et j'atteignis d'un
bond le haut de l'escalier. Glanville, comme d'habitude,
était seul ; sa figure était moins pâle que la veille, et quand
je la vis s'éclaircir à mon approche, j'espérai, dans l'ardeur de ma nouvelle félicité, qu'il pourrait à la fois triompher de son ennemi et de son mal.

Je lui dis tout ce qui venait de se passer entre Hélène
et moi.

« Et maintenant, ajoutai-je, en lui serrant la main, j'ai
une proposition à vous faire, à laquelle il faut que vous
consentiez. Laissez-moi vous accompagner à l'étranger ;
j'irai avec vous, quelque coin du monde que vous puissiez
choisir. Nous concerterons ensemble tous les moyens pos-
sibles pour cacher notre retraite. Quant au passé, je ne
vous en parlerai jamais. Dans vos heures de solitude je ne
vous troublerai jamais par une sympathie importune et
maladroite. Je vous soignerai, je veillerai sur vous, avec
la patience d'un ami, et la tendresse d'un frère. Vous ne
me verrez que quand vous le désirerez. Votre solitude
sera toujours respectée. Quand vous vous porterez mieux,
car je vous prédis que cela viendra, je vous quitterai pour
revenir en Angleterre et assurer, en mettant les choses au
pis, un protecteur à votre sœur. Alors je retournerai seul

vers vous afin que votre retraite ne puisse être exposée au danger d'être connue même d'Hélène, et vous m'aurez à vos côtés jusqu'à... jusqu'à...

— Jusqu'à la fin? interrompit Glanville. Ces larmes (les premières que j'aie versées depuis longtemps, bien longtemps) vous disent que je sens jusqu'au fond du cœur, votre amitié et votre attachement désintéressé. Mais au moment où votre amour pour Hélène vient d'être couronné de succès, je ne veux pas vous arracher au bonheur d'en jouir. Croyez-moi, tout ce que je pourrais retirer de votre société, ne me procurerait pas la moitié du bonheur que j'éprouverai à savoir que vous et Hélène vous êtes heureux l'un par l'autre. Non, non, ma solitude, à cette pensée, perdra toute son amertume. Vous entendrez parler de moi une fois encore; ma lettre contiendra une demande, et cette dernière faveur que je réclamerai de vous devra vous consoler et satisfaire à la bonté de votre cœur. Pour moi, je mourrai comme j'ai vécu : seul. Toute société dans mes chagrins me semblerait étrange et importune. »

Je ne voulus pas laisser continuer Glanville. Je l'interrompis par de nouveaux arguments et de nouvelles prières, auxquels il semblait enfin disposé à se rendre, et j'avais la ferme espérance d'avoir vaincu sa détermination, quand nous fûmes frappés d'étonnement par un bruit soudain et violent dans le vestibule.

« C'est Thornton, dit Glanville avec calme. J'avais dit de ne pas le recevoir, et il entre de force. »

A peine sir Réginald avait-il parlé, que Thornton s'élança brusquement dans la chambre.

Quoiqu'il fût midi à peine, il était déjà à moitié ivre; et ses yeux nageaient dans sa tête avec une expression hébétée de triomphe et d'insolence pendant qu'il les roulait en nous regardant tour à tour.

« Oh, oh! dit-il, sir Réginald songeait à me brûler la politesse, n'est-ce pas? Vos damnés domestiques me disaient que vous étiez sorti; mais je les ai bientôt fait taire. Parbleu! je les ai rendus aussi doux que des petits moutons; ce n'est pas pour rien que j'ai appris à me servir de mes poings. Ainsi vous partez demain pour l'é-

tranger ; sans ma permission, encore ; en voilà une fameuse plaisanterie. Allons, allons, mon brave camarade,
vous n'avez pas besoin de me faire la mine ; en vérité,
vous me regardez d'un air aussi grognon qu'un chien de
boucher qui vient de se faire casser la tête. »

Glanville qui était livide de colère réprimée se leva avec
fierté.

« M. Thornton, dit-il d'une voix calme, quoique, dans
l'excès de son agitation, il tremblât de la tête aux pieds,
je ne suis pas maintenant disposé à me soumettre à votre
insolence et à vos importunités. Vous allez quitter cette
chambre sur le champ. Si vous avez quelques nouvelles
demandes à me faire, je les entendrai ce soir à l'heure
qu'il vous plaira de m'indiquer.

— Non, non, mon bel ami, dit Thornton avec un grossier ricanement ; vous avez de l'esprit comme trois, — un
fou et deux imbéciles ! mais c'est égal, vous ne me referez
pas. Je n'aurai pas plus tôt le dos tourné, que vous dé-
camperez aussi ; et quand je reviendrai, Votre Honneur
sera déjà à moitié chemin de Calais. Mais, Dieu me bénisse ! monsieur Pelham, est-ce vous ? Je ne vous avais
pas encore aperçu, vraiment ; je suppose que vous n'êtes
pas dans le secret ?

— Je n'ai pas de secrets pour M. Pelham, dit Glanville ;
et peu m'importe que vous discutiez toutes vos infâmes
manœuvres avec moi en sa présence. Puisque vous doutez
de ma parole, il est au-dessous de ma dignité de la défendre, et votre affaire peut s'expédier maintenant aussi
bien que plus tard. On ne vous a pas trompé en vous in-
formant que j'ai l'intention de quitter demain l'Angleterre ;
et maintenant, monsieur, qu'est-ce que vous voulez ?

— Par Dieu, sir Réginald Glanville ! s'écria Thornton,
qui semblait piqué au vif par la méprisante froideur de
Granville, vous ne quitterez pas l'Angleterre sans ma
permission. Oh ! vous pouvez froncer le sourcil, tant que
vous voudrez, mais je vous dis que vous ne le ferez pas ;
non, vous ne bougerez pas même de cette chambre à
moins que je ne vous crie : allez ! »

Glanville ne pouvait se contraindre plus longtemps. Il

sè serait élancé sur Thornton, mais je le saisis et je l'arrêtai. Je lisais dans la figure malicieuse et colorée de son
persécuteur tout le danger auquel une seule imprudence
l'exposerait, et je tremblais pour son salut.

Je lui dit tout bas, en le forçant à se rasseoir : « Laissez-moi seul arranger les choses avec cet homme, et je
vais tâcher de vous délivrer de lui. » Je n'attendis pas sa
réponse, mais, me tournant vers Thornton, je lui dis
froidement quoique civilement : « Sir Réginald Glanville
m'a instruit de la nature des prétentions vraiment extra-
ordinaires que vous lui manifestez. S'il suivait mon avis,
il remettrait immédiatement l'affaire entre les mains de
ses conseillers judiciaires. Sa mauvaise santé, néanmoins,
le chagrin de quitter l'Angleterre, et le désir de sacrifier
à peu près tout à son repos, l'engagent, plutôt que de
prendre cette alternative, à faire taire vos importunités, en
cédant à vos réclamations, tout illégales et injustes qu'elles
sont. Si donc, vous honorez maintenant sir Réginald de
votre visite, avec intention de lui faire une demande avant
son départ de l'Angleterre, la dernière demande à laquelle
il doive accéder, vous aurez la bonté de dire à quelle
somme s'élèvent vos prétentions; si elles sont raisonna-
bles, je pense que sir Réginaid voudra bien m'autoriser à
dire qu'elle vous sera accordée.

— A la bonne heure! cria Thornton, voilà ce que j'appelle parler en homme de bon sens! et quoique je ne sois
pas charmé d'avoir affaire à un tiers, quand la personne
intéressée est là présente, cependant comme vous avez
toujours été très-civil avec moi, je ne fais aucune difficulté
de traiter avec vous. Veuillez passer ce papier à sir Réginald, s'il veut prendre la peine de le signer, il peut aller
aux chutes du Niagara, je ne m'y oppose pas, je ne le
gênerai pas; ainsi ce qu'il a de mieux à faire est de poser
la plume sur le papier et de se débarasser de moi tout d'un
coup, car je reconnais qu'ici je suis aussi bien-venu que
la neige pendant la moisson. »

Je pris le papier qui était plié et le donnai à Glanville
qui se tenait appuyé sur le dos de sa chaise, à demi
épuisé par la rage. Il y jeta un coup-d'œil, puis il le dé-

chira en mille morceaux et le foula aux pieds : « Allez ! s'é-
cria-t-il, allez, coquin, faites ce que vous voudrez ! Je ne
veux pas me réduire à la misère pour vous enrichir.
Toute ma fortune répondrait à peine à cette extorsion.

— Comme il vous plaira, sir Réginald, répondit Thornton
en grinçant des dents, comme il vous plaira. Il n'y a pas loin
pour aller d'ici à Bond-Street, ni pour sauter de Newgate
à la potence. Faites comme il vous plaira ! » Et le scélérat se
jeta sur le divan, considérant le visage de Glanville avec
une impudente et maligne effronterie qui semblait dire : je
vois bien que vous voudriez regimber mais vous êtes pris.

Je tirai Glanville à part : « Mon cher ami, lui-dis-je, »
croyez que je partage toute votre indignation; mais il
faut se résigner à tout plutôt que d'exaspérer ce misérable :
qu'est-ce qu'il demande ?

— Je vous parle à la lettre, reprit Glanville, quand je
vous dis qu'il enveloppe d'un coup presque toute ma fortune, à l'exception des terres qui sont assurées à l'héritier
masculin de la famille; car mes habitudes de prodigalité
ont considérablement diminué mon bien ; c'est la somme
exacte que j'avais mise de côté pour le présent de noces
de ma sœur, en sus de sa propre fortune.

— Alors, lui dis-je, vous la donnerez à cet homme;
votre sœur n'a plus besoin de dot : son mariage avec moi
la dispense d'en avoir une. Quant à vous, vos besoins
ne sont pas nombreux, et, quelle que soit ma fortune,
vous pouvez la partager.

— Non, non, non ! » s'écria Glanville, et sa généreuse nature redoublant de fureur, il se débarrassa de mon étreinte
pour s'avancer d'un air menaçant vers Thornton. Celui-ci
était toujours étendu sur le divan, nous regardant d'un
air moitié dédaigneux, moitié triomphant.

« Quittez cette chambre à l'instant, dit Glanville, ou
vous vous en repentirez !

— Quoi ! un autre meurtre, sir Réginald ? dit Thornton.
Non pas, non pas, je ne suis pas un moineau, pour me
laisser tordre le col par des mains de femme comme les
vôtres. Accordez-moi ma demande, signez le papier et je
vous laisserai tranquille à tout jamais.

— Je ne ferai pas une telle folie, répondit Glanville. Si vous voulez accepter cinq mille livres sterling, vous aurez cette somme ; mais quand j'aurais déjà la corde autour du col vous ne tirerez pas de moi un farthing de plus !

— Cinq mille livres ! répéta Thornton, une babiole, un jouet d'enfant, vous vous moquez de moi, sir Réginald, non, tenez ! je suis un homme raisonnable, et je veux bien rabattre une bagatelle de mes justes prétentions ; mais n'allez pas abuser de ce que je suis trop bon enfant ; faites-moi une bonne petite position de fortune pour la vie ; que j'aie une paire de chevaux de chasse, une jolie maisonnette avec quelques dépendances, une jeune fille selon mon cœur, et nous serons quittes. Maintenant, M. Pelham, qui est un gentleman avisé, et qui voit plus loin que le bout de son nez, sait bien que l'on ne peut pas avoir tout cela pour cinq mille livres ; mettons donc mille livres par an, c'est-à-dire, donnez-moi vingt mille livres net, et je n'exigerai pas un sou de plus. Parbleu, c'est étonnant comme cela vous altère de boire ! M. Pelham, passez-moi donc ce verre d'eau. Il me semble que je vois trente-six mille chandelles ! »

Voyant que je ne bougeais pas, Thornton se leva, avec un juron contre l'orgueil, et s'avançant vers la table, d'un air fanfaron, il se saisit d'un verre d'eau qui se trouvait là par hasard. Tout auprès était le portrait de la malheureuse Gertrude. Le joueur, qui évidemment était tellement gris qu'il avait à peine conscience de ses mouvements ou de ses paroles (autrement, selon toute probabilité, pour me servir d'une comparaison empruntée à sa profession, il n'aurait pas ainsi perdu la carte), ramassa le portrait.

Glanville vit son geste et fut près de lui en un instant.

« N'y touchez pas de vos mains maudites, cria-t-il avec une indomptable furie, lâchez-le sur-le-champ, ou je vous mets en pièces. »

Thornton serra fortement la peinture dans sa main. « Voilà bien du tapage ! » dit-il d'un air railleur : a-t-on jamais vu tant de bruit pour une méchante......? » (et il se servit d'une expression trop grossière pour être répétée).

Le mot était à peine sorti de sa bouche, qu'il fut ren-

versé tout de son long sur le plancher. Et Glanville ne
s'arrêta pas là. Avec toute la vigueur de sa constitution
nerveuse, pleinement rachetée de la faiblesse de la maladie par la furie du moment, il saisit le joueur comme si
c'eût été un enfant, et le traîna à la porte : l'instant d'a-
près, j'entendis son corps pesant rouler en bas plus vite
qu'on ne descend ordinairement un escalier, quand on se
respecte.

Glanville reparut. « Juste ciel ! m'écriai-je, qu'avez-vous
fait ? » Mais il était encore trop abîmé dans les transports
de sa fureur pour faire attention à moi. Il s'appuya, pal-
pitant et sans haleine, contre la muraille, les dents ser-
rées, les yeux étincelants, et brillant d'un feu rendu plus
terrible par l'éclat fiévreux qui venait de son mal.

En ce moment j'entendis Thornton remonter les escaliers ; il ouvrit la porte et ne fit qu'un pas dans la chambre. Jamais je ne vis un visage humain empreint d'une
plus atroce expression de haine et de rage. « Sir Réginald
Glanville, dit-il, je vous remercie du fond du cœur.
Quand on veut écorcher un ours, il faut se sentir des
ongles de fer. Vous m'avez envoyé un cartel, le bourreau
vous apportera ma réponse. Bonjour, sir Réginald, bonjour, M. Pelham. » En parlant ainsi, il ferma la porte, et
descendant l'escalier rapidement, fut hors de la maison
en un instant.

« Il n'y a pas de temps à perdre, lui dis-je ; faites
mettre des chevaux de poste à votre voiture, et partez
sur-le-champ.

— Vous vous trompez, reprit Glanville, revenant lentement à lui. Il ne faut pas que je fuie ; ce ne serait pas
seulement inutile ; ce serait bien pis. Je ne pourrais pas
donner de plus forte preuve contre moi. Rappelez-vous
que, si réellement Thornton est allé me dénoncer, les
agents de police m'arrêteraient bien avant que j'eusse
atteint Calais, et que si même j'échappais à leurs poursuites jusque-là, je serais en leur pouvoir aussi bien en
France qu'en Angleterre : mais, pour vous dire la vérité,
je ne pense pas que Thornton fasse de déposition. L'argent, sur un caractère comme le sien, exerce une tentation

plus forte que la vengeance, et il n'aura pas été trois minutes au grand air qu'il verra la folie de perdre une moisson d'or qu'il peut encore récolter avec moi, pour satisfaire sa colère d'un moment. Non, le meilleur plan que j'aie
à suivre est d'attendre ici jusqu'à demain, comme je l'a-
vais résolu dans l'origine. Pendant ce temps, selon toute
probabilité, il me fera une autre visite et nous verrons à
régler ses prétentions. »

En dépit de mes craintes, je ne pouvais que reconnaître
la justesse de ces observations, d'autant plus qu'un argument, encore plus fort qu'aucun de ceux que m'avait pré-
sentés Glanville, me venait malgré moi à l'esprit; c'était
ma conviction intérieure que Thornton lui-même était
coupable du meurtre de Tyrrell, et qu'en conséquence,
dans son propre intérêt, il éviterait tant qu'il pourrait
l'examen nouveau et approfondi de ce terrible événement.

Nous nous trompions tous les deux. Les scélérats ont
des passions aussi bien que les honnêtes gens; et par suite,
ils manquent souvent à leur propre intérêt pour obéir à
ces passions.

Glanville était tellement affaibli par sa dernière émotion
qu'il me supplia de nouveau de le laisser à lui-même. Je
le fis, sous la promesse, qu'il me recevrait encore dans la
soirée, car malgré ma persuasion que Thornton n'exécu-
terait pas ses menaces, je ne pouvais vaincre un pressentiment secret de crainte et de malheur.

CHAPITRE LXXVIII

Je retournai chez moi, tourmenté par mille pensées con-
tradictoires en songeant à la scène dont je venais d'être
témoin. Plus je réfléchissais, plus je regrettais la fatalité
des circonstances qui avait poussé Glanville à céder aux
demandes de Thornton. Il est vrai que l'intérêt personnel
de Thornton pouvait être considéré comme une garantie
suffisante du soin qu'il prendrait de cacher des faits aussi
visiblement entachés d'extorsion. D'ailleurs, il était difficile de dire, en face du formidable échafaudage de présomptions apparentes qui se dressait contre Glanville, qu'il
pût adopter un autre parti, en toute sécurité.

Je partageais aussi complétement ses sentiments à l'é-
gard de l'infortunée Gertrude et j'étais plein de sympathie
pour sa délicatesse ; mais malgré tout, c'était avec une
aversion inexprimable que j'envisageais l'idée de cette confession tacite de culpabilité que sa condescendance pour
les exactions de Thornton impliquait si malheureusement ;
c'était donc une consolation pour moi de penser qu'on
n'eût pas donné suite à l'avis que j'avais ouvert un peu
vite, et qu'on n'eût pas fait de nouvelle concession à ses
extorsions. Mon intention présente, dans le cas où Glanville persisterait à rejeter mon offre de l'accompagner, était
de rester en Angleterre, pour y poursuivre une enquête
sur l'assassinat. Je ne désespérais pas d'atteindre ce but si
désirable, par le moyen de Dawson ; car je ne doutais pas
que Thornton et lui ne fussent les meurtriers, et j'espérais

par adresse ou par intimidation arracher à Dawson un aveu.

Occupé de ces pensées, je tâchai de tuer le temps jusqu'à ce que le soir me rappelât de nouveau au principal objet de mes réflexions. Dès que la porte de Glanville fut ouverte, je vis d'un coup d'œil que j'étais arrivé trop tard; toute la maison était dans la confusion; plusieurs des domestiques étaient dans le vestibule, s'entretenant ensemble avec cet air de mystère et cette agitation qui accompagnent toujours les craintes et les conjectures des gens du commun. Je pris à part le valet qui était depuis quelques années au service de Glanville et qui se montrait singulièrement attaché à son maître. Il m'apprit qu'il y avait un peu plus d'une heure, M. Thornton était revenu à la maison accompagné de trois hommes d'apparence très-suspecte. « En résumé, monsieur, » me dit-il, abaissant la voix au diapason d'un murmure, « je connaissais de vue l'un d'eux; c'était M. ***, l'inspecteur de Bow Street avec ses hommes. Sir Réginald quitta la maison, en disant simplement, avec sa tranquillité habituelle, qu'il ne savait pas quand il reviendrait. »

Je cachai mon trouble et m'efforçai autant que j'en étais capable de calmer les appréhensions manifestes du domestique. « A tout événement, Seymour, lui dis-je, je sais que je puis assez me fier à vous pour vous avertir de ne pas ébruiter la chose. Surtout laissez-moi vous prier de fermer la bouche à tous ces imbéciles qui sont là à flâner dans le vestibule. Promettez-moi de ne donner aucune alarme inutile à lady et à miss Glanville. »

Le pauvre homme me promit, en effet avec des larmes dans les yeux, qu'il obéirait à mes injonctions; et, le visage calme, mais le cœur défaillant, je m'éloignai de la maison. Je ne savais de quel côté diriger ma course; heureusement je me rappelai que, selon toute probabilité, je serais un des premiers témoins appelés pour l'interrogatoire de Glanville. Peut-être, avant de regagner mon logis, y aurais-je déjà reçu une signification à cet effet. En conséquence, je revins sur mes pas, et au moment où je rentrais à mon hôtel, le garçon me dit d'un air mysté-

rieux, qu'un gentleman m'attendait. Assis près d'une fenêtre dans ma chambre, et s'essuyant le front avec un
mouchoir de soie rouge, se tenait en effet un homme
court et trapu; son teint ardent et bourgeonné lui donnait l'apparence d'une mûre. Sous une paire de sourcils épais perçaient deux yeux singulièrement petits qui
faisaient ample compensation par le feu dont ils brillaient
à ce qui leur manquait en grandeur. Ils étaient noirs,
vifs, un peu farouches dans leur expression. Un nez de
cette forme indécise que le bon peuple appelle je crois une
trogne, formait l'arc sublime, le pont, le crépuscule, pour
s'exprimer ainsi, entre le couchant empourpré de l'une
des joues et le levant enflammé de l'autre. Sa bouche
était petite, et relevée à chaque coin, comme une bourse
dont on a tiré les cordons : il régnait autour quelque
chose de revêche et de rechigné; de sorte que si elle
ressemblait à une bourse, c'était à celle d'une avare. Il
avait un beau menton rond et florissant qui n'avait pas
été condamné à jouir seul de sa prospérité comme un
célibataire égoïste. Au contraire c'était un menton à deux
dos comme une selle de fermier. De chaque côté d'un front
très-bas, borné circulairement par des soies d'un noir
sombre et rasées en brosse, on voyait une énorme oreille
prodigieusement rubiconde de la même couleur que les
caroncules empourprées qui ornent la gorge d'un coq-dinde
en fureur. Ces oreilles étaient si larges et si rouges que
jamais je n'avais vu pareille chose, c'étaient de vraies mer-
veilles de la nature.

Cette figure enchanteresse, vêtue d'un grave habillement
noir mat, rehaussé par une longue chaîne de montre en or,
avec un abondant assortiment de breloques, se leva à mon
entrée avec un grognement solennel, et un salut plus
solennel encore. Je fermai la porte avec soin, et lui demandai ce qui l'amenait. Comme je l'avais prévu, c'était
un mandat du magistrat de*** pour assister à un interrogatoire particulier le jour suivant.

« Mauvaise affaire, monsieur, mauvaise affaire, dit
M***; il serait tout à fait choquant de pendre un gentleman
de la qualité de Sir Réginald Glanville et un orateur si

distingué, par-dessus le marché; mauvaise affaire, monsieur, très-mauvaise affaire.

— Oh! dis-je, tranquillement, il n'y a point de doute que Sir Réginald ne soit innocent du crime qui lui est imputé. Probablement, M..., je pourrai demain en appeler à votre assistance pour établir quels sont les véritables meurtriers. Je crois avoir le fil de cette affaire.

M*** dressa les oreilles, ces énormes oreilles! « Monsieur, dit-il, je serais heureux de vous accompagner, très-heureux; vous n'avez qu'à me donner le fil dont vous parlez, et j'aurai bientôt découvert les scélérats. Horrible chose, monsieur, qu'un meurtre! tout-à-fait horrible; c'est un peu fort qu'un gentleman ne puisse rentrer chez lui d'une course ou d'une partie de plaisir, sans avoir le cou coupé d'une oreille à l'autre, d'une oreille à l'autre, monsieur; et à ces mots, les protubérances auriculaires de l'orateur semblèrent, comme par un sentiment d'horreur intelligent, s'enflammer d'un double incarnat.

— C'est très-vrai, M*** répondis-je, dites bien que je ne manquerai pas de me rendre à l'instruction; en attendant, bonsoir! » A cet avis, mon rubicond ami me fit une profonde révérence, et s'évanouit de la chambre comme un revenant.

Laissé à moi-même, je repassai avidement et avec anxiété toutes les circonstances qui pouvaient combattre les présomptions contraires à Glanville, et diriger les soupçons du côté où j'étais sûr qu'était le crime. Je ne pensai pas à autre chose jusqu'au matin, où je tombai dans un sommeil pénible qui dura quelques heures. Lorsque je me réveillai, il était presque temps de me rendre à l'assignation du magistrat. Je m'habillai à la hâte et bientôt je me trouvai dans la chambre de l'enquête.

Il est impossible de s'imaginer un homme plus affable et cependant plus équitable que le magistrat auquel j'eus l'honneur de me présenter. Il parla avec un grand sens sur le sujet pour lequel j'étais appelé, m'avoua que la déposition de Thornton était très-claire et très-compromettante, exprima la confiance que mon témoignage viendrait contredire un rapport auquel il avait beaucoup de répugnance à croire; puis il procéda aux questions. Je vis avec une affliction que je puis à peine exprimer que toutes mes réponses agissaient puissamment contre la cause que je m'efforçais de soutenir. Je fus obligé de reconnaître qu'un homme à cheval avait passé devant moi après que Tyrrel m'eut quitté; qu'en arrivant sur le lieu où fut trouvé le mort, je vis le même cavalier dans cet endroit : et que je croyais, non, que j'étais sûr (comment dire le contraire?) que cet homme là était bien Réginald Glanville.

Thornton avait déjà offert d'ajouter un témoignage de plus. Il pouvait prouver, que le dit cavalier était monté sur un cheval gris, vendu à une personne qui répondait parfaitement au signalement de Sir Réginald Glanville; et qu'en outre ce cheval était encore dans les écuries du prisonnier. Il produisit une lettre qu'il *avait trouvée* disait-il, sur la personne du mort, signée de Sir Réginald Glanville, et contenant les plus terribles menaces contre la vie de Sir John Tyrrel. Enfin, pour couronner le tout, il me somma de témoigner que nous avions découvert ensemble, sur le lieu même où fut commis le crime, une miniature appartenant au prisonnier, qui depuis lui avait été rendue et se trouvait maintenant en sa possession.

A la fin de cet examen, le digne magistrat secoua la tête en signe d'évidente détresse. « J'ai connu sir Réginald Glanville personnellement, dit-il, dans sa vie privée comme dans sa vie publique, j'ai toujours pensé que c'était le plus droit et le plus honorable des hommes. J'éprouve la plus grande douleur d'être obligé de dire qu'il sera de mon devoir absolu de le faire passer en jugement. »

J'interrompis le magistrat; je demandai que Dawson fût produit. « Je me suis enquis déjà, dit-il, auprès de Thornton de cet homme dont le témoignage est d'une importance évidente; il me dit que Dawson a quitté le pays et qu'il ne peut donner aucun indice sur son adresse.

— Il ment! m'écriai-je, dans la brusque angoisse de mon cœur; on fera paraître son complice. Écoutez-moi; j'ai été, après Thornton, le principal témoin contre le prisonnier, et quand je vous jure qu'en dépit de toutes les apparences, j'ai la confiance la plus solennelle dans son innocence, vous

pouvez vous en fier à l'assurance que je vous donne, qu'il
y a des circonstances en sa faveur qui n'ont pas encore été
appréciées, mais que je m'engage à produire bientôt. »
Alors je dis à l'oreille du magistrat ma ferme conviction
que le crime partait de l'accusateur lui-même. Je m'étendis
avec force sur la circonstance que Tyrrell m'avait contée,
que Thornton avait connaissance d'une forte somme qu'il
portait sur lui, et de l'étrange disparition de cette somme
lorsque son cadavre fut examiné sur le lieu fatal. Après
avoir montré qu'il était impossible de supposer que Glanville eût volé cet argent, j'insistai fortement sur la position
misérable, les habitudes dissolues et le caractère endurci
de Thornton ; je rappelai à l'esprit du magistrat la singulière absence de Thornton qui n'était pas dans sa maison
quand j'allai l'y demander, et la nature douteuse de son
excuse ; j'ajoutai bien des choses encore, mais toutes également en vain. Tout ce que je pus obtenir, à force de
pressantes instances, ce fut un sursis, motivé sur l'assurance que je pourrais confirmer mes soupçons par des
preuves beaucoup plus fortes avant que le délai fût expiré.

« Il est très-vrai, dit l'équitable magistrat, qu'il y a bien
quelques apparences contre le témoin ; mais certainement
elles n'équivalent pas à quelque chose de plus qu'un léger
soupçon. Si cependant, vous pensez positivement que vous
puissiez vérifier quelques faits pour éclairer ce crime mystérieux et diriger les recherches de la justice d'un autre
côté, j'ajournerai la question et renverrai le prisonnier à
un autre jour ; voulez-vous que ce soit après-demain ? Si
d'ici là on ne peut rien découvrir d'important en sa faveur,
il sera nécessairement mis en jugement. »

CHAPITRE LXXIX

Lorsque je quittai le magistrat, je ne savais où porter mes pas. Il n'y avait cependant pas de temps à perdre : il ne s'agissait pas de s'abandonner à la stupeur que la situation de Glanville m'avait causée d'abord ; je la secouai, par un effort violent, et m'adressai à toute l'énergie de mon esprit pour tirer le meilleur parti du court répit que j'avais réussi à obtenir. A la fin, une de ces pensées soudaines, qui, par leur soudaineté même, paraissent plus lumineuses qu'elles ne le sont réellement, me passa par l'esprit. Je me rappelai le caractère accompli de M. Job Jonson, que j'avais vu en compagnie de Thornton. Or, quoiqu'il ne fût pas très-vraisemblable que Thornton eut fait de M. Jonson le confident de ses affaires secrètes, cependant la finesse et la pénétration remarquables du caractère du digne Job n'avaient pu rester tellement inoccupées pendant son association avec Thornton, qu'elles n'eussent fait quelques découvertes qui pouvaient m'aider puissamment dans mes recherches. D'ailleurs, comme il est littéralement vrai que dans la filouterie organisée de Londres, « les oiseaux de même espèce vont au même perchoir, » il n'était nullement invraisemblable que l'honnête Job eût pu être honoré de l'amitié de M. Dawson, aussi bien que de la compagnie de M. Thornton ; auquel cas je comptais avec plus de confiance encore sur les aveux de cette noble paire d'amis.

Je ne pouvais cependant me cacher à moi-même, que ce

n'était qu'un raisonnement bien incertain et bien peu logique; il y avait même des moments où les apparences
contre Glanville ressemblaient si bien à la vérité, que
toute mon amitié pouvait à peine bannir de mon esprit
l'importun soupçon qu'il pouvait bien m'avoir trompé, et
que l'accusation n'était peut-être pas dénuée de tout fon-
dement.

Cette malencontreuse idée, cependant, ne ralentit nullement la rapidité avec laquelle je me hâtai de me rendre au
mémorable cabaret où j'avais autrefois rencontré M. Gordon. C'est là que j'espérais trouver l'adresse de ce gentleman, ou celle du « club, » où il m'avait conduit, en
compagnie de Tringle et de Dartmore. Soit à ce club, soit
de la bouche de ce gentleman, j'espérais avec quelque
vraisemblance obtenir des nouvelles de M. Job Jonson;
sinon, j'étais résolu à retourner au bureau de police, et à
employer le gentleman à la trogne dont j'avais fait connaissance la nuit dernière, à la recherche du pieux Job.

Le destin m'épargna tout un monde d'embarras; tandis
que je marchais à la hâte droit devant moi, le hasard me
fit tourner les yeux de l'autre côté de la rue, et j'aperçus un homme habillé de la même manière que les
journaux appellent le *nec plus ultrà* de la mode, c'est-à-
dire : orné du plus fastueux équipement qui se soit jamais
étalé à Margate, ou qui jamais ait brillé sous les galeries
du Palais-Royal. Le vêtement inférieur de ce petit-maître
consistait en un pantalon bleu collant chargé de ganses
en profusion et terminé par des bottes à l'écuyère, ornées
d'éperons de cuivre du poli le plus brillant; son gilet de
velours noir était parsemé d'étoiles d'or; sa redingote
verte était couverte de fourrure, malgré la chaleur de la
saison, et chargée de riches brandebourgs qui annon-
çaient plus de prodigalité que de goût. Un petit chapeau français, qui n'aurait pas été trop grand pour milord *** était posé de côté au centre d'un système de
longues boucles de cheveux noirs, que mon œil, accoutumé dès longtemps à pénétrer les secrets de l'art de
la toilette, reconnut de suite pour une perruque. Une farouche moustache noire, extrêmement frisée, se prome-

naît amoureusement de la lèvre supérieure jusqu'aux yeux, qui, dans leur direction trahissaient une malheureuse disposition à l'excentricité. Pour compléter le portrait il ne faut pas oublier les couleurs qui consistaient dans une touche délicate du vermillon le plus élégant : on ne saurait sans injustice la qualifier du nom grossier de peinture : c'était plutôt un léger coloris.

Mes yeux ne se furent pas plus tôt posés sur cette figure, que traversant du côté de la rue dont elle faisait l'ornement, je suivis ses mouvements à distance respectueuse, mais convenable pour l'observer.

A la fin mon *freluquet* entra dans la boutique d'un joaillier d'Oxford-Street; d'un air indifférent, deux minutes après je fis semblant d'avoir à faire un tour dans la même boutique; le patron était occupé à montrer, à mon homme, ses articles de bijouterie, et, séduit, le malheureux! par la splendeur de la perruque et du gilet, il me repassa à son apprenti. Dans un autre moment, j'aurais peut-être été indigné de voir que cet air noble, dont je me suis toujours piqué, n'était pas aussi universellement reconnu que je me l'étais imaginé dans ma vanité; mais pour l'instant, j'étais trop affairé pour penser à ma dignité insultée. Pendant que je faisais semblant d'être absorbé dans l'examen de quelques breloques, j'avais l'œil ouvert sur mon superbe collègue en emplettes; enfin, je lui vis mettre à part une bague de diamant et la fourrer, par un mouvement tout particulier de l'index, dans la fourrure de sa vaste manche : et coup sur coup d'autres articles de petite dimension disparurent de la même manière.

Le gentleman alors se leva, se montrant très-satisfait du goût parfait du joaillier, et dit qu'il repasserait le samedi. Il espérait bien que la parure qu'il avait commandée serait achevée, et effectua gravement son départ au milieu des salutations multipliées du boutiquier et de ses commis. Cependant de mon côté, j'achetai un cachet de peu de valeur et suivis ma vieille connaissance, car le lecteur a sans doute deviné depuis longtemps que le gentleman n'était autre que M. Job Jonson.

L'homme aux deux vertus accomplit tout le pélerinage
d'Oxford-Street à petits pas et en se pavanant tout le long
du chemin. Il s'arrêta à Cumberland-Gate, et là, regardant autour de lui, d'un air de gentleman indécis, sembla
réfléchir s'il irait se joindre ou non aux flâneurs du parc.
Heureusement pour cette société distinguée, ses doutes
se terminèrent en sa faveur, et M. Job Jonson entra dans
le parc. Chacun se pressait alors vers Kensington-Gar-
dens; l'homme aux deux vertus en conséquence coupa
à travers le parc, pour prendre le plus court, quoique ce
fût le chemin le moins fréquenté, décidé à faire aux ama-
teurs de plaisirs champêtres le dangereux honneur de sa
compagnie.

Aussitôt que j'aperçus qu'il n'y avait que peu de personnes dans le voisinage pour m'observer, et qu'elles se
composaient d'un grand garde du corps avec sa femme,
d'une famille de jeunes enfants avec leur bonne, et d'un
pauvre capitaine éreinté des Indes-Orientales, qui se pro-
menait pour faire du bien à son foie, je rattrapai l'incomparable Job, et lui faisant un profond salut, je l'abordai
respectueusement de cette sorte.

« M. Jonson, je suis ravi de vous rencontrer encore,
permettez que je vous rappelle la charmante matinée que
j'ai passée avec vous dans le voisinage de Hampton-
Court. Je m'aperçois, à vos moustaches et à votre habit
militaire, que depuis ce jour, vous êtes entré dans l'armée; je félicite d'une aussi admirable acquisition les
troupes de la Grande-Bretagne. »

L'assurance de M. Jonson l'abandonna pour un moment, mais il ne fut pas long à se remettre. Il prit un
air farouche, et relevant sa moustache, sourit amèrement,
comme le gouverneur de Voltaire [1]. « Corbleu! monsieur,
s'écria-t-il, prétendez-vous m'insulter ? Je ne connais
aucun de vos messieurs Jonson, et c'est la première fois
que je jette les yeux sur vous.

— Voyez-vous, mon cher M. Job Jonson, répliquai-je,
comme je puis prouver non-seulement tout ce que je dis

1. Don Fernand d'Ibarra.

là, mais beaucoup plus encore que je ne veux pas dire,
par exemple votre petite méprise de tout à l'heure dans
la boutique du joaillier d'Oxford Street, etc., etc., peut-
être serait-il mieux pour vous de ne pas m'obliger à
faire un rassemblement et (pardonnez la brusquerie de
mon discours) à vous mettre entre les mains d'un cons-
table? J'espère que vous m'épargnerez ce désagrément.
Et tout d'abord je vous pardonne parfaitement de m'avoir
débarrassé du comfort inutile d'un portefeuille et d'un
mouchoir, de l'accessoire peu philosophique d'une bourse,
et d'un bijou en or, gage efféminé d'amour; puis, songez
donc qu'il m'est parfaitement indifférent que vous leviez
des contributions sur les joailliers ou sur les gentlemen,
et que je suis loin de vouloir m'immiscer dans vos
inoffensives occupations ou porter atteinte à vos innocents amusements. Je vois, M. Jonson, que vous com-
mencez à me comprendre; permettez-moi de vous faciliter
les choses, par un avis additionnel qui, précédé de la
promesse de vous ouvrir ma bourse, mérite peut-être
de m'ouvrir un peu votre cœur. J'ai, en ce moment, grand
besoin de votre aide, faites-moi la faveur de me l'accor-
der, et je vous récompenserai à votre pleine satisfaction.
Maintenant sommes-nous amis, M. Job Jonson? »

Mon vieil ami partit d'un bruyant éclat de rire. « Eh
bien! monsieur, je dois dire que votre franchise m'en-
chante. Je ne puis plus longtemps feindre avec vous ;
véritablement, je commence à voir que ce serait inutile;
mais d'ailleurs, j'ai toujours adoré la candeur, c'est ma
vertu favorite. Dites-moi ce que je peux faire pour vous
et je mets mes services à votre disposition.

— Un mot, lui dis-je : voulez-vous être ouvert et franc
avec moi? je vous ferai certaines questions, qui n'intéressent en rien votre propre sûreté, mais sur lesquelles,
si vous voulez me servir, vous devez me donner vos réponses les plus candides. Pous vous affermir dans cette
honnête résolution, sachez aussi que les dites réponses
seront portées mot pour mot devant une cour de justice,
et que, par conséquent, vous ferez preuve de prudence
en les conformant aussi rigoureusement à la vérité que

vos inclinations pourront vous le permettre. Pour contre-
balancer cette déclaration, qui, je l'avoue, n'a rien de
bien attrayant, je vous répète que les questions qui vous
seront faites seront complètement étrangères à vos propres affaires, et que, si vous réussissiez à me donner
l'assistance que j'espère de votre obligeance, je vous
témoignerais ma reconnaissance de manière à vous satisfaire. Vous ne serez plus dans la nécessité d'exploiter à
l'avenir les gentlemen campagnards et les boutiquiers
trop confiants; toutes vos occupations présentes, n'auront
plus pour vous d'autre intérêt que de servir dans l'occasion à votre amusement particulier.

— Je vous répète que je suis à votre disposition, répliqua M. Jonson, mettant gracieusement la main sur son
cœur.

— Permettez-moi alors, d'arriver de suite au point
essentiel. Combien de temps avez-vous connu M. Tho-
mas Thornton?

— Pendant quelques mois seulement, reprit Job, sans
le moindre embarras.

— Et M. Dawson? »

Une légère altération parut sur le visage de Jonson; il
hésita.

« Excusez-moi, monsieur, dit-il, mais vraiment, je ne
vous connais pas le moins du monde, et je puis tomber
dans quelque piége de la loi, de laquelle, le ciel le sait,
je suis aussi ignorant que l'enfant qui n'est pas encore né. »

Je reconnus la juste susceptibilité de ce maître fourbe,
et dans mon zèle absolu pour servir Glanville, je regardai
l'inconvénient de me faire connaître d'un escroc et d'un
filou comme une considération qui ne méritait pas qu'on
y prît garde. En conséquence, donc, pour dissiper ses
doutes, et, en même temps, poussé par le désir d'avoir un endroit plus secret et plus tranquille pour notre conférence,
je lui proposai de m'accompagner chez moi. D'abord M. Jonson hésita, mais bientôt, moitié persuasion moitié intimidation, je l'amenai à ne plus faire aucune résistance.

Comme je n'étais pas autrement flatté de me faire voir
en public avec un personnage d'un extérieur aussi ma-

gnifique et d'un caractère aussi connu, je le fis marcher devant moi vers l'hôtel Mivart, et je le suivis de près, sans tourner jamais l'œil ni à droite ni à gauche, de peur qu'il n'essayât de m'échapper. Mais il n'y avait pas de danger, car M. Jonson était un homme hardi et rusé, et il n'avait pas grand besoin de se mettre en frais de pénétration pour découvrir que je n'étais ni un inspecteur de police ni un mouchard, et que je lui avais fait des ouvertures sérieuses. Il n'avait donc pas besoin d'un grand courage pour m'accompagner à mon hôtel.

Il y avait bon nombre d'étrangers de haut rang chez Mivart, et les garçons prirent mon compagnon pour un ambassadeur au moins. Il reçut leur hommage avec la dignité mêlée de condescendance naturelle à un homme de sa distinction.

Comme la journée n'était pas très-avancée, je crus dans les convenances de l'hospitalité d'offrir à M. Jonson quelques rafraîchissements. Il accepta sans cérémonie ma proposition. Je commandai quelques viandes froides et deux bouteilles de vin, puis me souvenant des vieilles maximes, je remis à parler de mon affaire jusqu'à ce qu'il eût terminé son repas. Je conversai avec lui simplement de lieux-communs ordinaires, et, dans un autre temps, je me serais singulièrement amusé du mélange d'impudence et de duplicité qui formait le fond de son caractère.

Enfin son appétit était satisfait, et l'une des bouteilles était vide, l'autre était devant lui. Le corps renversé avec aisance sur mon fauteuil de bureau, les yeux en apparence baissés vers la terre, mais me lançant à tout moment un regard pénétrant et curieux, M. Jonson se prépara pour notre conférence ; je crus que c'était le moment de commencer :

« Vous dites que vous êtes lié avec M. Dawson, où est-il à présent ?

— Je ne sais pas, répondit laconiquement Jonson.

— Allons, dis-je, pas de plaisanterie, si vous ne le savez pas, vous pouvez l'apprendre.

— Il est possible que je le puisse, mais il me faudrait du temps, reprit l'honnête Job.

— Si vous ne pouvez sur le champ m'indiquer sa demeure, lui dis-je, notre entretien est terminé; c'est là le
point de départ de mes recherches. »

Jonson fit une pause avant de répondre. « Vous m'avez
parlé franchement, ne faisons rien à moitié; dites-moi,
tout d'un coup, la nature du service que je peux vous
rendre, quelle sera ma récompense, et alors vous aurez
ma réponse. Quant à Dawson, je vous avouerai qu'autrefois je l'ai connu beaucoup et que nous avons fait ensemble
bien des folies que je ne serais pas flatté de faire connaître
aux gentlemen de la police. Vous comprendrez donc que
j'aie naturellement de la répugnance à vous parler de lui,
à moins que Votre Honneur ne me dise le pourquoi et le
comment. »

J'étais quelque peu surpris de ce discours et de l'œil
fin et rusé que je voyais fixé sur moi pendant tout le cours
de sa harangue; mais après tout, je n'étais pas sûr le
moins du monde que le meilleur parti et le plus sage que
j'eusse à prendre pour arriver à mon but ne fût pas d'accéder à sa proposition. Toutefois, il y avait quelques questions préliminaires sur lesquelles il fallait d'abord avoir
une réponse : peut-être Dawson était-il un trop cher ami
du candide Job, pour que ce dernier voulût compromettre
sa sûreté; ou peut-être (et c'était plus probable) Jonson ne
savait-il absolument rien de ce que je voulais savoir. Dans
ce cas ma communication devenait inutile; en conséquence, après un moment de réflexion :

« Patience, lui dis-je, mon cher M. Jonson, patience;
vous saurez tout en son temps; cependant il faut dans
l'intérêt même de Dawson, me répondre les yeux bandés,
par exemple, si en ce moment, votre pauvre ami Dawson
était dans un danger imminent, et que vous eussiez le
pouvoir de le sauver, ne feriez-vous pas tout ce que vous
pourriez pour cela? »

Les petits traits grossiers de M. Job furent comme pé-
trifiés par une espèce de désappointement assez drôle :
« Est-ce tout ? dit-il. Non! à moins que je ne fusse bien
payé de mes peines pour lui, il pourrait aller à Botany
Bay; cela me serait bien égal.

— Quoi! m'écriai-je d'un ton de reproche, est-ce là votre amitié? Je pensais, à l'instant même, que vous m'aviez dit que Dawson avait été un de vos anciens et fidèles associés.

— Ancien, oui, Votre Honneur; fidèle, non. Il y a peu de temps, je me trouvai dans une grande détresse; Thornton et lui avaient, le diable sait comment, deux mille livres environ à eux deux. Eh bien! je n'ai pas pu tirer de Dawson un rouge liard, ce grippe-sous de Thornton ne lui a rien laissé.

— Deux mille livres! dis-je d'une voix calme, quoique mon cœur battît violemment; c'est une bien grosse somme pour un pauvre diable comme Dawson. Y a-t-il longtemps qu'il avait ça?

— Environ deux ou trois mois, répondit Jonson.

— Dites-moi, je vous prie, avez-vous beaucoup vu Dawson dans ces derniers temps?

— Oui.

— Vraiment! je croyais que vous veniez de me dire à l'instant, que vous ne connaissiez pas sa demeure.

— En effet, je ne la connais pas, repartit froidement Jonson; ce n'est jamais chez lui que je le vois. »

Je gardai le silence, car en ce moment, je calculais avec soin et rapidement les avantages et les inconvénients qu'il y aurait de ma part à donner à Jonson la confiance qu'il me demandait.

Pour réduire la question à la forme la plus simple de la logique, ou il avait le pouvoir de m'aider dans mes investigations, ou il ne l'avait pas; s'il ne l'avait pas, il ne pouvait pas non plus les gêner beaucoup, et par conséquent il importait peu qu'il fût ou non dans ma confidence. S'il avait ce pouvoir, l'embarras était de savoir si je devais agir franchement avec lui ou recourir au stratagème; c'est-à-dire, s'il serait plus sage de lui confier toute l'affaire, ou de continuer à tirer de lui ce que je pourrais, sans le mettre dans ma confidence. Or, l'inconvénient de la franchise était que, s'il avait le désir de mettre à couvert Dawson et son ami, il serait ainsi mieux préparé à le faire, et même à les mettre en garde contre mes soupçons. Mais l'indifférence qu'il avait témoignée à l'égard de Dawson semblait rendre cette probabilité très-faible. Les avantages d'une communication sincère et franche étaient plus apparents : Job, dans ce cas n'aurait plus lieu de craindre que sa sûreté ne fût mise en jeu, et si je réussissais à lui démontrer qu'il avait plus d'intérêt à servir l'innocent que le coupable, j'aurais à l'instant à ma disposition, non-seulement tous les renseignements qu'il pouvait posséder présentement, mais encore son expérience et son adresse pour trouver de nouvelles preuves, ou me suggérer au moins des idées utiles. De plus, en dépit de ma vanité et de la bonne opinion que j'avais de ma propre pénétration, j'étais obligé de confesser qu'il n'était pas vraisemblable que mon interrogatoire eût beaucoup de succès avec un vieux renard et un pécheur endurci comme M. Jonson. «Employez un voleur pour prendre un voleur», est un de nos plus sages proverbes, et l'on sait que les proverbes sont la sagesse des nations; c'est ce qui me décida à ne rien lui cacher.

Tirant ma chaise près de Jonson, et fixant mes yeux sur son visage, je commençai par esquisser rapidement la situation de Glanville (dont je lui cachai seulement le nom), et les accusations de Thornton. J'exposai mes propres soupçons contre l'accusateur, et mon désir de découvrir Dawson, que Thornton me semblait mettre sous le séquestre avec beaucoup d'habileté. Enfin je conclus par une promesse solennelle, que si celui qui m'écoutait pouvait, par son zèle, ses efforts, son talent ou ses expédients, nous aider à convaincre les hommes qui, j'en avais l'assurance étaient les vrais meurtriers, il y gagnerait immédiatement une pension de trois cents livres par an.

Tout le temps que je mis à lui exposer la chose, le patient Job se tint muet et tranquille, fixant les yeux à terre, sans faire voir autrement que par l'élévation accidentelle de ses sourcils qu'il prît le plus mince intérêt au récit. Lorsque cependant, je touchai à la péroraison qui se terminait si délicatement par la mention d'une pension annuelle de trois cents livres, un changement visible s'opéra sur le visage de M. Jonson; il se frotta les mains avec un air de grande satisfaction ; un sourire soudain éclaira ses traits et ensevelit presque ses yeux au milieu d'une avalanche de rides. Le sourire s'évanouit, aussi rapidement qu'il était venu, et M. Job se tourna vers moi avec un aspect solennel et calme. « Eh bien ! Votre Honneur, dit-il, je suis charmé que vous m'ayez dit tout : il faut voir maintenant ce qu'on peut faire. Quant à Thornton, j'ai peur que nous ne puissions pas tirer grand' chose de lui. C'est un vieux malfaiteur dont la conscience est aussi dure qu'une brique ; mais pour Dawson j'en augure mieux. Toutefois, il faut que vous me laissiez aller présentement, car c'est une affaire qui demande beaucoup de réflexions particulières. Demain je viendrai vous trouver, monsieur, avant dix heures, puisque vous dites que les choses sont si pressantes ; et vous verrez alors, j'en ai l'assurance, que vous n'aurez pas lieu de vous repentir de la confiance que vous avez placée dans un homme d'honneur. »

En parlant ainsi, M. Job Jonson vida le reste de la bouteille dans son verre, et termina ses libations par un petit claquement joyeux des lèvres, suivi d'un long soupir.

« Ah, Votre Honneur ! dit-il, le bon vin aiguise merveilleusement l'intelligence ; mais, voyez-vous, un vrai philosophe est toujours modéré ; pour ma part, je ne vais jamais au delà de mes deux bouteilles. »

Et en disant ces mots, le vrai philosophe me planta là.

Je ne fus pas plus tôt délivré de sa présence, que mes pensées volèrent vers Hélène. Je n'avais pu ni l'aller voir ni lui écrire de toute la journée ; et j'avais une crainte horrible que ma précaution auprès du valet de sir Réginald n'eût été rendue vaine, et que l'alarme causée par son emprisonnement ne fut arrivée jusqu'à ses oreilles, peut-être aussi jusqu'à celles de lady Glanville. Ne pouvant pas résister à cette inquiétude, je ne tins pas compte de l'heure avancée, et je me rendis immédiatement à Berkeley Square.

Lady et miss Glanville étaient seules, elles dînaient : le

domestique me répondit avec son insouciance habituelle, sans avoir l'air préoccupé. « Ainsi elles vont tout à fait bien ? » lui dis-je, soulagé, quoique toujours inquiet ; et satisfait sur ce point, je retournai chez moi, où j'écrivis une lettre longue, et consolante, je l'espère, à sir Réginald.

CHAPITRE LXXX

Ponctuel au rendez-vous, le lendemain matin arriva
M. Job Jonson. J'avais été dans les tortures de l'attente
les trois dernières heures avant son arrivée, et la chaleur
de mon accueil dut chasser le peu de défiance qui aurait
pu troubler encore un gentleman aussi timide.

Sur mon invitation il s'assit, et voyant que mon déjeuner
était sur la table, il fit la remarque que le grand air lui
donnait toujours un fameux appétit. Je ne me le fis pas
dire deux fois et je poussai les flûtes vers lui. Il se mit immédiatement à la besogne ; pendant le premier quart d'heure,
sa bouche fut trop bien occupée pour permettre aux paroles
l'impertinente indiscrétion d'interrompre cet exercice. Enfin
la table fut desservie et M. Jonson commença.

« J'ai bien médité sur notre affaire, Votre Honneur, et
je crois que nous pouvons manœuvrer de manière à étriller
les coquins. Car j'en tombe d'accord avec vous : il n'y a
aucun doute que Thornton et Dawson ne soient les véritables criminels. Mais, monsieur, que de difficultés ! quelle
délicatesse il faut ! que de dangers personnels à courir !
Ma vie peut payer le désir que j'ai de vous être utile ; vous
ne serez donc pas surpris que j'accepte votre offre libérale
des trois cents livres de pension, si je réussis. Je puis
vous assurer maintenant, monsieur, que ma première intention était de refuser toute récompense ; car je suis bienveillant de mon naturel, et j'aime par goût à faire une
bonne action. En vérité, monsieur, si je n'avais à penser

qu'à moi dans ce monde, je dédaignerais toute rémunération, car la vertu porte en soi sa récompense ; mais un vrai moraliste, Votre Honneur, ne doit pas oublier ses devoirs les plus importants. J'ai une petite famille à laquelle ma perte ferait un tort irréparable ; c'est là le seul motif, Votre Honneur, qui me porte à profiter de votre générosité. » Le moraliste en terminant, tira de la poche de son gilet un papier qu'il me présenta avec son salut ordinaire de déférence.

J'y jetai un coup d'œil ; c'était un billet évidemment rédigé dans toutes les formes légales, par lequel je m'engageais, dans le cas où Job Jonson, avant l'expiration de trois jours, donnerait le renseignement qui devait conduire à la découverte et au châtiment des véritables meurtriers de sir John Tyrrell, à assurer au dit Job Jonson la pension annuelle de trois cents livres.

« C'est avec beaucoup de plaisir que je vais signer ce papier, lui dis-je, mais permettez-moi, par parenthèse, de remarquer que, puisque vous acceptez seulement cette pension, pour faire du bien à votre petite famille, en cas de mort, cette pension cessant avec votre vie, laissera vos enfants aussi dénués de tout qu'ils le sont présentement.

— Pardonnez-moi, Votre Honneur, répliqua Job, sans être déconcerté le moins du monde par la vérité de ma remarque, je puis m'assurer !

— J'oubli is cela, lui dis-je, en signant le papier et le lui rendant ; maintenant à notre affaire. »

Jonson examina gravement et minutieusement l'intéressant document que je lui rendais, et le serrant avec soin sous triple enveloppe, il le plaça dans un vaste portefeuille rouge qu'il enfonça dans une poche intérieure de son gilet.

« C'est juste, monsieur, dit-il avec lenteur, à notre affaire ! Avant tout, il faut cependant que vous me promettiez, sur votre honneur de gentleman, le plus rigoureux secret sur mes communications. »

J'y consentis facilement, autant que ce secret ne serait pas un obstacle au but que je me proposais ; et Job, satisfait de cette condition, reprit :

« Il faut que vous me pardonniez si, pour arriver au point en question, je pars d'un autre point qui peut vous sembler tiré d'un peu loin. »

J'approuvai cette réflexion par un signe de tête, et Job continua.

« J'ai connu Dawson pendant quelques années; ma connaissance avec lui a commencé à Newmarket, car j'ai toujours eu une certaine inclination pour le turf. C'était un garçon extravagant et étourdi qui se laissait aisément entraîner à toute sorte de mauvais coups, mais il s'en tirait toujours à son honneur. En résumé, quand il devint l'un des nôtres, ce qui ne fut pas long, avec ses habitudes de dissipation, nous les considérâmes comme un instrument très-utile; c'est un individu, en même temps assez vicieux pour entreprendre une mauvaise action, mais beaucoup trop faible pour la poursuivre; aussi on l'employait souvent, mais toujours avec défiance. Quand j'ai dit qu'il devint des nôtres, je vois que ce mot a excité votre curiosité. Je voulais simplement parler d'une société clandestine dont nous bornions les opérations à des exploits sur les domaines du turf. Je crois devoir faire cette distinction (poursuivit M. Jonson d'un air aristocratique), parce que j'ai l'honneur d'appartenir à plusieurs autres sociétés dans lesquelles Dawson n'aurait jamais pu être admis, si bien donc, monsieur, que notre club à la fin fut dissous, et Dawson abandonné à ses propres moyens d'existence. Son père était encore vivant, et le jeune héritier présomptif, s'étant fâché avec lui, se trouvait dans la plus grande détresse. Il vint à moi avec une piteuse histoire et une figure plus piteuse encore. En cet état j'eus compassion du pauvre diable et je lui procurai, grâce à mon crédit, l'admission dans une bande de bons compagnons que j'ai visitée, par parenthèse, la nuit dernière. Là je l'ai pris sous ma surveillance particulière; et, autant que faire se peut avec une tête dure et lourde comme celle d'un dromadaire, je lui enseignai quelques tours élégants de ma profession. Cependant le chien d'ingrat retourna bientôt à ses anciennes habitudes, et me frustra de ma moitié dans une prise à laquelle je l'avais aidé de ma personne. Je hais la

perfidie et l'ingratitude, Votre Honneur, ce sont des vices
si monstrueusement indignes d'un homme comme il faut!

« Je l'avais perdu de vue, lorsqu'il y a deux ou trois
mois, il revint à Londres assister à nos réunions en compagnie de Thornton qui avait été élu membre du club
quelques mois auparavant. Depuis notre dernière rencontre, le père de Dawson était mort, et je pensais que la
brillante figure qu'il faisait par la ville s'expliquait par
son récent héritage. Je me trompais : le vieux Dawson
avait si fort engagé sa propriété, que son jeune héritier
ne put en tirer assez pour payer ses dettes. En conséquence, avant de venir à la ville il abandonna à ses créan-
ciers son intérêt viager sur le bien. Quoi qu'il en soit, maître Dawson semblait au pinacle de la fortune. Il avait
des chevaux et régalait la société de champagne et de venaison. Bref, il n'y aurait pas eu de terme à ses prodiga-
lités si Thornton n'avait pas été là pour le sucer comme
une sangsue.

« Ce fut environ vers cette époque que je demandai à
Dawson une bagatelle pour me préserver de la prison;
car j'étais malade, alité, et je ne savais comment faire. Croiriez-vous, monsieur, que le coquin m'envoya au diable et
que Thornton répondit, amen! Je n'ai jamais oublié l'ingratitude de mon protégé, quoique, lorsque je revins à la
santé, j'aie paru le faire par politique. Je ne pus pas plus
tôt sortir, que je fis face à toutes mes nécessités. Il n'y a
qu'un sot qui meure de faim avec une belle ville comme
Londres devant lui! A mesure que s'augmentaient mes
finances, celles de Dawson déclinaient à vue d'œil, et avec
elles sa belle humeur. Il devint pensif et abattu, ne fut
plus d'aucune de nos parties; enfin, petit à petit il en vint
à n'être plus qu'un membre tout à fait inutile de la corpo-
ration. Pour ajouter à sa mélancolie, un matin il assista à
l'exécution d'un de nos infortunés associés; cela fit sur lui
une impression profonde; de ce moment, il devint tout à
fait maussade et découragé. On l'entendait fréquemment
se parler à lui-même, il ne pouvait endurer qu'on le laissât
seul dans les ténèbres, enfin il desséchait de chagrin.

« Une nuit que lui et moi nous étions assis à côté l'un

de l'autre, il me demanda si jamais je ne m'étais repenti
de mes péchés, et ajouta, avec un gémissement, que jamais il est vrai je n'avais commis un crime aussi odieux
que celui dont il était coupable. Je le pressai de pousser
plus loin ses aveux, mais il ne le voulut point. Cependant,
je rapprochai cette demi-confidence de sa richesse soudaine et des mystérieuses circonstances de la mort de sir
John Tyrrell ; et de vagues soupçons pénétrèrent dans
mon esprit. A cette époque, et il est vrai, toujours depuis
que Dawson avait reparu, nous étions dans la fréquente
habitude de discuter le meurtre fameux qui occupait alors
l'attention publique. Comme Dawson et Thornton avaient
été témoins dans l'enquête, nous nous adressions souvent
à eux pour éclaircir nos doutes. Dawson, dans ces occasions, ne manquait jamais de pâlir et de détourner la question. Thornton, au contraire, soutenait la conversation avec
son impudence habituelle. La répugnance de Dawson pour
parler du meurtre me revint alors à la mémoire avec assez
de force pour confirmer mes soupçons. En conversant
avec un ou deux de nos camarades, je découvris que mes
doutes étaient partagés ; que Dawson, quand il était tourmenté plus que d'habitude par ses humeurs noires, avait
fréquemment fait allusion à quelque crime épouvantable
qu'il avait commis, et au remords incessant qu'il en éprouvait.

« Insensiblement, Dawson alla de pis en pis ; sa santé
déclina, il avait peur de son ombre ; il buvait énormément,
et, dans son ivresse, prononçait des mots qui faisaient
dresser les cheveux sur la tête de nos novices.

« Il ne faut pas souffrir cela, dit Thornton, que son au-
dacieuse effronterie semblait autoriser à mener haut la
main tous nos aimables collègues ; ses rêvasseries et son
radotage démoraliseraient tous nos jeunes conscrits ; et
alors, sous ce prétexte, Thornton fit emmener le malheureux dans un asile secret. Cet asile est connu seulement
des chefs de la bande et approprié à la réception des individus qui, par une faiblesse analogue à celle de Dawson,
pourraient mettre en danger les autres ou se compromettre eux-mêmes. C'est là que plus d'un pauvre diable

avait été enfermé secrètement entre quatre murs, sans qu'on lui permît jamais de revoir la lumière du ciel. Il est juste que les mignons de la lune, aussi bien que ceux des monarques, aient leurs prisonniers d'état, et leurs victimes d'état.

« La nuit dernière, après votre obligeante confidence, je retournai à la réunion; Thornton y était, et de très-mauvaise humeur. Quand nos camarades furent partis, et que nous nous trouvâmes seuls à l'un des coins de la chambre, je commençai négligemment à lui parler de l'accusation de votre ami, qui, d'après ce que j'ai appris depuis, est sir Réginald Glanville. C'est un de mes anciens amis aussi; oui, vous pouvez ouvrir de grands yeux, monsieur; mais je vous réponds sur ma vie que j'ai visité ses poches une certaine nuit à l'Opéra. Thornton fut grandement surpris de me voir déjà au fait d'une circonstance qui jusque-là avait été gardée secrète. Cependant j'en fis honneur à ma sagacité qui n'avait pas besoin de beaucoup de renseignements pour s'édifier; alors il laissa échapper négligemment qu'il ne pouvait pas se pardonner l'accusation qu'il avait portée contre le prisonnier et qu'il était fort inquiet des pressantes recherches que l'on faisait de Dawson. Convaincu de plus en plus de son crime, je quittai le lieu de a réunion pour me rendre à la retraite de Dawson.

« De peur qu'il ne vint à s'évader, Thornton l'avait étroitement confiné dans l'une des pièces les plus secrètes de la maison. Sa solitude et l'obscurité de sa prison, combinées avec ses remords, avaient agi sur son esprit, qui jamais n'avait été bien fort, il est devenu presque fou. Il se tordait aux prises avec les plus violents reproches d'une conscience malade dont mon expérience, qui ne date pas d'hier, ait jamais été témoin. La vieille sorcière, qui est l'Hécate de ce séjour (vous voyez, monsieur, que j'ai reçu une éducation classique) fit beaucoup de façons pour m'admettre auprès de lui, parce que Thornton lui avait fait les menaces les plus terribles, en cas de désobéissance. Mais elle n'osa pas résister à mes ordres. En conséquence j'eus une longue entrevue avec ce malheureux; il croit fermement que Thornton a l'intention de l'assassiner; et dit que s'il pouvait s'échapper de son cachot, il irait se livrer au premier magistrat qu'il trouverait sous sa main.

« Je lui racontai qu'un innocent avait été arrêté pour le crime dont je savais que Thornton et lui étaient coupables. Alors, prenant sur moi l'office de prédicateur, je l'exhortai à expier, autant que possible, son crime passé, par une entière et fidèle confession qui amènerait la délivrance de l'innocent et la punition du coupable. Je lui fis espérer que cette confession pourrait peut-être servir à le faire considérer comme « témoin du roi », et lui obtenir à ce titre le pardon de son crime. Enfin je lui promis d'employer tout mon zèle et toute mon activité pour le tirer de la caverne où il est présentement retenu.

« Il me répondit qu'il ne désirait pas vivre; qu'il souffrait les plus grandes tortures d'esprit; et que le seul soulagement que la terre pût lui offrir serait d'alléger ses remords par un aveu complet de son crime, et d'espérer le pardon dans l'avenir en expiant son crime sur l'échafaud; toutes ces choses, et bien d'autres encore du même genre me furent articulées par mon poltron avec accompagnement de soupirs et de gémissements. J'aurais ardemment désiré recueillir sa confession sur-le-champ et l'emporter avec moi, mais il refusa de me la donner, à moi ni à personne; il ne voulait la faire qu'à un ministre dont il me suppliait de lui procurer les services. Je lui dis d'abord que la chose était impossible; mais touché de sa détresse et de ses remords, je lui promis enfin de lui en amener un ce soir qui lui administrerait les secours spirituels et recevrait en même temps sa déposition. Mon idée était alors de me déguiser sous le costume du révérend et de lui rendre le double service qu'il réclame, mais depuis j'ai pensé à un meilleur plan.

« Comme mon caractère, vous savez, Votre Honneur, n'est pas prisé par les magistrats aussi haut qu'il devrait l'être, toute confession qui serait faite à ma personne pourrait bien n'avoir pas la même valeur que si elle était faite à quelque autre, à un gentleman, comme vous par exemple. D'ailleurs, ce serait mal à moi de paraître en témoi-

gnage contre quelqu'un de nos frères; pour deux raisons,
la première, parce que j'ai juré solennellement de ne
jamais le faire; et la seconde, parce que j'ai une chance
très-certaine, si je le fais, de rejoindre prochainement
sir John Tyrrell dans le royaume éternel. Mon plan présent, sauf votre approbation, serait donc d'introduire
Votre Honneur en qualité de ministre, et vous n'auriez
plus qu'à recevoir sa confession, que vous pourriez écrire
tout au long. Ce plan, je l'avoue naïvement, n'est pas
sans de grandes difficultés, ni même sans quelque danger, car j'ai non-seulement à vous faire passer auprès de
Dawson pour un prêtre, mais aussi auprès de Brimstone
Bess pour un de nos joyeux lurons. Je n'ai pas besoin de
vous dire qu'un ministre véritable pourrait frapper longtemps à sa porte avant qu'elle lui fût ouverte. Il faut donc
que vous restiez muet comme une carpe, à moins qu'elle
ne vous apostrophe dans son argot, car alors je vous dic-
terai vos réponses; autrement, elle ne manquerait pas d'é-
venter la mèche, et, s'il se trouvait quelques bons camarades dans la maison, nous n'en sortirions ni l'un ni
l'autre comme nous y serions entrés.

— Mon cher M. Job, repris-je, il me semble qu'il y a un
plan beaucoup plus facile que tout cela, c'est tout simplement de dire aux agents de Bow-Street où l'on peut
trouver Dawson, je suppose qu'ils sauront bien le tirer des
bras de Brimstone Bess, sans difficulté et sans danger. »

Jonson sourit.

« Je ne jouirais pas longtemps de ma pension, Votre
Honneur, si je livrais à l'ennemi notre meilleure ruche. Je
serais un homme mort avant la fin de la semaine. Vous-
même, vous n'avez qu'à m'accompagner ce soir, et je
vous défie de jamais reconnaître où l'endroit est situé; vous
aurez beau retourner ciel et terre, et chercher la place dans
Londres avec toute la police à votre disposition, vous ne
le retrouverez jamais. Et puis, Dawson n'est pas la seule
personne dans la maison dont la justice cherche la piste.
Il y en a une vingtaine d'autres que je n'ai pas envie d'envoyer à la potence. Ils se cachent gentiment dans les coins
et recoins de la maison, comme de bons petits raisins de

Corinthe dans un pudding. L'honneur me défend de les trahir, et *pour rien* au monde !... Non, monsieur, le seul plan auquel je puisse m'arrêter est celui que je vous ai proposé; si vous ne l'approuvez pas (et certainement il est sujet à objections) il faut que j'en imagine quelqu'autre; seulement cela peut entraîner des retards.

— Non, mon bon Job, répliquai-je, je suis prêt à vous suivre, mais ne pourrions-nous pas manœuvrer pour mettre Dawson en liberté, et recevoir ainsi plus à l'aise sa déposition ? son témoignage verbal vaut mieux que toutes les dépositions écrites du monde.

— C'est très-vrai, répondit Job, s'il est possible de donner à Bess un croc en jambe, nous le ferons. Cependant, monsieur, ne lâchons pas la proie pour l'ombre, ayons la confession d'abord, et nous tenterons l'évasion après. J'ai pour cela, monsieur, une autre raison que vous comprendriez aisément si vous connaissiez nos pénitents comme moi. Le vieux proverbe dit, monsieur, que le diable étant malade... vous savez le reste : eh bien ! aussi longtemps que Dawson sera relégué dans un trou obscur, et s'imaginera voir des démons dans tous les coins, il pourrait bien être tourmenté du besoin de faire des aveux, sans en être aussi curieux, quand il se verra au grand soleil. Les ténèbres et la solitude sont d'étranges stimulants pour la conscience, et nous ferons bien de ne pas en perdre le bénéfice, pendant que nous y sommes.

— Vous êtes un admirable moraliste, m'écriai-je, et je suis impatient de vous accompagner... A quelle heure voulez-vous que ce soit ?

— Pas beaucoup avant minuit, répondit Jonson, mais il faut que Votre Honneur retourne à l'école pour y apprendre sa leçon jusque-là. Supposez que Bess s'adresse à vous en ces termes : dites donc, cornant de paroufle défardeur, allez-vous pitancher l'eau-daffe, ou jaspiner dans l'égrugeoir. Je parie que vous ne sauriez que répondre.

— J'ai peur que vous n'ayez raison, M. Jonson, lui dis-je d'un ton un peu humilié.

1. Dites donc voleur de curé, venez-vous ici pour boire du gin ou pour jacasser en chaire ?

« — Cela ne fait rien, répliqua le compatissant Job, nous sommes tous des ignorants, le savoir ne s'acquiert pas en un jour. Je vais vous apprendre avant la nuit le petit nombre de termes d'argot les plus communs et les plus nécessaires dans notre grimoire de Saint-Gilles, je préparerai d'avance la vieille dame à ne pas être étonnée de trouver en vous un novice dans la profession. Comme il faut que je vous déguise avant, et que cela ne peut se faire ici, voulez-vous dîner avec moi dans mes appartements ?

— Je serai trop heureux, lui dis-je, assez surpris de la proposition.

— Je reste dans Charlotte Street, Bloomsbury, n° —. Il faut me demander sous le nom du capitaine de Courcy, dit Job avec dignité; nous dînerons à cinq heures, pour avoir le temps de préparer votre initiation préliminaire.

— De tout mon cœur. » Là-dessus M. Job Jonson se leva, et, me rappelant ma promesse de lui garder le secret, prit congé de moi.

CHAPITRE LXXXI

Malgré tout mon amour pour les entreprises et les aventures, je ne puis dire que j'eusse précisément choisi le projet que j'avais en perspective pour mon amusement de la soirée, si j'avais été laissé à ma propre volonté ; mais la situation de Glanville ne me permettait pas de m'occuper de moi ; et, bien loin de reculer devant le danger auquel j'étais sur le point de m'exposer, j'appelais de mes vœux les plus ardents l'heure de rejoindre Jonson.

J'avais encore beaucoup de temps devant moi jusqu'à cinq heures ; et la pensée d'Hélène ne me laissa aucun doute sur l'emploi qne j'allais en faire. Je me rendis à Berkeley Square ; lady Glanville se leva vivement quand j'entrai dans le salon.

« Avez-vous vu Réginald ? dit-elle, ou savez-vous du moins pour quel pays il est parti ? »

Je répondis, négligemment, qu'il avait quitté la ville pour peu de jours, et, simplement à ce que je croyais, pour une petite excursion, afin de prendre l'air de la campagne.

« Vous nous rassurez, dit lady Glanville ; nous avons été tout à fait alarmées par les manières de Seymour. Il paraissait si troublé quand il nous a dit que Réginald avait quitté la ville, que j'ai cru en vérité qu'il lui était arrivé quelque accident. »

Je m'assis auprès d'Hélène qui paraissait entièrement occupée de finir une bourse. Pendant que je murmurais à son oreille des mots qui multipliaient les roses par milliers sur ses joues, lady Glanville m'interrompit tout-à-coup par cette exclamation : « Avez-vous lu les journaux d'aujourd'hui, M. Pelham ? » et sur ma réponse négative, elle m'indiqua du doigt un article du *Morning Herald*, qui, dit-elle, avait piqué toute la matinée leur curiosité, il était ainsi conçu :

« Avant-hier dans la soirée, une personne de qualité et de distinction a été amenée secrètement devant le magistrat de X. Depuis lors, elle a subi un interrogatoire, dont la nature, aussi bien que le nom de l'individu, est encore un mystère. »

Je crois que j'ai un empire assez absolu sur mon visage, pour ne permettre à mes muscles ni à ma physionomie d'éprouver la moindre altération, si je venais à apprendre la plus grande calamité qui me pût arriver. Je ne trahis donc aucune des émotions que la lecture de ce paragraphe excita dans mon âme, je parus au contraire aussi intrigué que lady Glanville, je me mis avec elle en frais de suppositions et de conjectures jusqu'à ce qu'elle se rappela ma situation présente dans la famille, et me laissa seul avec Hélène.

Pourquoi le tête-à-tête des amants est-il si peu intéressant aux yeux du monde, lorsqu'il n'y a peut-être pas un de nous qui n'ait aimé ? l'expression des autres sentiments nous intéresse tous, l'expression de l'amour nous ennuie et nous fatigue. Mais l'entrevue de cette matinée était loin de ressembler à ces délicieuses réunions que l'histoire de l'amour, à cette période primitive de son existence, retrace si souvent. Je ne pouvais m'abandonner à un bonheur qu'un instant pouvait détruire. J'avais beau cacher mon anxiété et ma froideur à Hélène, je regardais comme un crime de me permettre même l'apparence d'un transport joyeux, quand je savais que Glanville gisait seul en prison; avec une accusation de meurtre si spécieuse et des chances si grandes de condamnation.

L'horloge avait sonné quatre heures avant que j'eusse quitté Hélène, et sans retourner à mon hôtel, je me jetai dans un fiacre qui me conduisit vers Charlotte Street. Le digne Job me reçut avec sa dignité et son aisance accoutumées ; ses appartements consistaient en un premier étage, meublé selon toutes les notions d'élégance de Bloomsbury, c'est-à-dire, de tapis de Bruxelles tout neufs et d'un éclat éblouissant; de miroirs convexes enrichis de massives bordures dorées avec des aigles au sommet ; de fauteuils en bois de rose, avec des coussins en étoffe de Perse ; de brillantes grilles de cheminée, avec un pot de fleur en papier jaune découpé. En résumé, il y avait là toute cette recherche particulière de décorations de tapissier, que Vincent qualifiait assez bien du nom de *bibelophilie*. Jonson ne paraissait pas peu fier de ses appartements. aussi ne manquai-je pas de le complimenter sur leur élégance.

« Entre nous, me dit-il, l'hôtesse qui est veuve, croit que je suis un officier à demi-solde, et me suppose des intentions matrimoniales à son endroit; pauvre femme ! mes boucles noires et mon habit vert pomme possèdent un charme qui me surprend moi-même. Qui voudrait être un sale filou, quand il y a tant à gagner à se faire baron de haute volée...

— C'est juste, M. Jonson, lui dis-je ; mais je vous avoue que je suis surpris qu'un gentleman de votre talent s'abaisse à l'a b c de la profession. Je m'étais toujours imaginé que vous abandonniez exclusivement le soin de visiter les poches aux voleurs vulgaires ; maintenant je sais à mes dépens, que vous ne dédaignez pas cette habileté manuelle.

— Votre Honneur parle comme un juge, répondit Job ; le fait est, que je mépriserais ce que vous appelez avec raison l'a b c de la profession, si je ne me flattais pas de donner à ces exercices vulgaires un charme particulier et de les ennoblir d'une dignité qu'ils ne connaissaient pas auparavant. Pour vous donner une idée de la dextérité supérieure avec laquelle je gouverne mes tours de main, sachez que je suis allé quatre fois dans cette boutique où vous m'avez vu *emprunter* cette bague de diamant, que vous voyez briller maintenant à mon petit doigt. Quatre fois j'ai emporté quelque témoignage de mes visites; bien mieux, le boutiquier est si loin de me soupçonner, que deux fois il m'a gratifié du piteux récit des pertes que je lui ai causées. Je m'attends dans quelques jours, à lui entendre raconter l'histoire du diamant envolé, rapprochée de la présence plus que suspecte de *Votre Honneur!* Avouez-moi que ce serait grand dommage de permettre à mon sot amour-propre de contrarier les talents dont m'a gratifié la Providence. Mépriser les petites *délicatesses* de l'art, que j'exécute si parfaitement, serait à mon avis, aussi absurde que pour un poëte épique de dédaigner la composition d'une épigramme parfaite, ou pour un musicien consommé la mélodie d'une romance irréprochable.

— Bravo! M. Job, dis-je, un véritable grand homme comme vous peut ennoblir des riens. »

J'allais continuer, mais je fus arrêté tout court par l'entrée de l'hôtesse, qui était belle, blonde, bien mise; une femme avenante enfin, d'environ trente-neuf ans et onze mois, ou, pour parler avec moins de précision *entre trente et quarante.* Elle venait annoncer que le dîner était servi en bas. Nous descendîmes, et nous trouvâmes un somptueux repas de bœuf rôti et de poisson; ce premier service fut remplacé par cette grande friandise des gens du commun, un canard aux petits pois.

« Sur ma parole, M. Jonson, vous vivez comme un prince; votre dépense de chaque semaine doit être assez considérable pour un célibataire.

— Je ne sais pas, reprit Jonson, avec un air de noble indifférence, je n'ai jamais payé ma bonne hôtesse en autre monnaie qu'en compliments, et je ne le ferai jamais autrement selon toute probabilité. »

Fut-il jamais application plus frappante de l'admonition de Moore :

> « O dames, donnez-vous de garde
> D'un jeune et joyeux chevalier » etc.

Après dîner nous remontâmes dans le garni que Job appelait emphatiquement son appartement; et alors il

procéda à mon initiation en m'apprenant les phrases du
noble langage « d'argot » qui pouvaient m'être utiles tout
à l'heure. Ce que j'avais appris de ce jargon élégant à
Cambridge m'avait déjà initié à quelques connaissances
élémentaires qui me rendirent les enseignements de Jonson moins étranges et moins difficiles à comprendre. Dans
cette leçon « douce et sainte, » les heures s'écoulèrent
jusqu'à ce que le moment fût arrivé de faire ma toilette.
M. Jonson me conduisit alors dans le sanctuaire de sa
chambre à coucher. Je me heurtai contre une énorme malle.
En entendant l'anathème involontaire que cet accident
évoqua sur mes lèvres, Jonson me dit : « Ah, monsieur !
obligez-moi d'essayer de remuer cette malle. »

Je lui obéis, mais sans pouvoir la faire bouger d'un
pouce.

« Votre Honneur n'avait pas encore vu *une boîte à bijoux* aussi lourde, je pense, dit Jonson, avec un sourire.

— Une boîte à bijoux !

— Oui, répliqua Jonson, une boîte à bijoux, car elle est
pleine de *pierres précieuses !* Quand je m'en irai, porté sur
les livres de ma bonne hôtesse pour une somme assez
ronde, je lui recommanderai, en termes sérieux, de prendre le plus grand soin de *ma boîte.* Corbleu ! quel trésor
ce serait pour Mac Adam ; il pourrait avec les cailloux
qu'elle contient macadamiser toute une rue.

— A ces mots, M. Jonson ouvrit une garde robe qui
donnait dans la chambre, et en tira un habillement complet d'un noir de rouille.

— Là ! dit-il avec un air de satisfaction, là ! voici votre
premier pas vers la chaire. »

Je retirai mes propres vêtements, et avec quelques soupirs bien naturels, sur la laideur de ma prochaine métamorphose, je me revêtis lentement des habillements ecclésiastiques qu'il me fallait endosser ; ils étaient beaucoup
trop larges et un peu trop courts pour moi ; mais Jonson
me tourna et retourna, comme si j'eusse été son fils aîné,
mis en culotte pour la première fois, et déclara avec un
serment emphatique, que tout cela m'allait à ravir.

Mon hôte ensuite ouvrit un grand nécessaire de toilette

en fer-blanc, d'où il tira diverses poudres, des lotions et des couleurs. Il fallait toute l'amitié que je portais à Glanville pour me soutenir dans l'opération que j'eus alors à supporter. Mon pauvre teint, pensais-je, avec des pleurs dans les yeux, va rester gâté pour toujours! Pour couronner l'œuvre, Jonson me dépouilla en quatre coups de ciseaux des boucles luxuriantes qui, grâce à l'indulgence dont elles avaient profité si longtemps, pouvaient se croire autorisées à se révolter contre la nouvelle dynastie que Jonson appelait maintenant *la couronne*. Cette dynastie consistait en une perruque mal peignée, quoique admirablement faite, de couleur rousse. Quand je fus ainsi complétement ajusté de la tête aux pieds, Job me fit mirer dans une glace de grandeur naturelle, une psyché, ma foi !

Je serais bien resté là toute ma vie à me considérer sans pouvoir reconnaître ni mes formes, ni mon visage. Je crus un moment que mon âme avait subi par la métempsycose, une véritable transmigration et ne conservait plus dans son nouveau corps un atome de celui qu'elle habitait dans l'origine. Ce qui me paraissait le plus singulier, c'est que je ne me trouvais pas le moins du monde une figure ridicule ni *outrée*, grâce à l'habileté de M. Jonson. Je le comblai d'éloges qu'il prit *au pied de la lettre*. Jamais, en vérité, il n'y eut d'homme aussi fier d'être un coquin.

« Mais, pourquoi ce déguisement? lui dis-je. Vos amis, probablement, sont assez versés dans les mystères de la métamorphose, pour percer à jour vos artifices, et comme ils ne m'ont jamais vu jusqu'ici, quel inconvénient y aurait-il que j'allasse les trouver en personne naturelle?

— C'est vrai, répondit Job, mais vous ne réfléchissez pas que sans ce déguisement vous pourriez être reconnu plus tard ; nos amis se promènent dans Bond Street aussi bien que Votre Honneur, et dans ce cas, vous risqueriez votre peau bel et bien.

— Vous m'avez convaincu, lui dis-je, et maintenant, avant de partir, permettez-moi d'ajouter un mot relativement à notre *objet*. Je vous déclare sincèrement que selon moi, la déposition écrite de Dawson n'est qu'un point se-

condaire : et que, par cette raison, si on ne peut la corro-
borer plus tard par un témoignage verbal, elle sera tout
à fait insuffisante pour la décharge de Glanville, condamné
par les apparences, et pour la conviction des véritables
meurtriers. Si donc, il est possible d'enlever Dawson, après
nous être assurés de sa confession, il ne faut pas y manquer. Je crois devoir insister d'autant plus particulièrement sur ce point, que ce matin vous m'avez paru ne pas
le considérer comme moi.

— Je suis tout à fait de l'avis de Votre Honneur, répartit
Job, et vous pouvez être sûr que je ferai tout ce qui sera
en mon pouvoir pour remplir votre attente. Et cela, non
seulement par cet amour de la vertu qui est enraciné dans
mon cœur, quand je n'ai pas de motif plus puissant qui
m'en détourne; mais à cause aussi de ce souvenir plus
terrestre, de la pension dont nous sommes convenus. Or,
elle n'aura d'effet qu'en cas de succès, sans tenir compte
d'une honnête intention qui n'aurait pas réussi. Dire que
je n'ai aucune objection à faire à l'élargissement de Dawson, ce serait tromper Votre Honneur; j'avoue que j'en ai
une : et cette objection est, premièrement la crainte qu'il
ne fasse des révélations sur d'autres affaires que celle du
meurtre de sir John Tyrrell; secondement, les scrupules
que j'éprouve à paraître intervenir dans son évasion. L'une
et l'autre de ces chances m'exposent à un grand danger;
cependant on ne gagne pas trois cents livres de pension
annuelle à se croiser les bras; et tout compensé, je suis
décidé.

— Vous êtes un homme de bon sens, monsieur Job,
lui dis-je, et je suis sûr que vous allez gagner haut la
main votre pension et que vous en jouirez longtemps. »

Comme je disais ces mots, le watchman qui passait sous
notre fenêtre, cria : « onze heures sonnées ! » et Jonson, se
levant brusquement, changea à la hâte ses habits de mirliflore pour un costume plus simple, et jetant sur le tout
un plaid écossais, il m'en donna un semblable dans lequel
je m'enveloppai soigneusement. Nous descendîmes les
escaliers sans bruit; Jonson nous fit sortir par le « sésame
ouvre-toi » d'un passe-partout qu'il gardait sur lui.

CHAPITRE LXXXII

Comme nous avancions dans Tottenham Court Road, où nous nous attendions à trouver un fiacre, mon compagnon mit beaucoup de feu et d'énergie à me convaincre de la nécessité d'obéir implicitement à toutes les instructions et à tous les avis qu'il pourrait me donner dans le cours de notre aventure. « Souvenez-vous, ajouta-t-il avec instance, que le moindre écart à cet égard, peut non-seulement nous faire manquer le but que nous nous proposons d'atteindre, celui d'emmener Dawson, mais encore exposer notre vie au péril le plus imminent. » Je promis sur l'honneur de me conformer à ses moindres prescriptions.

Nous arrivâmes à une place de fiacres. Jonson en choisit un, et donna un ordre au cocher en prenant soin que je n'en entendisse pas un mot. Durant la demi-heure que nous fûmes enfermés dans ce véhicule, Job me fit passer et repasser mon examen de « catéchisme d'argot, » comme il l'appelait. Il se montra très-satisfait de la vivacité de mes dispositions naturelles, et me fit l'honneur de m'assurer qu'il ne demandait pas plus de trois mois pour faire de moi le plus rusé filou qui eût jamais dévalisé un honnête homme.

J'étais trop flatté de ce compliment pour ne pas l'en remercier comme je devais.

« N'allez pas supposer, dit Jonson quelques minutes après, d'après l'usage que nous faisons de cette langue,

que notre club ne soit composé que de voleurs infimes.
C'est précisément le contraire ; nous sommes une compagnie de gentlemen aventuriers qui portons les habits
les plus élégants, montons les meilleurs chevaux, hantons
les meilleures maisons de jeu, les réunions les plus distinguées, et quelquefois même nous mêlons à la première société de Londres. Notre nombre est limité ; nous
n'avons rien de commun avec les fripons ordinaires, et si
mes petits amusements particuliers (comme vous les appelez si bien), étaient connus dans la compagnie, il y a gros
à parier que j'en serais chassé pour « pratiques indignes
d'un gentleman. » Nous nous abaissons rarement à nous
parler « argot » dans nos réunions ordinaires, mais nous
le trouvons nécessaire dans beaucoup d'occasions où la
fortune ne nous est pas favorable. La maison que nous
allons visiter cette nuit est une espèce de colonie que
nous avons établie pour toutes les personnes d'entre nous
qui sont en danger de *manger* [1]. Elles demeurent là
cachées quelquefois plusieurs semaines de suite, puis on
finit par les embarquer pour le continent, ou par les faire
rentrer dans le monde, dans un nouveau rôle, avec un
autre nom. C'est dans ce refuge des malheureux que
nous envoyons également tous ceux de la bande qui sont,
comme Dawson, poursuivis par des scrupules capables
de mettre la communauté en danger. Ils y restent comme
dans un hopital, jusqu'à la mort, ou jusqu'à la guérison. En résumé, cette maison et ses pensionnaires nous
servent à nous défendre contre nos ennemis. La vieille
Brimstone Bess, à laquelle je vais vous présenter, est,
comme je vous l'ai déjà dit, la gardienne de la place. Le
langage auquel se complaît le plus particulièrement cette
respectable dame est celui dans lequel vous venez d'acquérir de si utiles connaissances. Partie pour lui faire la
cour et partie par inclination, le dialecte adopté dans sa
maison est presque entièrement « l'argot ! » Vous voyez
donc bien s'il était nécessaire de ne pas paraître tout à
fait novice dans une langue qui non-seulement est celle

1. Trahir ses camarades. Terme d'argot.

du pays, mais à laquelle tout compagnon fidèle de notre société, si haut placé qu'il soit dans sa profession, n'est jamais étranger. »

Au moment où Jonson terminait son discours, la voiture s'arrêta. Je regardai vivement par la portière. Jonson observa le mouvement : « Nous n'avons point fait encore la moitié du chemin, Votre Honneur, » dit-il. Nous quittâmes la voiture, que Jonson me laissa le soin de payer, et nous allâmes à pied.

« Dites-moi franchement, monsieur, dit Job, savez-vous où vous êtes ?

— Pas le moins du monde, » repris-je en regardant avec soin une rue longue, triste et mal éclairée.

Job roula sur moi ses yeux sinistres avec un regard inquisiteur, puis tournant brusquement à droite, il pénétra dans une espèce de passage couvert ou de cour qui se terminait par une allée. L'allée déboucha soudainement sur une station pour trois fiacres. Job en appela un. Nous y entrâmes. Une adresse fut donnée, toujours secrètement, et nous voilà partis d'un train si furieux que jamais, je pense, carcasse de fiacre ne se vit à pareille fête. Je remarquai que nous étions alors arrivés à une partie de la ville qui m'était absolument étrangère. Les maisons étaient vieilles, et pour la plupart de la plus chétive apparence ; il me sembla que nous enfilions un labyrinthe de ruelles ; une fois je m'imaginai que je saisissais, à travers une ouverture soudaine, une vue rapide de la rivière, mais nous passions si rapidement que mes yeux avaient pu me tromper. Enfin, nous nous arrêtâmes ; le cocher fut congédié comme l'autre, et je me retrouvai à pied sous la conduite et presque à la merci de mon honnête compagnon.

Jonson ne m'adressait pas la parole, il était silencieux et absorbé. J'eus donc tout le loisir de considérer ma situation présente. Quoique (grâce à ma constitution physique) je sois aussi aguerri contre la peur que peuvent l'être bien des gens, cela n'empêchait pas quelques frissons de me passer dans le dos, quand j'examinais autour de moi les obscurs et effroyables hangars (ce n'étaient pas des maisons), qui s'élevaient des deux côtés de notre route. Seulement, par ci par là, une lampe isolée versait une lumière malingre sur les ruelles sinistres et tortueuses, (par parenthèse ruelle est un mot bien poli pour la chose) à travers lesquelles nos pas éveillaient un bruit solitaire. Quelquefois cette faible lumière était tout à fait interceptée et je pouvais à peine saisir le vague contour des formes de mon compagnon. Cependant, il faisait des enjambées à travers les ténèbres avec la rapidité machinale d'un homme qui connaît chaque pavé. J'écoutais avec la plus vive attention pour saisir la voix du watchman; c'était en vain. C'étaient des accents qui ne se faisaient jamais entendre dans ces retraites désolées. Mon oreille ne saisissait que le bruit de nos propres pas, ou les éclats accidentels de quelque obscène, de quelque infâme orgie qui sortaient d'une masure mal close. De temps en temps quelque malheureux, réduit à la plus abjecte extrémité par le besoin, venait, en guenilles dégoûtantes, à la lueur des quinquets rares et fumeux, interrompre notre marche par des sollicitations qui me glaçaient le sang dans les veines. Petit à petit ces simulacres même de vie cessèrent aussi... la dernière lampe se déroba entièrement à nos yeux; nous tombâmes dans la plus complète obscurité.

« Nous voici au terme de notre voyage, » murmura Jonson.

A ces mots mille fâcheuses réflexions firent irruption malgré moi dans mon esprit ; j'étais sur le point de faire un plongeon dans la plus secrète retraite de ces hommes dont une longue habitude de bassesse et d'immoralité avait endurci le cœur au point de lui laisser peu d'analogie avec le mien. Désarmé et sans défense, j'étais au moment de pénétrer un secret dont leur vie dépendait peut-être. Je n'avais rien à attendre d'eux qu'une main sûre armée du couteau meurtrier, car l'instinct de la conservation justifie les moyens les plus extrêmes aux yeux de ces misérables? Et quel était mon compagnon? Un homme qui littéralement se glorifiait de la perfection de ses pratiques odieuses, qui n'était peut-être pas allé jusqu'au bout dans la carrière du crime, mais qui ne désavouait pas les principes qui y mènent. Il ne balancerait pas un moment entre son intérêt et sa conscience. Notez qu'il ne cherchait pas à me dissimuler le danger auquel j'étais exposé; lui-même, il ne semblait pas se faire illusion sur le péril qu'il courait, quoique ce péril ne fût pas certainement aussi grand que celui auquel j'étais exposé moi-même. Je me repentais amèrement, tandis que ces réflexions traversaient mon esprit, d'avoir négligé de me munir de quelque arme en cas de besoin; la pire mort est de succomber sans combat.

Cependant, ce n'était pas le moment de se laisser aller à la crainte, c'était plutôt un de ces terribles épisodes qui se présentent si rarement dans la monotonie de la vie commune. Le danger stimule nos âmes, une énergie que nous ne pouvions nous supposer se dresse comme les esprits à la voix du magicien et vient offrir à l'occasion qui l'invoque un secours inattendu et surnaturel.

Il y avait quelque chose aussi dans les dispositions de mon guide qui me donnait en lui plus de confiance que ne semblaient devoir en inspirer les occupations de sa vie : une hardiesse franche et naturelle, une foi ingénue dans ses capacités, mal employées mais réelles, qui n'avaient rien de la bassesse et du métier d'un coquin ordinaire. De plus j'avais tellement lié son intérêt au mien, que je ne pouvais deviner aucune raison possible pour le soupçonner soit de vouloir me tromper, soit même de ne pas mettre en œuvre toutes les ressources de son habileté pour veiller à notre mutuelle sûreté, ou à notre succès commun.

Forçant donc mon esprit à ne s'appesantir que sur le côté encourageant de l'entreprise, je continuai à avancer avec mon digne camarade, en silence et dans les ténèbres, pendant quelques minutes encore. Jonson alors s'arrêta.

« Êtes-vous tout à fait préparé, monsieur? dit-il à voix basse ; si le cœur vous manque, au nom du ciel, retournons sur nos pas ; la moindre apparence de peur vous coûtera la vie. »

Mes pensées étaient tout entières à Réginald et à Hélène, je répondis :

« Vous m'avez dit et vous m'avez convaincu que je puis

me fier à vous; le but que je veux atteindre m'est aussi précieux que la vie.

— Je regrette de n'avoir pas une lumière, reprit Job en réfléchissant; j'aurais voulu voir votre figure; mais voulez-vous me donner votre main, monsieur? »

Je le fis, et Jonson la tint dans la sienne pendant plus d'une minute.

« Pardieu, monsieur, dit-il enfin, c'est bien malheureux que vous ne soyez pas un des nôtres, vous vivriez et vous mourriez en brave. Votre pouls est ferme comme le fer; et votre main ne tremble pas. Il faudrait que la fortune fût bien injuste pour qu'il arrivât malheur à un cœur aussi intrépide. »

Job avança de quelques pas. « Maintenant, monsieur, murmura-t-il, souvenez-vous de votre argot; faites exactement ce que j'aurai l'occasion de vous dire, et tournez avec soin le dos à la lumière, dans le cas où nous serions en compagnie. »

A ces mots il s'arrêta. Je sentis au toucher (car il faisait trop obscur pour rien voir) qu'il se baissait, pour écouter; puis il tapa cinq fois à ce que je pris alors pour la porte, mais par suite je reconnus que c'était un volet de fenêtre; à ce signal, une faible lumière perça à travers les ais, et une voix basse murmura quelques sons que mon oreille ne put saisir. Job répliqua sur le même ton avec des mots qui me furent parfaitement inintelligibles; la lumière disparut; Job fit un mouvement circulaire, comme s'il eût tourné le coin du bâtiment. J'entendis tirer lentement les lourds verrous et les barres d'une porte; quelques moments après, une voix rude dit dans le dialecte des voleurs:

« Job le mirliflore, le prince des zigs, est-ce vous? êtes-vous venu seul à la cambuse, ou amenez-vous double? [1]

---

1. « Job le bien frisé, mon prince des fripons, est-ce vous? êtes-vous venu seul à la maison, ou amenez-vous quelqu'un avec vous? — Ah, Bess, ma mignonne, que je sois frappé d'aveuglement si mes yeux ne voient pas votre face avinée, en dépit de la nuit. Parbleu, vous avez une bonne figure. Venir seul à la maison? non, ma bonne femme;

— Ah, Bess, ma *féesante*, que je devienne aveugle si mes *ardents* ne voient pas votre *binette* avinée en dépit de la *sorge*. Parbleu, vous avez une chouette trogne, me présenter seul à la cambuse, non ! ma rupine ; ne vous ai-je pas dit que j'amènerais un pater cove pour goualer des jasantes à Dawson ?

— Esclavez votre rouscaillante, bigois que vous êtes, vous mériteriez d'être bouisé pour votre jaspinage ; entrez et que le diable vous emporte ! »

Sur cette invitation, Jonson me saisissant par le bras me poussa dans la maison, et passa derrière moi.

« Allez chercher une lumière, Bess, pour introduire le monsieur en habit noir avec le respect qui lui convient. Je bâclerai la lourde [1] de la cambuse. »

A cet ordre donné d'un ton d'autorité, la vieille femme, grommelant d'étranges jurons entre ses dents, s'il est permis de parler ainsi, sortit ; quand elle fut assez loin pour ne pouvoir entendre, Job me dit à voix basse :

« Remarquez que je vais laisser les verrous sans les tirer ; la porte s'ouvre avec un loquet que vous presserez ainsi, n'oubliez pas le ressort ; il est facile, mais particulier ; si vous êtes forcé d'y recourir, vous vous souviendrez aussi, par-dessus tout, quand vous serez dehors, de tourner à droite, et d'aller tout droit devant vous. »

La vieille reparut alors avec une lumière, Jonson cessa de parler, et s'avança à la hâte au-devant d'elle : je le suivis. La vieille femme demanda si la porte avait été fermée avec soin, et Jonson, avec un juron, répondit affirmativement.

Nous avançâmes par un long et très-étroit corridor, Bess ouvrit une petite porte à droite, et nous introduisit dans une vaste pièce, qu'à mon grand désappointement, je trouvai occupée déjà par quatre hommes. Ils étaient assis, à moitié engloutis par la fumée, auprès d'une table

ne vous avais-je pas dit que j'amènerais un curé pour dire des prières pour Dawson ?

— Retenez votre langue, fou que vous êtes, vous mériteriez d'être fouetté pour votre bavardage, entrez, et que le d... vous emporte. »

1. Je fermerai la porte de la maison.

de chêne, avec un large bol de liqueur devant eux. Dans le fond de cette chambre, qui ressemblait à la cuisine d'un cabaret, était un de ces énormes paravents comme on en voyait autrefois ; un feu économique brûlait tristement dans la grille, et à côté était une de ces chaises à haut dossier qui se voient fréquemment dans les vieilles maisons et dans les vieux tableaux. Une horloge était placée dans un coin, et dans l'encoignure opposée se trouvait un escalier qui descendait probablement à une cave. Sur une rangée de tablettes figuraient des bouteilles contenant les différentes liqueurs les plus généralement demandées parmi les gentlemen de l'argot ; on y voyait aussi un violon d'ancienne structure, deux brides et quelques outils d'apparence étrange, probablement plus en usage parmi les francs lurons que parmi les honnêtes gens.

Brimstone Bess était une femme de taille moyenne, mais avec des os et des muscles qui n'auraient pas fait honte à un gladiateur. Un bonnet qui eût pu être plus propre, jeté plutôt que posé sur le derrière de sa tête, laissait voir, dans tous leurs avantages, les maigres boucles d'ébène grisonnantes qui ornaient sa physionomie. Ses yeux, grands, noirs et saillants, brillaient d'un feu éclatant bien digne de l'expression de cette mégère. Le nez était large, bulbeux, et, aussi bien que tout le reste de sa vaste figure, enluminé du plus brillant écarlate. Il était évident qu'il avait fallu vider bien des bouteilles de « composés britanniques » pour entretenir cette brûlante et phosphorique illumination.

L'expression de la figure n'était pas précisément mauvaise. Au milieu des traces profondes du vice flétrissant et de la passion sans frein, au milieu de tout ce qu'il y avait de hardi et de masculin, de violent et de rusé, dans sa physionomie, il y avait aussi un air secret de grossière bonne humeur, un clignotement de l'œil qui annonçait une disposition à la gaieté et à la plaisanterie ; enfin sa lèvre retroussée montrait que, quelque dégradée que pût être la créature, elle avait conservé encore le trait saillant de son caractère, en continuant d'aimer à rire.

L'habillement de cette dame n'était pas aussi humble que l'on aurait pu le supposer. Une robe de soie cramoisie, ornée de volants et de falbalas jusqu'aux genoux, était relevée avec goût par un châle d'un jaune éclatant. Une paire de lourds pendants étincelait à ses oreilles. Probablement toute cette parure devait son origine à la politique de ses hôtes, qui avaient assez vu de la vie pour savoir que l'âge qui calme toutes les autres passions n'éteint jamais celle de la toilette dans le cœur de la femme.

A peine les quatre drôles eurent-ils jeté les yeux sur moi, qu'ils se levèrent tous.

« Mordieu, [1] Bess! cria le plus grand de la troupe, quel gosselin est-ce là? est-ce ici un mannezingue pour que tout marpant y apporte son hauge?

— Ho, ho, mon môme, cria Job, ne soyez pas arbif : pourquoi crier au cornant sur un cornillant : le gosselin est un chenu marpant et un zigue à moi; et de plus c'est une aussi jolie fleur de Tyburn qu'il y en eut jamais pour monter le cheval produit par un gland. »

Sur cette présentation élogieuse je fus entouré sur-le-champ, et l'un des quatre proposa que je fusse immédiatement « élu. »

Cette motion, probablement, ne promettait pas une cérémonie agréable, car Job la repoussa d'un air de dictateur, et rappela à ses camarades que tout convenable qu'ils pussent trouver de s'abaisser par occasion, ils étaient cependant des gentlemen escrocs, et non des voleurs de nuit et des faiseurs de mouchoirs vulgaires, et que, par conséquent, ils devaient m'accueillir avec les formes civiles qui convenaient à leur position sociale.

Sur cet avis qui fut reçu avec un mélange de rires et de déférence (car Job paraissait être un homme influent parmi ces Philistins) le plus grand de la compagnie, qui

---

1. « Mordieu, Bess ! cria le plus grand de la troupe, quel compagnon est-ce là ? Est-ce ici une auberge pour que tout individu y apporte sa malle? — Ho, ho, mon petit! cria Job, ne soyez pas en colère : pourquoi crier au bœuf sur un veau : l'homme est un bon compagnon et un de mes camarades. »

portait le nom euphonique de Patte d'araignée, me demanda poliment si je voulais « souffler un nuage avec lui ! » et sur mon consentement (car je pensais qu'une telle occupation serait une excellente excuse pour garder le silence), il me présenta une pipe pleine de tabac, à laquelle dame Brimstone mit le feu, et bientôt je fis de mon mieux pour épaissir encore plus l'atmosphère autour de nous.

M. Job Jonson commença alors avec habileté à détourner de moi la conversation pour la reporter sur les anciens associés de la bande; on les désignait tous sous des noms singuliers bien capables de dérouter toute impertinente curiosité. L'un se nommait Vilbrequin, et l'autre Blaguefort, un troisième, Magicien, un quatrième, Pomme d'api. Le plus grand des membres présents de la compagnie, s'appelait (comme je l'ai déjà dit ci-dessus), Pattes d'araignée, et le plus petit, Trotte-menu; Job lui-même était honoré du vénérable nom de « Cochon d'Inde. »

Job finit par expliquer la cause de ma présence, c'est-à-dire le désir qu'il avait de calmer la conscience de Dawson en costumant un camarade, que le pécheur ne pût reconnaître, comme un bailleur d'absolutions, et de lui procurer ainsi le bénéfice des choses saintes sans mettre la compagnie en danger par sa confession. Cette explication fut reçue avec beaucoup de bonne humeur, et Job, saisissant le moment favorable, se leva bientôt après, et, se tournant vers moi, me dit :

« Démurge, mon chenâtre mion, il faut que nous remouquions les bricards, et que nous mouchaillions le pantre aux peccavis [1]. »

Je ne me fis pas dire deux fois de déguerpir.

« Que le [2] boulanger t'antrole, Cochon d'Inde, pour avoir effarouché le picton, dit Pattes d'araignée, en humant le bol qui était déjà presque vide.

---

1. Partons mon brave, il faut que nous montions l'escalier pour aller voir le pécheur.

2. Que le diable t'empoigne, Cochon-d'Inde, pour interrompre nos libations.

— Bloquez le picton![1] cria mistress Brimstone, oui, et allez faire une tête dans la filasse. Comment, vous ne voudriez pas picter jusqu'au luisant dans une chouette cambuse comme la mienne, tout comme si vous étiez dans une piaule?

— Voilà qui est chenument gazouillé! s'écria Fib. Une chouette cambuse, vraiment! oui, comme le square de mistress Newman; des grinchés aux trois coins, et la béquille au quatrième[1]! »

Ce trait d'esprit fut reçu avec de grands applaudissements; et Jonson, ayant pris un chandelier des jolis doigts de mistress Brimstone exaspérée, la main de la dame devenue libre fort à propos, s'appliqua immédiatement sur la joue de Trotte-menu avec un mouvement si délibéré qu'elle terrassa presque l'imprudent railleur. Jonson et moi nous ne perdîmes pas un moment pour profiter de la confusion produite par cette aimable remontrance, nous sortîmes de la chambre à l'instant et nous fermâmes sur nous la porte.

1. « Cessez de boire! cria Mrs Brimstone, oui, et allez vous coucher. Vous ne voudriez pas rester à boire, jusqu'au jour, dans une honnête maison telle que la mienne, comme si vous étiez dans une gargotte. — Voilà qui est parfaitement parlé! s'écria Trotte-menu. Une honnête maison, vraiment! oui, comme le square de Newgate, des voleurs de trois côtés, et la potence au quatrième! »

CHAPITRE LXXXIII

Nous n'avions pas encore fait beaucoup de chemin, quand nous fûmes arrêtés par une porte ; Job l'ouvrit, et un étroit escalier, éclairé d'en haut par une lampe qui donnait peu de clarté, se trouva devant nous. Nous ôtâmes et nous nous trouvâmes dans une espèce de galerie : là était suspendue une autre lampe, au-dessous de laquelle Job ouvrit un cabinet.

« Voici le lieu où Bess dépose ordinairement les clefs, dit-il ; nous les trouverons là, j'espère. »

Parlant ainsi, maître Job entra, me laissant dans le corridor ; mais bientôt il revint avec un air désappointé.

« La vieille rosse les a laissées au-dessous, dit-il, il faut que j'aille en bas les chercher ; Votre Honneur voudra bien attendre ici jusqu'à ce que je remonte. »

Joignant l'action aux paroles, l'honnête Job descendit aussitôt, me laissant seul avec mes réflexions. Juste en face du cabinet était la porte de quelque appartement ; je m'y appuyai par hasard, elle était seulement poussée et s'ouvrit ; la conséquence ordinaire dans de semblables accidents est une certaine impulsion en dehors du centre de gravité. Je ne suis pas exempt de la loi générale, et en conséquence j'entrai dans la chambre d'une façon tout à fait contraire à celle que mes inclinations naturelles m'auraient fait adopter de préférence. Mon oreille fut frappée par une voix faible, qui partait d'un lit placé dans le coin opposé : elle demandait, dans le langage des voleurs et avec l'accent languissant de la faiblesse corporelle, qui était là? Je ne jugeai pas nécessaire de faire de réponse, mais je m'occupais de sortir aussi doucement que possible, quand mon œil s'arrêta sur une table aux pieds du lit, sur laquelle, au milieu de deux ou trois objets confondus ensemble, étaient déposées une paire de pistolets, et une de ces admirables épées, fabriquées selon les règlements militaires modernes, dans le double but de donner un coup de pointe et de taille. La lumière qui me permettait de découvrir le contenu de la pièce provenait d'une veilleuse placée dans la grille de la cheminée. Ces symptômes généraux de maladie, en même temps que quelques autres menus détails, (combinés avec la faible voix de celui qui avait parlé) me frappèrent de l'idée que je m'étais introduit dans la chambre de quelque membre valétudinaire de la bande. Enhardi par cette découverte, et m'apercevant que les rideaux étaient tirés hermétiquement autour du lit, de telle manière que celui qui l'occupait ne pouvait rien voir de ce qui se passait au-dehors, je ne pus résister au désir de faire deux pas sans bruit vers la table, et d'enlever doucement une arme, dont l'air aimable et poli semblait me faire des avances comme à un ami dès longtemps connu, dès longtemps éprouvé.

Ce larcin cependant ne s'effectua pas avec si peu de bruit, que la voix ne s'adressât à moi de nouveau, sur un ton un peu plus élevé, m'appelant par le nom de Brimstone Bess, demandant, avec force jurons, ce qu'elle avait? et priant qu'on lui donnât à boire. J'ai à peine besoin de dire que, comme la première fois, je ne fis aucune réponse, et je me glissai hors de la chambre aussi légèrement que possible. Je bénissais ma bonne fortune d'avoir jeté sur mon chemin l'arme dont l'usage m'était le plus familier. À peine avais-je regagné le passage que Jonson reparut avec les clefs; je lui montrai mon trésor (car véritablement il n'était pas de taille à pouvoir se cacher aisément).

« Êtes-vous fou, monsieur? dit-il, ou pensez-vous que le meilleur moyen pour éviter les soupçons soit de vous promener avec une épée nue à la main? Je ne voudrais pas que Bess vous eût vu pour le meilleur diamant que

j'aie jamais e nprunté. » A ces mots, malgré ma répugnance, Job me retira l'épée de la main.

« Où avez-vous pris cela ? »

Je le lui expliquai à voix basse, et Job rouvrant la porte
par laquelle j'étais entré avec si peu de cérémonie, posa
l'arme sans bruit sur la première chaise qu'il trouva sous
sa main. Le moribond, dont naturellement la maladie rendait les sens doublement subtils, cria de nouveau d'un ton
de mauvaise humeur : qui va là? Et Job répliqua, en langue d'argot, que Bess l'avait envoyé en haut pour chercher
ses clefs qu'elle s'imaginait y avoir laissées. L'invalide répondit par une prière à Jonson de lui donner un coup à
boire, et nous eûmes à subir un nouveau retard jusqu'à ce
que sa demande fut exaucée; nous enfilâmes alors le corridor. Quand nous fûmes arrivés à un autre escalier qui
conduisait à une porte, Job l'ouvrit, et nous entrâmes dans
une chambre de dimensions non communes.

« C'est ici, dit-il, l'appartement où Bess Brimstone se
livre au sommeil ; tout individu qui entre dans le corridor,
conduisant non-seulement à la chambre de Dawson, mais
à plusieurs autres occupées par ceux des amis qui récla-
ment comme lui un soin particulier, doit passer préalable-
ment par cette pièce. Vous voyez cette sonnette qui est
dans la ruelle du lit; je vous assure que ce n'est pas un
carillon ordinaire ; elle communique avec toutes les chambres à coucher de la maison. Elle sonne seulement en cas
de grande alarme, pour avertir chaque compagnon de
veiller sur sa personne. Il y en a deux de ce modèle, l'une
dans la chambre que nous venons de quitter, l'autre dans
une pièce occupée par Pattes d'araignée, qui est notre
chien de garde et a son chenil au-dessous. Les marches,
dans la chambre commune, qui semblent descendre à une
cave, conduisent à son antre. Comme nous aurons à revenir par cette chambre, vous voyez combien il serait difficile de soustraire Dawson, et que si la vieille dame sonnait l'alarme, toute la ruche serait sur pied en un
moment. »

Après ce discours, Job me conduisit hors de la chambre
par une porte percée en face, qui nous découvrit un passage,

de même étendue et de même forme que celui que nous venions de quitter au-dessous. Tout au bout était l'entrée d'un appartement devant lequel Jonson s'arrêta.

« Tenez, dit-il, tirant de sa poche un petit cahier de papier avec une écritoire de corne ; tenez, Votre Honneur, prenez ces objets, vous pourrez avoir besoin de noter les parties principales de la confession de Dawson ; maintenant nous voici à sa porte. Job alors introduisit dans la serrure l'une des clefs d'un trousseau volumineux, et le moment d'après nous fûmes dans l'appartement de Dawson.

La chambre basse et étroite, mais d'une longueur considérable, se trouvait dans une complète obscurité, et la faible et vacillante lumière que tenait Jonson, luttait seulement avec les ténèbres plutôt qu'elle ne les pénétrait. Au centre de la pièce était placé le lit. Sur ce lit, le visage pâle et creux, se penchait ardemment vers nous une forme maigre et exténuée. Je me souvenais fort peu de Dawson, que je n'avais vu, comme on sait, qu'une seule fois auparavant. Je me le figurais comme un homme de taille moyenne et de formes athlétiques, avec un teint clair et vermeil. La créature que j'avais maintenant devant les yeux formait un contraste absolu avec cette image. Ses joues étaient jaunes et tirées ; sa main, levée pour écarter les rideaux, avait plutôt l'air de la serre d'un vautour affamé, tant elle était maigre, allongée, flétrie de couleur et de forme.

Dès qu'il put nous apercevoir, il s'élança à moitié du lit, et s'écria, avec cet élan de joie qu'on éprouve quand on se sent décharger la poitrine d'un poids de terreur et d'inquiétude qui la tenait suffoquée, « Merci, mon Dieu, merci, mon Dieu ! c'est vous enfin ; et vous avez amené un ecclésiastique. Dieu vous bénisse, Jonson, je reconnais que vous êtes un véritable, un fidèle ami.

— Allons, bon courage ! dit Job, j'ai fait entrer par fraude ce digne gentleman, qui, j'en suis sûr, vous sera d'un grand soulagement, mais il faut être franc avec lui et ne rien lui déguiser.

— Je le serai, je le serai, s'écria Dawson, avec une

expression farouche et vindicative, ne fût-ce que pour
le faire pendre, lui. Tenez, Jonson, donnez-moi votre
main, approchez davantage de la lumière, je commence,
Lui, le diable, l'esprit malin, il est venu ici aujourd'hui ;
il m'a menacé de me tuer ; et j'ai écouté, écouté, toute
la soirée, et j'ai cru entendre son pas le long du corridor, monter l'escalier, s'arrêter à la porte ; mais non,
ce n'était pas lui, ce n'était rien, Job ; enfin vous êtes
venu, mon bon, mon cher, mon digne Job. Oh ! c'est si
horrible d'être abandonné dans les ténèbres, et de ne
pas dormir, et dans cette grande, grande chambre, où la
nuit semble l'éternité, et où l'on a de telles visions,
Job, de si épouvantables, de si épouvantables visions.
Tâtez mon poignet, Jonson, et ici mon dos, ne croiriez-
vous pas que l'on a versé sur moi un seau d'eau ? eh
bien ! non, c'est seulement une sueur froide. Oh ! c'est
une chose affreuse que d'avoir une mauvaise conscience,
Job ; mais vous ne me quitterez pas jusqu'au jour,
maintenant, mon cher, mon bon Job !

— Fi, fi, Dawson, dit Jonson, pas de ces terreurs !
soyez homme ; vous êtes comme un enfant effrayé par
un conte de sa nourrice. Voici l'ecclésiastique venu pour
soulager votre pauvre conscience, voulez-vous l'entendre à *présent* ?

— Oui, dit Dawson ; oui ! mais allez-vous en de la
chambre, je ne puis dire tout si vous restez ici ; allez,
Job, allez ! vous ne m'en voulez pas ? ce n'est pas pour
vous offenser.

— Vous en vouloir ! dit Job ; que le bon Dieu bénisse
le pauvre garçon ! non, pour sûr, non. Je me tiendrai
en dehors de la porte, jusqu'à ce que vous ayez fini
avec l'ecclésiastique ; mais dépêchez-vous, car la nuit est
presque écoulée, et je ne réponds pas de la vie du curé
s'il demeure ici après le point du jour.

— Je me hâterai, dit le coupable, en tremblant, mais
Job, où allez-vous, que faites-vous ? Laissez la lumière !
ici, Job, auprès du lit. »

Job lui obéit, et quitta la chambre en fermant la porte,
mais il ne s'éloigna pas assez pour ne pas entendre, pourvu

que le pénitent parlât un peu haut, toutes les particularités de sa confession.

Je m'assis à côté du lit, et prenant la main de squelette du malheureux, je lui parlai dans les termes les
plus consolants et les plus encourageants que je pus
appeler à mon aide. Il parut entièrement calmé par mes
paroles et finit par me supplier de le laisser joindre
ses prières aux miennes. Je m'agenouillai à terre, et mes
lèvres trouvèrent facilement des mots pour ce langage,
qui, quelles que soient les formules de notre foi, semble,
dans toutes les émotions violentes de nos cœurs, la voie
la plus naturelle pour les exprimer. C'est là, au chevet
de la maladie ou du remords, que les ministres de Dieu
exercent leur véritable pouvoir ! c'est là que leur office
est véritablement une mission divine bien au-dessus de
toutes les missions terrestres ; c'est là que, en versant
le baume et la consolation, en guérissant le cœur brisé,
en relevant l'esprit terrassé et dégradé, ils sont la voix
et l'oracle du PÈRE, qui nous a créés dans sa bonté et
nous jugera dans sa miséricorde ! Je me levai, et, après
une courte pause, Dawson qui se montrait impatient de
se soulager par la confession, commença ainsi.

« Je n'ai pas le temps, monsieur, de parler de la première partie de ma vie. Je l'ai passée sur les champs de
course, et à la table de jeu ; tout cela, je le reconnais,
était très-mauvais et très-coupable ; mais j'étais un garçon étourdi et paresseux, avide de tout ce qui ressemblait à des aventures et à des coups de tête ; si bien,
monsieur, qu'il y a maintenant plus de trois ans, je rencontrai pour la première fois un certain Tom Thornton.
C'était à une partie de boxe ; Tom avait été choisi pour
président d'une espèce de club de fermiers et de riches
paysans ; comme c'était un camarade gai et amusant,
habitué à la société des gentlemen, il était en grande faveur auprès de nous tous. Il se montrait fort civil avec
moi et j'étais tout-à-fait charmé de ses attentions. Je ne
sus pas cependant grand'chose de lui à cette époque ni
pendant plus de deux ans après, mais il y a quelques
mois nous nous rencontrâmes de nouveau. J'étais très-

mal accommodé ; lui pareillement, et c'est ce qui nous rapprocha plus intimement. Il passait une grande partie de sa vie dans les maisons de jeu, et s'imaginait avoir trouvé une méthode certaine pour maîtriser le hasard. Ainsi toutes les fois qu'il ne rencontrait pas un gentleman qu'il pût tromper avec des dés pipés, ou tricher aux cartes, etc., il se rendait dans un « enfer » pour y tenter son jeu infaillible. Je ne m'apercevais pas cependant que sa recette lui rapportât beaucoup ; et quoique de temps en temps, soit par cette méthode, soit par quelque autre, il eût en sa possession d'assez fortes sommes d'argent, cependant elles étaient dépensées aussitôt que gagnées. Le fait est qu'il n'est pas homme à jamais devenir riche : c'était un vrai dissipateur en toutes choses, il aimait les femmes et la boisson, et ne songeait qu'à fréquenter les gens d'un rang au-dessus du sien. Aussi affectait-il une grande indifférence pour l'argent ; et si, à une course ou à un combat de coqs, de véritables gentlemen voulaient bien l'accompagner chez lui, il ne les lâchait pas sans les avoir fêtés et régalés le mieux du monde.

« Il était donc toujours pauvre, et à bout de ressources. Il m'introduisit auprès de trois ou quatre gentlemen, comme il les appelait, que plus tard j'ai reconnus pour des marqueurs, des voleurs et des escrocs. Cette société-là eut bientôt raison du peu d'honnêteté que m'avaient laissée mes propres déportements. Ils n'appelaient jamais les choses par leurs vrais noms ; de manière qu'elles ne paraissaient jamais aussi mauvaises qu'elles l'étaient réellement ; escroquer un gentleman ne sonnait pas à l'oreille comme un crime quand c'était seulement « effaroucher un faraud ; » ni la déportation comme un châtiment, quand on l'exprimait en riant par les mots de « bier à la camplouse. » Si bien que, petit à petit, mes idées du juste et de l'injuste, de tout temps assez embrouillées, devinrent parfaitement confuses. L'habitude de traiter dans la conversation tous les crimes comme des sujets de plaisanterie, me les fit considérer bientôt comme des matières de très-peu d'importance, de véritables bagatelles.

« Alors, monsieur, aux dernières courses de Newmarket,

au printemps, Thornton et moi nous étions aux aguets. Il était descendu pour y séjourner, le temps des courses, dans une maison que je venais d'hériter de mon père, mais qui était plutôt pour moi une occasion de dépense qu'un avantage; surtout parce que ma femme, qui était la fille d'un aubergiste, était très-négligente et très-dépensière. Là nous fûmes mis dedans par un jockey que nous avions gagné à grands frais, et nous perdîmes dans les paris une somme considérable. Entre autres personnes, je perdis avec sir John Tyrrell. J'en exprimai ma contrariété à Thornton. Il me dit de ne pas m'en inquiéter. « Promettez, me dit-il, à sir John de le payer s'il veut venir à la ville; je suis parfaitement convaincu qu'avec ma recette infaillible au jeu nous pourrions gagner assez pour acquitter cette dette. » Il était si pressant que je me laissai persuader; mais Thornton m'a dit depuis que son seul motif était d'empêcher sir John d'aller chez le marquis de Chester (où il était invité) avec la société de milord; et d'avoir ainsi une occasion d'accomplir le crime qu'il méditait alors.

« En conséquence, selon le désir de Thornton, je priai sir John Tyrrell de venir avec moi à Newmarket. Il le fit. Je le quittai, je rejoignis Thornton, et nous nous rendîmes à la maison de jeu. Nous étions engagés dans ce jeu infaillible de Thornton quand sir John entra. J'allai à lui, je m'excusai de ne pas le payer, et je lui dis que je m'acquitterais dans trois mois. Cependant, sir John entra dans une grande colère et me traita avec tant de grossièreté que toute la table le remarqua. Quand il fut parti, je dis à Thornton combien j'étais blessé et indigné du traitement de sir John. Il m'enflamma encore davantage, exagéra la conduite de sir John, me dit que j'avais souffert la plus grossière insulte. Enfin, pour vous donner une idée du transport de colère où il me jeta, j'allai jusqu'à dire que, si j'étais un gentleman, je voudrais me battre avec Tyrrell sans me lever de table.

« Quand Thornton vit que j'étais ému à ce point, il me fit sortir de la chambre, et me conduisit dans une auberge. Là il commanda à dîner et fit servir plusieurs bouteilles de vin. Je n'ai jamais eu la tête forte : il le savait, et me pressa de boire avec tant d'adresse que je ne savais plus ce que je faisais, ni ce que je disais, Alors il s'étendit longuement sur notre position gênée. Ce n'était pas pour lui, disait-il ; il était garçon et il ne lui fallait pour vivre qu'une pomme de terre ; mais moi, j'avais à ma charge une femme et un enfant que je ne pouvais laisser mourir de faim. Sir John m'avait déshonoré publiquement ; j'étais un homme perdu pour les courses, aucun gentleman ne voudrait plus parier avec moi, et mille autres choses du même genre. Quand il fut sûr de l'effet qu'il avait produit sur moi, il me dit alors qu'il avait vu sir John recevoir une forte somme qui suffirait et au delà pour payer nos dettes et nous faire vivre en vrais gentlemen ; puis, enfin, il me proposa de le voler. Tout gris que j'étais, je fus un peu ému de sa proposition. Cependant les termes railleurs sous lesquels il déguisait la grandeur et le danger du crime, les diminuèrent extrêmement l'un et l'autre à mes yeux, bref je finis par consentir.

« Nous allâmes à l'hôtel de sir 'John et nous apprîmes qu'il venait de sortir ; nous nous mîmes aussitôt à sa poursuite. Il était déjà nuit close. A quelque distance de la grande route, après nous être engagés dans un sentier étroit nous dépassâmes un homme à cheval. Je remarquai seulement qu'il était enveloppé dans un manteau, mais Thornton me dit positivement : « Je connais bien cet homme, il a suivi Tyrrel tout le jour, et quoiqu'il essaye de se cacher, j'ai pénétré son déguisement : c'est le mortel ennemi de Tyrrell.

« Au pis aller, ajouta Thornton (paroles que je ne compris pas en ce moment), nous pouvons toujours faire retomber sur lui la chose.

« Un peu plus loin, nous tombâmes sur Tyrrell et sur un gentleman, à notre grand désappointement. Le cheval du gentleman avait éprouvé un accident, et Thornton mit pied à terre pour lui offrir ses services. Il assura le gentleman que la bête était tout à fait estropiée et ne pourrait guère le ramener chez lui ; il proposa alors à sir John de nous accompagner en lui disant que nous le remettrions dans la bonne voie ; sir John rejeta cette offre avec hauteur et nous poursuivîmes notre chemin.

« Notre coup est manqué, dis-je, puisque le voilà avec une autre personne.

« Pas du tout, répliqua Thornton, j'ai donné à l'animal un traître coup de couteau qui ne va pas hâter sa course, et si je connais bien sir John Tyrrell, c'est un damoiseau, il n'aura pas là patience d'attendre son compagnon, et de s'exposer à l'averse qui va tomber.

« Mais, lui dis-je, car je commençais alors à me remettre de mon ivresse, la lune est levée, et, à moins que cette averse ne la cache, sir John nous reconnaîtra ; ce que nous avons de mieux à faire, c'est d'aller au plus vite nous coucher à la maison.

« Sur ce, Thornton me traita de poule mouillée et m'assura qu'effectivement les nuages cacheraient la lune, ou si non, ajouta-t-il, je sais un bon moyen de faire taire les bavards. A ces mots je fus grandement alarmé, et je lui déclarai que s'il méditait un meurtre et non plus simplement un vol, je ne voulais pas m'en mêler davantage. Thornton se mit à rire et me dit de ne pas faire le niais. Pendant ce débat, voilà une ondée terrible qui tombe ; nous galopons à la hâte vers un gros arbre sur le bord d'un étang. Je voulais rentrer chez moi, mais Thornton ne voulut pas me laisser aller, et comme je ne lui résistais jamais, je restai, quoique fort à contre-cœur, sous l'arbre avec lui.

Au même instant nous entendîmes le pas d'un cheval.

« C'est lui, c'est lui, s'écria Thornton avec un sauvage accent de joie, et seul ! Alerte, il faut nous jeter sur lui, c'est moi qui lui crierai : la bourse ou la vie ! vous, retenez votre langue.

« Les nuages et la pluie battante avaient tellement assombri la nuit, que, sans être complétement noire, elle était assez obscure pour cacher nos visages. Juste comme Tyrrell approchait, Thornton se précipita en avant et s'écria en déguisant sa voix. « Arrêtez, sur votre vie ! » je le suivis, et nous voilà tous les deux aux côtés de sir John.

« Il essaya de passer entre nous mais Thornton le saisit

par le bras.. Il y eut une rude lutte, à laquelle je ne pris pas part; enfin Tyrrel se débarrassa de Thornton, et je le saisis à mon tour. Il éperonna son cheval, qui se cabra et nous jeta presque à terre moi et mon cheval. En ce moment Thornton assèna à ce malheureux un violent coup sur la tête avec le manche de son lourd fouet. Le coup fut si violent qu'il le renversa sur le sol. Thornton mit pied à terre, et m'en fit faire autant. Il n'y a pas de temps à perdre, dit-il, tirons-le hors du chemin et dépouillons-le. En conséquence, nous le portâmes (toujours privé de sentiment) au bord de l'étang que vous savez, pendant que nous cherchions l'argent dont Thornton avait parlé, la pluie cessa, et la lune parut derrière les nuages. Nous fûmes arrêtés quelque temps par cette circonstances que Tyrrel avait retiré son portefeuille de la poche où Thornton le lui avait vu mettre aux courses pour le cacher dans une poche intérieure.

« Nous venions de découvrir le portefeuille et de nous en emparer, lorsque sir John revint de son évanouissement, et que ses yeux s'ouvrirent en face de Thornton. Or Thornton était encore penché sur lui et examinait le contenu du portefeuille pour s'assurer que tout allait bien. Le clair de lune ne laissa aucun doute à Tyrrell sur nos personnes; et se débattant pour se relever, il s'écria : « Je vous connais! je vous connais! et je vous ferai pendre ». Il n'eût pas plus tôt proféré ces imprudentes paroles que tout fut fini pour lui. « Nous verrons, sir John, » dit Thornton, posant le genou sur la poitrine de Tyrrel, et le clouant à terre. Pendant qu'il était ainsi occupé, il me dit de tâter la poche de son habit pour y prendre son couteau à gaîne.

Thornton lui plongea deux fois le couteau dans le corps. La seconde fois, la lame toucha un os et se brisa en deux : si grande fut la violence du coup, qu'au lieu de rester dans les chairs l'éclat du couteau alla retomber à terre au milieu de la fougère et des herbes touffues.

« Pendant que nous nous occupions à le chercher, Thornton dont l'oreille était plus exercée que la mienne distingua le bruit d'un pas de cheval. En selle! en selle! cria-t-il, et sauvons-nous. » Nous nous élançâmes sur nos

chevaux et nous nous enfuîmes à toute bride. Je voulais retourner dans ma maison parce que nous l'avions presque
sous la main; mais Thornton insista, voulut absolument se
réfugier sous un vieux hangar qui se trouvait à un quart
de mille environ à travers champs : et nous nous y rendîmes.

— Arrêtez, lui dis-je; que fit Thornton de la moitié du
couteau qui lui était restée dans la main? La jeta-t-il, ou
l'emporta-t-il avec lui?

— Il la prit avec lui, répondit Dawson, car son nom
était gravé sur la plaque d'argent du manche; il n'osa
donc la jeter dans l'étang, comme je le lui conseillais dans
la crainte qu'il ne fût retrouvé quelque jour. Tout près
du hangar est une plantation de jeunes sapins. Thornton
et moi nous y entrâmes, il y creusa un trou avec le bout
de la lame qui restait au couteau, et il l'y enterra en recouvrant le trou de terre.

— Décrivez-moi la place, » dis-je. Dawson s'arrêta, et
sembla se recueillir. L'attente me mettait sur les épines,
car j'avais mesuré d'un seul coup d'œil toute l'importance
de sa réponse.

Après quelques instants, il secoua la tête. « Je ne puis dé-
crire la place, dit-il, le bois est trop épais; cependant je
connais si bien le lieu que, si j'étais dans n'importe quelle
partie de la plantation, je le montrerais tout de suite. »

Je lui dis de se reposer de nouveau, de se recueillir, et,
à tout hasard, d'essayer de m'indiquer la place. Cependant, ses explications sur ce point étaient si obscures, si embrouillées que je fus forcé d'y renoncer en désespoir de
cause. Il continua.

« Après cela, Thornton me fit tenir les chevaux; il
voulait, disait-il, s'en aller seul, pour voir si nous pouvions rentrer; il partit donc, et revint au bout d'une demi-
heure environ, me dire, qu'il était retourné là-bas, qu'il
avait vu près du cadavre, l'homme au manteau; que ce
dernier s'était enfui en entendant les pas d'un autre cavalier, qui, à ce que j'ai su depuis, était M. Pelham.

« Il n'y a pas de doute maintenant, dit-il, nous allons
avoir la clameur publique contre nous. Cependant si vous

êtes ferme et résolu, aucun danger ne peut nous advenir ;
vous n'avez qu'à me laisser seul rejeter tout le crime sur
sir Réginald Glanville.

« Nous voilà remontés à cheval et nous dirigeant vers la
maison. Nous nous faufilons au haut de l'escalier par les
derrières. Le linge et les mains de Thornton étaient ta-
chés de sang. Il changea de linge, enferma avec soin
celui qu'il venait de quitter et le brûla à la première occasion. Nous nous présentons alors comme si de rien n'é-
tait, on nous apprend que M. Pelham est venu à la maison ; mais comme, très-heureusement, notre maison avait
été visitée dernièrement par des vagabonds qui l'avaient
dévalisée, ma femme et les domestiques avaient refusé de
le recevoir. Je tombai dans une grande agitation, et je fus
extrêmement effrayé. Cependant, M. Pelham ayant laissé
un message pour nous donner rendez-vous à l'étang,
Thornton insista sur la nécessité d'y aller pour éviter tout
soupçon. »

A leur retour, comme Dawson avait toujours les nerfs
excessivement agités, Thornton insista pour qu'il allât se
coucher. Quand notre société de chez Lord Chester vint
à la maison, Thornton alla dans la chambre de son complice, et lui fit avaler un grand verre d'eau-de-vie, qui le
grisa assez pour le rendre moins sensible au danger de sa
situation. Plus tard quand le portrait fut trouvé, circonstance que Thornton lui communiqua, avec celle de la lettre
menaçante adressée par Glanville au défunt et découverte
dans le portefeuille de Tyrrell, Dawson reprit courage, et
la justice ayant fait fausse route, il se conduisit de manière
à pouvoir subir son interrogatoire sans éveiller de soupçons. Il se rendit alors à la ville avec Thornton, et suivit
assidûment le club, où Jonson l'avait déjà fait admettre.
Tout d'abord, grâce à ses nouvelles connaissances, et tant
que dura le premier éblouissement du trésor si mal acquis,
il réussit en partie à étouffer ses remords. Mais le succès
du crime est trop contre nature pour être de longue durée.
Sa pauvre femme, qu'après tout il semblait aimer véritablement, tomba malade, et mourut. A son lit de mort, elle
lui révéla les soupçons qu'elle avait eus de son crime, lui

déclara que c'étaient ces soupçons qui l'avaient minée et qui avaient fini par détruire sa santé; cet évènement tragique secoua la coupable torpeur dans laquelle était plongée sa conscience. Quand il eût dissipé sa part de l'argent volé, il tomba, comme Job avait dit, dans l'abattement et la tristesse, et souvent parla avec tant de force à Thornton de ses remords, qu'alarmé par la pusillanimité de son complice il se décida à le faire transférer dans l'espèce du tombeau où il gisait présentement.

Ici commença son véritable châtiment; secrètement confiné dans son appartement, tout au bout de la maison, sa solitude n'était jamais interrompue que par les courtes et brusques visites de son geôlier femelle, et (ce qui était pire que la solitude même) par les rares apparitions de Thornton. Ce misérable semblait porter dans le crime une disposition qui, pour l'honneur de la nature humaine, ne se rencontre que rarement, c'est-à-dire, l'amour du mal pour le mal. Avec une malignité doublement cruelle puisqu'elle était inutile, il privait Dawson de la seule grâce qu'il implorât, de la lumière pendant les heures d'obscurité; et non-seulement il insultait à sa couardise, mais il ajoutait encore à ses terreurs par des menaces de le réduire une bonne fois au silence.

Ces craintes avaient produit un effet si prodigieux sur l'esprit de cet homme, que la prison même lui paraissait un élysée en comparaison de l'enfer qu'il endurait. Aussi, quand sa confession fut terminée, et que je lui dis : « Si vous étiez hors de ce lieu, répéteriez-vous devant le magistrat tout ce que vous m'avez raconté ? » il sauta de joie à cette seule pensée. La vérité est qu'indépendamment de ses remords, de cette voix intérieure et impérieuse qui, dans toutes les annales du meurtre, semble pousser le criminel à l'expiation finale de son crime, il y avait encore dans son esprit un sentiment de cruelle et lâche vengeance contre son complice inhumain. Peut-être même trouvait-il une consolation à son propre destin dans l'espoir de faire retomber sur la tête de Thornton quelques-unes des tortures que le scélérat lui avait infligées.

J'avais noté sur mon carnet les principaux passages de

ṣa confession, je n'avais plus qu'à me hâter de rejoindre
Jonson, qui m'attendait à la porte, d'où il avait, comme
je l'ai dit par avance, tout entendu :

« Vous voyez, lui dis-je, que tout concluant qu'ait été
ce récit, il ne contient aucune preuve secondaire pour le
confirmer. Le seul témoignage qu'il pourrait nous fournir
serait le reste du couteau brisé, où est gravé le nom de
Thornton ; mais vous avez entendu de la bouche de Dawson, qu'il serait impossible à tout autre que lui dans un
bois de grande étendue de trouver l'endroit en question ;
vous ne pouvez donc manquer de convenir avec moi, que
nous ne devrons pas quitter cette maison sans Dawson. »

Job changea de visage.

« Je vois aussi clairement que vous, dit-il, qu'il serait
nécessaire pour ma pension, et pour l'entier acquittement de votre ami, de produire le témoignage personnel
de Dawson. Mais il est tard maintenant ; les hommes peuvent être encore en bas à boire ; Bess peut être encore
éveillée et debout. Même en la supposant couchée, comment pourrions-nous passer par sa chambre sans la déranger ? J'avoue que je ne vois aucune chance d'effectuer
l'évasion cette nuit sans courir le risque presque assuré de
nous faire couper la gorge. Reposez-vous donc sur moi du
soin de le faire échapper aussitôt que cela se pourra, probablement demain, et retirons-nous tranquillement, satisfaits des résulats que nous avons obtenus déjà. »

Jusque là, j'avais implicitement obéi à Job : ce fut alors
mon tour de commander. « Voyez-vous, lui dis-je, d'un
ton calme mais ferme, je suis venu dans cette maison sous
vos auspices, seulement pour obtenir le témoignage de cet
homme. Celui qu'il a donné, jusqu'à présent, ne peut avoir
plus de valeur qu'un fétu en justice ; et puisque je me
suis risqué au milieu des couteaux de vos associés, je veux
que ce soit pour quelque chose. Je vous le déclare franchement, soit que vous marchiez avec moi soit que vous
me trahissiez, je quitterai ces murs avec Dawson, ou j'y
laisserai mon cadavre.

« Vous êtes une bonne lame, monsieur, dit Jonson qui
sembla plus satisfait que contrarié de me voir si résolu,

et nous allons aviser à ce que l'on peut faire. Attendez ici, Votre Honneur, pendant que je descends voir si ces garnements sont allés se coucher, et si le terrain est libre. »

Job descendit et je rentrai dans la chambre de Dawson. Quand je lui dis que nous étions résolus, s'il était possible, à le faire évader, rien ne peut donner une idée de son ravissement et de sa gratitude. Mais il exprimait ces sentiments d'une manière si servile et si basse, avec tant d'ignobles menaces de vengeance contre Thornton, que je pus à peine cacher mon dégoût.

Jonson revint, et me fit signe de sortir de la chambre.

« Ils sont tous au lit, monsieur, dit-il, Bess aussi bien que les autres. En vérité, la vieille fille a tant bu qu'elle dort comme si elle ne devait plus se réveiller qu'au jour du jugement. Je me suis assuré aussi que la porte de la rue n'a pas été refermée au verrou, de manière qu'après tout, si nous ne réussissons pas cette nuit, il n'y a pas de raison pour que nous fassions mieux une autre fois. Je ne crains que la maladresse de ce poltron. J'ai laissé toutes grandes ouvertes les deux portes de Bess; ainsi nous n'avons qu'à nous glisser par là; quant à moi, je n'en suis pas à mon coup d'essai, et je pourrais dérober aussi bien mon passage à travers la chambre d'un malade, qu'un rayon de soleil à travers le trou d'une serrure.

— Eh bien! lui dis-je dans le même style, je ne suis pas non plus un éléphant, et mon maître de danse avait l'habitude de me dire que je pourrais marcher sur l'aile d'un papillon sans compromettre l'éclat de ses couleurs; (pauvre Coulon! il ne se doutait guère de l'usage auquel devaient plus tard me servir ses leçons!) ainsi détalons prestement, maître Job.

— Arrêtez, dit Jonson ; j'ai encore une cérémonie à accomplir avec notre oiseau en cage. Faut-il que je lui mette encore un bâillon? car bien que, s'il s'échappe, je doive quitter l'Angleterre, peut-être pour toujours, pour éviter toute rencontre avec ces bons lurons, et que, par conséquent, je me soucie peu qu'il babille sur mon compte; cependant il y a quelques braves compagnons dans le club auxquels je ne voudrais pas faire tort pour tout l'or des

Indes. Ainsi je vais faire jurer à maître Dawson notre grand serment ; le diable lui-même n'oserait trahir celui-là, je pense [1] ! Votre Honneur voudra bien se tenir à la porte en dehors, car nous ne pouvons avoir de témoins pendant qu'on le prononce. »

Job entra ; moi je restai à la porte. Quelques minutes après, j'entendis les accents suppliants de la voix de Dawson. Job ne tarda pas à revenir. « Le chien de poltron ne veut pas prêter le serment, » dit-il, « et je me laisserai plutôt couper la main que de tourner la clef pour lui ouvrir avant qu'il l'ait prononcé. Mais quand Dawson vit que Job avait quitté la chambre et emporté la lumière, le lâche, poursuivi par ses remords, accourut à la porte pour supplier Job de revenir. « Jurerez-vous alors ? dit Jonson. « Oui, oui, » répondit-il.

Alors Job rentra, quelques minutes se passèrent, puis il reparut ; Dawson était habillé et le tenait par le pan de son habit. « C'est fait, » me dit-il d'un air satisfait.

Le serment avait été prononcé ; quel était ce serment ? je l'ignore, mais il n'était jamais violé.

Dawson et Job ouvrirent la marche, je les suivis, nous traversâmes le corridor, et nous arrivâmes à la chambre de Mrs Brimstone endormie. Job se pencha vivement pour écouter, avant de nous faire entrer ; il se saisit du bras de Dawson, et me faisant signe de le suivre, se glissa à travers la chambre, d'un pas que la taupe aveugle n'aurait pas entendu. L'adroit voleur ne manqua pas de voiler soigneusement avec sa main la chandelle qu'il portait, en passant près du lit. Je vis que Dawson tremblait comme la feuille et que l'agitation de ses menbres rendait son pas moins sourd et moins léger. Ils avaient presque déjà dépassé le lit, lorsqu'en tournant mes regards vers Brimstone Bess, je vis avec un frisson ses yeux s'ouvrir lentement et se fixer sur mes compagnons. Le regard de Dawson s'était porté dans

1. Ceux qui sont familiers avec les annales de Newgate savent combien sont tenus religieusement les serments de cette effrayante franc-maçonnerie.

la même direction, et quand il rencontra les gros yeux
vitreux et ébahis de la vieille, il poussa un petit cri.
Autre danger; sans cette exclamation, Bess eût pu, dans
la vision équivoque de l'assoupissement, laisser passer
le troisième sans trop y prendre garde et s'imaginer que
ce n'étaient que moi et Jonson qui revenions de l'appartement de Dawson. Mais son oreille n'eut pas plus
tôt saisi ce bruit, qu'elle se leva brusquement et s'assit
droite sur son lit, en nous regardant avec un mélange
d'étonnement et de colère.

Ce fut un moment terrible, nous nous arrêtâmes rivés
au sol ! « Ohé, mes petits, » s'écria Bess, retrouvant enfin
la parole, vous voilà dans vos petits souliers, à ce qu'il
me semble ! Esclavez vos arpions, maître Cochon d'Inde,
vous entrolez Dawson, hein ! Mais Bess vous escarche,
mon marpant, Bess vous escarche [1]. »

Jonson parut irrésolu un instant; mais un instant
seulement. « Sauvez-vous, sauvez-vous, » s'écria-t-il,
« ou vous êtes perdu; » et avec Dawson (à qui veritable-
ment la peur prêtait des ailes) ils furent hors de la chambre en un moment. Je ne perdis pas de temps pour suivre leur exemple; mais la vigilante et furieuse sorcière
fut plus leste que moi; elle tira violemment la sonnette
sur laquelle elle avait déjà posé la main; le signal d'a-
larme retentit comme un écho dans une caverne; en
bas, tout autour, loin, près, de mur en mur, de chambre
en chambre, le son semblait se multiplier et se répéter !
et en moins de temps qu'il n'en faut pour respirer elle
s'élança de son lit et me saisit, juste au moment où je
venais d'atteindre la porte.

« En avant, en avant, en avant, » criait à Dawson la
voix de Jonson, comme ils avaient déjà gagné le corridor
et laissé la chambre dans une complète obscurité.

D'une poigne ferme, musculeuse, nerveuse, presque
masculine, la sorcière s'accrocha à ma gorge et à ma
poitrine. Par derrière, dans quelques-unes des nom-

1. Halte-là, maître Cochon-d'Inde, vous êtes en train d'enlever
Dawson, hein? Mais Bess vous voit, mon bonhomme, Bess vous voit. »

breuses pièces qui donnaient sur le corridor que nous avions quitté, j'entendais des bruits qui ne m'anonçaient que trop avec quelle rapidité s'était répandue l'alarme. Une porte s'ouvrit. des pas approchèrent, c'en était fait de moi; mais le désespoir me donna de l'énergie : ce n'était pas le moment de se montrer trop scrupuleux observateur des égards dus au beau sexe. Jetant Bess sur le plancher, je m'arrachai de ses mains, et me sauvai en descendant les escaliers avec toute la précipitation que permettait l'obscurité. Je gagnai le corridor à l'extrémité duquel pendait la lampe maintenant défaillante qui brûlait comme vous savez, près de la chambre du malade où j'avais fait sans le vouloir ma malencontreuse culbute. Il me passa par l'esprit une pensée qui me donna une nouvelle force et de nouvelles jambes ; je volai le long du corridor guidé par la lumière mourante. L'escalier que j'avais quitté tremblait sous les pas de ceux qui me poursuivaient. J'étais à la porte du malade, je l'enfonçai, je saisis l'épée sur la chaise où Dawson l'avait mise, et éprouvant, au contact de cette arme familière la même sensation que si la force de dix hommes eût passé dans mon seul bras, je bondis au bas de l'escalier qui était devant moi. Franchissant la porte du fond, qu'heureusement Dawson avait laissée ouverte : je la lançai presque à la figure de mes ennemis. Je me trouvai alors dans le long passage qui conduisait à la porte de la rue, sain et sauf, mais dans les plus épaisses ténèbres. Une lumière éclata d'une porte à gauche ; celle de la chambre commune dans laquelle nous étions entrés d'abord. Elle s'ouvrit et Pattes d'Araignée avec un de ses camarades, le premier portant une chandelle, regardèrent en dehors. Je passai près d'eux comme une flèche, et, guidé par leur lampe, je m'enfuis de plus belle jusqu'à ce que j'eusse atteint la porte. Imaginez mon effroi. Soit par effet du hasard, soit précaution cruelle de mes compagnons de fuite pour empêcher qu'on ne les poursuivît, au moment de l'ouvrir, je la trouvai fermée.

Cependant les deux scélérats étaient arrivés sur moi; presque sur leurs talons il en venait deux autres, probablement ceux qui me poursuivaient depuis l'étage supérieur. Heureusement le passage (comme je l'ai dit plus haut) était très-étroit; et tant que l'on n'userait pas d'armes à feu, et qu'on ne ferait pas contre moi une charge générale, je ne doutais pas que je ne fusse capable de tenir les bandits en respect jusqu'à ce que j'eusse trouvé le moyen de faire jouer le loquet.

Tandis que ma main gauche était occupée à chercher ce malheureux loquet, je faisais assez bon usage de la droite pour tenir mes adversaires à distance respectueuse. Celui qui s'était aventuré le plus près de moi, était Trotte-menu; il avait une arme exactement semblable à la mienne, tout le passage retentissait de jurons et de menaces. « Butez le mion! [1] basourdissez-le, basourdissez-le avant qu'il débride la lourde!... Fib, entaillez-le de part en part; s'il parvient à s'esbigner nous épouserons tous la veuve. »

Jusque-là, au milieu de la confusion, je n'avais pas été capable de me rappeler les instructions de Job pour ouvrir le loquet; enfin je m'en souvins et pressai la cheville, le loquet se leva, j'ouvris la porte; mais pas assez pour m'échapper par l'ouverture. Les scélérats virent que ma fuite était imminente. « Précipitez-vous sur le mion! précipitez-vous sur lui! » cria la voix forte de quelqu'un qui était derrière. A ces mots, Trotte-menu fut poussé sur la pointe tendue de ma lame; mon bras n'eut pas besoin de faire un effort, l'épée lui entra dans la poitrine et il tomba à mes pieds baigné dans son sang; l'attaque dont ils attendaient ma perte, devint mon salut; ébranlés par la chute de leur compagnon, ils me laissèrent passer; je profitai de la confusion du moment, j'ouvris la porte avec violence, et, me souvenant de l'avis de Job, je tournai à droite, avec une rapidité qui rendait toute poursuite impossible.

---

1. Tuez-le camarade, jetez-le en bas avant qu'il n'ouvre la porte..... Fib, percez-le, de part en part, s'il s'échappe d'ici, nous serons tous pendus.

CHAPITRE LXXXIV

Le jour avait déjà commencé à poindre, mais tout était encore tranquille et silencieux; mes pas faisaient retentir le pavé solitaire d'un bruit étrange à cette heure encore muette. Néanmoins, quoique toute poursuite eût cessé depuis longtemps, je continuai toujours à courir machinalement, jusqu'au moment où, faible et hors d'haleine, je fus forcé de m'arrêter. Je regardai autour de moi, mais je ne reconnaissais rien qui me fût familier dans ces rues étroites et sales. Leurs noms même m'étaient comme une langue inconnue. Après un court repos je recommençai ma course vagabonde, et j'arrivai enfin à une ruelle appelée River Lane [1]; le nom ne me trompait pas et après un court trajet je vis en face de moi la Tamise; là, à mon inexprimable joie, je découvris un batelier solitaire qui me transporta immédiatement à Whitehall Stairs.

Jamais, je pense, un amoureux, au déclin de la saison, n'arriva à cet escalier dans l'agréable but d'accompagner sa propre dame, ou la femme d'un autre, au parc verdoyant de Richmond, ou aux jardins d'Hampton dorés par le soleil, avec une joie plus ardente et plus animée que celle que je ressentis lorsque repoussant le bras du rude batelier je m'élançai sur les marches bien connues. Je me dirigeai à la hâte vers cette place de jarvys [2], qui souvent a

1. Ruelle de la rivière.
2. Vieux fiacres.

été l'espoir et l'abri des membres attardés de Saint-Stephen, ou des fugitifs trempés de l'Opéra, je secouai un cocher endormi, et me fis descendre à l'hôtel Mivart.

Le portier, entre deux sommes, m'examina et me dit de m'en aller ; j'avais oublié, jusque-là, mon étrange accoutrement. « Peuh, mon ami, lui dis-je, M. Pelham ne peut-il aller à une mascarade aussi bien que ses supérieurs ? » Ma voix et mes paroles dégrisèrent mon cerbère qui me permit d'entrer ; je me hâtai de me rendre à mon lit, et je n'eus pas plus tôt posé la tête sur l'oreiller que je tombai dans un profond sommeil. Il faut avouer que je l'avais bien mérité.

Je n'avais pas été plus de deux heures dans le pays des rêves, que je fus éveillé par quelqu'un qui me saisissait le bras. Les événements de la nuit passée étaient encore si présents à ma mémoire, que je sautai comme si je me sentais un couteau sur la gorge, mes regards tombèrent sur la figure de M. Job Jonson.

« Grâce au ciel, monsieur, vous êtes sauvé ! Je n'avais guère l'espoir de vous trouver ici en venant.

— Mais, lui dis-je, en me frottant les yeux, il est pourtant bien vrai que je suis sain et sauf, honnête Job ; cependant je crois que je n'ai pas grands remercîments à vous faire pour une circonstance qui m'a été particulièrement assez désagréable. Vous m'auriez épargné beaucoup d'embarras à moi-même et quelque chose de pis à votre digne ami M. Trotte-Menu, si vous eussiez laissé la porte ouverte, au lieu de m'enfermer dans votre club, comme vous vous plaisez à l'appeler !

— C'est bien vrai, monsieur, dit Job, et je suis extrêmement chagrin de cet accident ; c'est Dawson qui a fermé la porte, dans son trouble extrême, quoique je lui eusse spécialement recommandé de ne pas le faire, le pauvre diable ne savait pas où il en était.

— Vous l'avez mis en sûreté, dis-je vivement.

— Oui, fiez-vous-en à moi pour cela, Votre Honneur. Je l'ai enfermé à la maison pour venir vous trouver ici.

— Nous ne perdrons pas de temps pour le mettre en lieu plus sûr encore, dis-je en sautant en bas du lit : vite, allons rue ***.

— Doucement, doucement, monsieur, répondit Jonson. Vous ferez tout ce qu'il vous plaira, mon rôle à moi est terminé. Maintenant, je vais coucher à Douvres cette nuit, et déjeuner à Calais demain. Si cela ne gênait pas Votre Honneur, je vous prierais de me compter d'avance le premier quartier de ma pension et de me faire toucher le reste exactement sur la maison Lafitte à Paris, à l'ordre du capitaine de Courcy. Je ne puis encore trop dire où je compte demeurer désormais; mais soyez assuré qu'il y aura peu d'endroits, la vieille et la nouvelle Angleterre exceptées, où je ne puisse mener joyeuse vie, grâce à la libéralité de Votre Honneur.

— Fi! mon brave garçon, repris-je, n'abandonnez jamais un pays auquel vos talents font tant d'honneur; restez ici, et réformez-vous à l'aide de votre pension. Si jamais je puis voir mes propres souhaits accomplis, je tâcherai que les vôtres n'y perdent rien non plus; car je penserai toujours à vos services avec reconnaissance... quoique vous m'ayez fermé la porte au nez.

— Non, monsieur, reprit Job, la vie est un trésor dont je désire ardemment jouir encore quelques années. Or, pour le moment, mon séjour en Angleterre l'exposerait d'une manière fort triste aux hasards de « la loi du club. » En outre je commence à penser qu'une bonne réputation est une agréable chose quand elle n'est pas trop gênante, et comme je désespère de la trouver en Angleterre, je ferai aussi bien d'en essayer à l'étranger. Si Votre Honneur veut aller chez le magistrat, lui demander un mandat d'amener et un agent de police, pour me débarrasser de mon dépôt, aussitôt que je me verrai déchargé de ma responsabilité j'aurai l'honneur de vous faire mes adieux.

— A la bonne heure, comme il vous plaira. Maudits soient vos chiens de cosmétiques? Comment diable pourrai-je jamais reprendre mon teint naturel? Voyez-vous, maraud! vous m'avez peint sur le côté gauche de la bouche une longue ride qui est assez épaisse pour engloutir tout ce que j'eus jamais de beauté. Mais qu'est-ce que cela veut dire? l'eau semble n'y rien faire?

— Certainement non, monsieur, dit Job avec calme, je

serais un piètre barbouilleur si mes couleurs s'en allaient
avec une éponge mouillée.

— Bonté divine! m'écriai-je avec une véritable terreur
panique : comment, au nom du ciel, peut-on les enlever ?
est-ce que je vais ressembler par hasard, avant d'avoir
atteint ma vingt-troisième année, à un prêtre méthodiste
qui a dépassé la quarantaine, coquin que vous êtes !

— Votre Honneur peut répondre mieux que personne
à la dernière question, répliqua Job. Quant à la première,
j'ai là un onguent : si vous permettez que je vous l'ap-
plique, il vous enlèvera toutes les couleurs autres que
celles dont la nature vous a gratifié. »

A ces mots, Job tira une petite boîte ; et, après m'être
soumis quelques instants à son adresse, j'eus l'ineffable
joie de me voir rendu à mon état naturel. Néanmoins
mon ravissement ne fut pas sans mélange en songeant à
la perte de mes boucles de cheveux : je remerciai le ciel,
cependant, que ce malheur me fût arrivé seulement après
qu'Hélène avait accepté l'offre de mes vœux. Un amoureux dévoué désormais à une seule dame ne doit pas d'ailleurs être trop dangereux, pour ne pas faire trop de ravages dans le reste du monde féminin : il faut bien un
peu de pitié pour ce pauvre beau sexe.

Quand ma toilette fut achevée, nous nous rendîmes,
Jonson et moi, chez le magistrat. Il attendit au coin de la
rue, pendant que j'entrai dans la maison.

Il serait inutile de raconter encore les détails qui firent
frissonner le saint homme, dont les yeux étaient fixés
avec effroi sur le divan.

Ayant appelé à mon aide le redouté M. *** l'homme à la
trogne couleur de mûre, nous montâmes dans un fiacre
et nous nous dirigeâmes vers la demeure de Jonson, Job
montant la garde sur le siége.

« Je pense, monsieur, dit M. *** regardant en haut
l'homme aux deux vertus, que j'ai déjà eu le plaisir de
voir ce monsieur quelque part.

— Très-probablement, répondis-je, c'est un jeune
homme qui a déjà fait parler de lui. »

Quand nous eûmes coffré en sûreté dans la voiture

Dawson (qui paraissait plus tranquille d'esprit et même plus courageux que je m'y étais attendu), Job me fit signe de le suivre dans un petit parloir. Je lui signai une traite de cent livres sur mes banquiers, quoiqu'en ce moment ce fût comme si l'on eût tiré de mes veines la dernière goutte de mon sang, et je promis de bonne foi que si le témoignage de Dawson était couronné de succès, et à dire vrai, je n'en doutais plus, la pension lui serait régulièrement payée, comme il le désirait. Nous prîmes ensuite affectueusement congé l'un de l'autre.

« Adieu, monsieur, dit Job, je pars pour un monde nouveau, celui des honnêtes gens!

— S'il en est ainsi, répondis-je, voilà un adieu véritable! car sur cette terre nous ne nous rencontrerons plus jamais. »

Nous retournâmes à *** Street. Comme je descendais de la voiture, une femme, enveloppée de la tête aux pieds dans un manteau, vint rapidement au-devant de moi et me saisit par le bras. « Pour l'amour de Dieu, dit-elle, d'une voix basse et précipitée, venez me parler un seul moment à l'écart. » Remettant Dawson aux soins de l'agent de police, je fis ce que l'on désirait de moi. Quand nous eûmes descendu la rue quelques pas, la femme s'arrêta. Quoiqu'elle tînt son voile abaissé sur son visage, il n'y avait à se tromper ni sur sa voix ni sur son air, je la reconnus aussitôt. « Glanville, dit-elle, dans une grande agitation, sir Réginald Glanville; dites-moi, est-il réellement en danger? » Elle s'arrêta court, elle ne put en dire davantage.

« J'espère que non! répondis-je, ayant l'air de ne pas reconnaître celle qui me parlait.

— J'espère que non! répéta-t-elle, est-ce là tout? » Et alors les sentiments passionnés de son sexe surmontant toute autre considération, elle me saisit par la main et me dit : « Oh, M. Pelham, par pitié, dites-moi, est-il vrai qu'il soit à la discrétion de ce scélérat de Thornton? Vous n'avez pas besoin de me rien déguiser; je connais toute la fatale histoire.

— Calmez-vous, chère lady Roseville, lui dis-je d'une

voix caressante ; car il est inutile d'affecter plus longtemps
de ne pas vous reconnaître, Glanville est sauvé ; j'ai amené
avec moi un témoin dont la déposition doit le faire mettre
en liberté.

— Dieu vous bénisse, Dieu vous bénisse ! « dit lady Roseville, et elle fondit en larmes. Mais bientôt recouvrant une
partie de cette dignité qui n'abandonne jamais pour longtemps une femme vertueuse et d'un esprit cultivé, elle
reprit fièrement, quoique avec amertume : « Ce n'est pas un
motif ordinaire, ce n'est pas le motif que vous avez pu rai-
sonnablement m'attribuer, qui m'a amenée ici. Sir Réginald Glanville ne peut jamais être qu'un ami pour moi,
mais, de tous les amis, le plus cher et le plus précieux. J'ai
appris sa disparition par son domestique, et comme je connaissais son histoire secrète, jugez quelle inquiétude mortelle j'ai dû en concevoir. En résumé, je... je... mais les
explications sont inutiles maintenant ; vous ne direz jamais
que vous m'avez vue ici, M. Pelham ; vous tâcherez même
de l'oublier... adieu. »

Lady Roseville, refermant alors avec soin son manteau
sur elle, me quitta d'un pas vif et léger, et, tournant le
coin de la rue, disparut à mes yeux. Je retournai à mon
homme ; je demandai une entrevue immédiate avec le magistrat. « Je suis venu, lui dis-je, pour remplir l'engagement
que j'ai pris, et faire acquitter l'innocent. » Alors je lui racontai brièvement mes aventures, évitant seulement (selon
ma promesse) tout ce qui aurait pu faire reconnaître Job,
mon associé. Je préparai ainsi le digne magistrat aux aveux
et à la déposition de Dawson. Ce malheureux venait de
terminer son récit, quand un agent entra et dit tout bas
au magistrat que Thornton était là qui attendait.

« Faites entrer, » dit M*** à voix haute. Thornton entra
en effet comme d'habitude avec ses airs d'effronterie fan-
faronne, mais il n'eut pas plus tôt arrêté les yeux sur Dawson que sa physionomie subit une altération mortelle.
Dawson ne put contenir la lâche pétulance de son ressentiment. « Ils savent tout, Thornton ! » s'écria-t-il, avec un
regard de triomphe. Le scélérat déconcerté tourna lentement ses yeux, de son ancien complice vers nous, en mur-

murant quelque chose que nous ne pûmes entendre. Il lut sur ma figure, sur celle du magistrat, que sa sentence était prononcée. Le désespoir lui donna de la présence d'esprit, et il se précipita tout à coup vers la porte. Les agents qui étaient là de planton le saisirent.

Pourquoi détailler le reste de la scène? Ce jour-là même il fut envoyé devant les tribunaux, et sir Réginald Glanville fut honorablement rendu à la liberté, et acquitté sans hésitation.

CHAPITRE LXXXV

Le principal intérêt de mes aventures, si véritablement
je puis me flatter qu'elles en aient jamais eu un peu, est
maintenant terminé, le mystère est expliqué, l'innocent
acquitté, et le coupable condamné. En outre, tous les
obstacles qui s'opposaient au mariage du très-indigne héros
avec l'héroïne incomparable étant écartés, ce ne serait
plus qu'une oiseuse prolixité de se traîner sur les détails
préliminaires d'une cour orthodoxe et conforme à l'usage.
Ce n'est pas à moi non plus de m'étendre sur les expressions exagérées de reconnaissance, auxquelles le cœur
affectueux de Glanville se livra à propos des efforts heureux que j'avais faits en sa faveur : mais il ne voulait pas
me faire grâce du plus mince éloge que j'avais pu mériter
à cet égard. Il raconta à lady Glanville et à Hélène mes
aventures au milieu des camarades du digne Job ; la bouche de la mère, et les yeux de la chère sœur, achevèrent
de me faire bénir la bonne fortune qui m'avait rendu l'instrument du salut de Glanville et de son acquittement. Je
ne fus pas condamné à voir se prolonger sans pitié ce
temps, que l'on a peut-être raison d'appeler le plus heureux de la vie, mais que *nous* (je parle des vrais amants),
par cet esprit de contradiction commun à la nature humaine, nous voudrions abréger de plus de moitié.

Mes noces furent fixées à un mois à partir du jour qui rendit Glanville à la liberté. Réginald était même plus ardent
que moi à avancer l'époque désirée ; dans la persuasion où

il était que sa fin approchait rapidement. Son unique vœu était d'être témoin de notre union. Ce désir et l'intérêt qu'il prenait à notre bonheur lui donnaient une nouvelle énergie et une nouvelle animation qui nous faisait espérer vivement qu'il se rétablirait complétement. La nature même du mal auquel il était en proie entretenait cette douce croyance de nos cœurs : il avait les joues colorées et les yeux vifs, sous cette animation factice se cachait le ravage des progrès incessants de sa maladie.

Depuis le jour mémorable où j'avais rencontré lady Roseville dans *** Street, nous ne nous étions pas revus. Elle s'était renfermée dans son splendide hôtel et les journaux étaient pleins de regrets sur la maladie présumée et sur la retraite certaine d'une dame dont les fêtes et les réjouissances leur avaient fourni leurs pages les plus brillantes. La seule personne admise auprès d'elle était Hélène. Depuis quelque temps elle ne lui faisait plus mystère de son inclination, et recevait par elle des nouvelles quotidiennes et sûres de la santé de sir Réginald. Plusieurs fois, quand à une heure avancée, je quittais les appartements de Glanville, je passai devant une figure de femme complétement déguisée, et qui paraissait veiller sous ses fenêtres, toujours ouvertes à cause de la chaleur de la saison, pour plonger peut-être un coup d'œil dans la chambre du malade et entrevoir en passant sa figure amaigrie et languissante. Si la femme qui veillait ainsi, triste et solitaire, était celle que je soupçonnais, il fallait qu'en effet elle fût dominée par un amour bien puissant et bien profond, pour lui sacrifier ainsi l'orgueil et la fierté de la noble comtesse de Roseville !

Je passe à un personnage très-différent dans cette *véridique histoire*. Mon père et ma mère étaient absents de la ville et chez lady H. quand mon mariage fut arrêté ; je leur écrivis à tous deux pour leur demander d'approuver mon choix. Je reçus de lady Frances cette réponse :

« Mon très-cher fils,

« Votre père désire que je réunisse ses félicitations aux « miennes, sur le choix que vous avez fait. Je me hâterai

« de retourner à Londres, pour être présente à la cérémo-
« nie. Cependant il ne faut pas m'en vouloir, si je vous dis,
« qu'avec votre figure, vos perfections, votre naissance,
« et (par-dessus tout) votre ton distingué, vous eussiez pu
« choisir parmi les plus élevées et les plus riches familles
« du pays. Cependant je n'éprouve aucun déplaisir, aucun
« désappointement, en songeant à votre future épouse. Sans
« parler de l'ancienneté de son nom (les Glanville ont
« formé des mariages avec les Pelham sous le règne de
« Henry II), c'est un grand pas vers les distinctions fu-
« tures qui vous attendent dans votre carrière que d'épou-
« ser une beauté, je dis une beauté aussi célèbre que miss
« Glanville. Peut-être est-ce un des moyens les plus sûrs
« pour arriver au ministère. Les quarante mille livres
« que miss Glanville doit, dites-vous, recevoir, ne font,
« assurément, qu'un mince revenu ; quoique avec votre
« propre fortune, cette somme en argent comptant, eût
« augmenté de beaucoup la propriété de Glenmoris, si
« votre oncle (je ne puis pas lui pardonner), ne se fût pas
« remarié.

« Cependant ne perdez pas de temps pour vous faire
« admettre à la Chambre. A tout événement le capital
« assurera votre élection dans un bourg, et vous main-
« tiendra en bonne position jusqu'à ce que vous soyez dans
« l'administration. Là, naturellement, votre fortune n'im-
« porte guère. Les petits boutiquiers seront trop heureux
« d'inscrire votre nom sur leurs livres. Assurez-vous donc
« que l'argent est libre et que vous en pouvez disposer. Il
« faut que miss Glanville comprenne que son intérêt, aussi
« bien que le vôtre, est que vous ayez la libre disposition
« d'une fortune que vous trouveriez autrement insuffisante
« pour vivre. Comment, je vous prie, se porte sir Réginald
« Glanville ? Sa toux est-elle aussi opiniâtre que d'habi-
« tude ? A propos, comment est faite la substitution de son
« bien ?

« Voulez-vous donner à Stonor l'ordre de nous tenir la
« maison prête pour vendredi ? nous reviendrons à l'heure
« du dîner. Permettez-moi de vous féliciter encore très-
« sincèrement de votre choix. J'avais toujours pensé que

« vous aviez plus de bon sens, je ne dis pas seulement plus
« de génie, que tous les jeunes gens de ma connaissance.
« Vous l'avez prouvé dans cette occasion importante. Le
« bonheur domestique, mon très-cher Henry, doit être la
« pensée dominante de tout Anglais, quelque élevée que
« soit sa position. Quand je réfléchis sur les qualités de
« miss Glanville et sur sa réputation de beauté, je ne fais
« nul doute que vous ne possédiez le bonheur que vous
« méritez. Mais assurez-vous que le maniement de la for-
« tune vous appartiendra ; le pauvre sir Réginald n'est pas
« du tout, je crois, avare ni mondain ; il n'insistera donc
« pas sur ce point. — Dieu vous bénisse, et vous accorde
« toutes sortes de félicités !

« Pour toujours, mon cher Henry, votre très-affec-
« tionnée mère,

« F. Pelham.

« P. S. Je pense qu'il vaudrait mieux laisser croire que
« miss Glanville a quatre-vingt mille livres. Ayez donc soin
« de ne pas me contredire là-dessus. »

Les jours, les semaines s'écoulèrent. Ah, les heureux
jours ! cependant je ne vous regrette pas, jours fortunés,
quand je vous rappelle à mon souvenir. Celui qui aime
vivement a toujours des craintes au milieu même de ses
espérances les mieux fondées. Quel bonheur d'échanger
l'inquiétude de l'attente, contre la joie de sentir que le
trésor est à vous pour toujours !

Le jour arriva. J'étais à ma toilette, et Bédos, dans le
plus grand trouble, (pauvre garçon, il était aussi heureux
que moi-même !) quand une lettre me fut apportée mar-
qué d'un timbre étranger. Elle était de mon exemplaire
ami Job Jonson, et quoique je ne l'aie pas ouverte, bien
entendu, ce jour-là, cependant je veux qu'elle soit plus
favorisée du lecteur ; c'est-à-dire, s'il veut bien ne pas
sauter, sans les lire, les tendres épanchements que voici :

« Rue des Moulins, n° —. Paris.

« Honoré Monsieur,

« Je suis arrivé sain et sauf à Paris, et en lisant ici dans
« les journaux anglais le plein succès de notre entreprise,
« aussi bien que dans le Morning Post du....., votre pro-
« chain mariage avec miss Glanville, je n'ai pu m'em-
« pêcher de prendre la liberté de vous complimenter de ces
« deux événements. J'en profite pour vous rappeler en
« même temps le jour exact où le premier quartier de ma
« pension me sera dû : c'est le..... de.....; car je présume
« que Votre Honneur a eu la bonté de me faire présent
« de la traite de cent livres pour acquitter mes frais de
« voyage.

« Je sais que les camarades sont furieux contre moi ;
« mais comme Dawson était trop lié par son serment pour
« les trahir le moins du monde, j'ai la confiance que je
« finirai par apaiser le club et retourner en Angleterre. Un
« vrai patriote, monsieur, ne se console jamais d'avoir
« abandonné son pays natal. Quand je serais forcé de vi-
« siter la terre de Van Diemen, les nœuds qui m'attachent
« aux lieux qui m'ont vu naître seraient assez forts pour
« me faire saisir avec empressement la première occasion
« d'y revenir ! Je ne suis pas, Votre Honneur, très-épris
« des Français. — Ils sont oisifs, frivoles, nécessiteux; en
« somme, c'est une pauvre nation. Si je vous disais, mon-
« sieur, que l'autre jour, dans un café, je vis un gentleman
« de très-noble encolure, cacher quelque chose que je ne
« pus discerner clairement. Comme il l'enveloppait avec
« soin avant de le mettre dans sa poche, je jugeai que
« c'était au moins un pot au lait en argent. En consé-
« quence, je le suivis dehors, et par pure curiosité, — j'as-
« sure Votre Honneur que ce n'était par aucun autre motif,
« — je fis passer ce trésor égaré dans ma propre poche.
« Vous comprenez, monsieur, avec quel intérêt je me hâtai
« de me rendre à un endroit solitaire des Tuileries, où
« je tirai soigneusement le petit paquet de ma poche, je
« dépliai les papiers les uns après les autres, pour arriver

« à quoi ? monsieur, pour arriver à cinq morceaux de
« sucre ! Oh ! les Français sont un bien triste peuple... un
« triste peuple... en vérité. J'espère pouvoir bientôt re-
« tourner en Angleterre. Cependant je me rends en Hol-
« lande pour voir comment ces riches bourgeois dépensent
« leur temps et leur argent. Je suppose que le pauvre
« Dawson, aussi bien que ce coquin de Thornton, seront
« pendus avant que vous receviez cette lettre, — ils ne
« l'ont pas volé. Voilà comme il y a toujours des coquins
« qui déshonorent les professions les plus honnêtes. Il
« faut qu'un praticien sache bien mal son métier pour en
« être réduit à couper la gorge à un homme, quand il
« devrait se contenter de couper sa bourse. Là-dessus,
« Votre Honneur, vous souhaitant toute sorte de félicités
« ainsi qu'à madame,

« Je prends la liberté de me dire comme toujours votre
« très-obéissant et très-humble serviteur,

« FERDINAND DE COURCY, etc., etc. »

Frappé de la mine joyeuse de mon honnête valet, au
moment où je prenais de ses mains mes gants et mon
chapeau, je ne pus m'empêcher de vouloir aussi lui procurer une félicité semblable à celle que j'allais posséder.

« Bédos, lui dis-je, Bédos, mon brave camarade, vous
avez quitté votre femme pour me suivre ; je ne veux pas
que vous soyez plus longtemps victime de votre fidélité.
Envoyez-la chercher, nous trouverons une chambre pour
elle dans notre futur établissement. »

Le visage souriant du Français subit un changement
rapide.

« Ma foi, dit-il dans sa propre langue, monsieur est
trop bon. Un excès de félicité endurcit le cœur ; et, dans la
crainte d'oublier toute la reconnaissance que je dois à Dieu,
je supporterai, avec la permission de monsieur, le chagrin
de voir ma femme adorée rester où elle est. »

Après une aussi pieuse réplique, j'aurais été plus qu'impie si j'avais insisté davantage sur ce point.

Je trouvai tout préparé à Berkeley Square. Lady Glanville est une de ces femmes prévoyantes qui veulent qu'on

fasse bien les choses et ne négligent rien. Nous allâmes à l'église avec Réginald. Quoiqu'il fût alors affaibli au point de pouvoir à peine supporter la moindre fatigue ; c'est lui qui insista pour servir de père à Hélène. Il était ce matin-là, et même depuis deux ou trois jours, infiniment mieux ; et notre bonheur semblait doublé par l'espoir de le voir se rétablir complétement.

Quand nous revînmes de l'église, notre intention était de partir immédiatement pour *** Hall ; c'était une résidence que j'avais arrêtée pour nous recevoir. En rentrant à la maison, Glanville me tira à part, je suivis ses pas faibles et chancelants dans un appartement particulier.

« Pelham, me dit-il, nous ne nous verrons plus ! N'importe, vous êtes heureux maintenant, et moi, je le serai dans peu. Mais il est encore un service que j'ai à réclamer de votre amitié ; quand je serai mort, faites-moi enterrer à côté d'elle, et que la même tombe nous recouvre tous deux. »

Je pressai sa main, et avec des larmes dans les yeux, je lui fis la promesse qu'il me demandait.

« C'est bien, dit-il, je n'ai plus rien à faire avec cette vie. Dieu vous bénisse, mon ami, mon frère ; ne pensez plus à moi ; ce serait un nuage qui vous gâterait votre bonheur. »

Il se leva et nous nous disposions à quitter la pièce ; Glanville s'appuyait sur mon bras ; quand il eut fait quelques pas vers la porte, il s'arrêta tout à coup. M'imaginant que c'était l'effet de la souffrance ou de la faiblesse, je jetai les yeux sur son visage, ses traits s'altérèrent subitement, ses yeux se fixaient avec égarement dans le vide.

« Dieu bienfaisant, est-ce vrai ? est-ce possible ? » dit-il à voix basse.

Avant que je pusse parler, je sentis sa main lâcher mon bras, il tomba sur le plancher, je le soulevai, un sourire ineffable de sérénité et de paix reposait sur ses lèvres ; sa figure était celle d'un ange, mais l'âme s'était envolée.

CHAPITRE LXXXVI

Maintenant quelques mois se sont écoulés depuis mon mariage. Je vis tranquillement à la campagne, au milieu de mes livres, et jetant les yeux avec calme, plutôt qu'avec impatience, vers le temps qui me ramènera de nouveau dans le monde. Le mariage pour moi n'est pas le tombeau de toutes les espérances humaines et de toute énergie, comme souvent il l'est pour les autres. Je ne suis pas plus attaché à mon fauteuil, et je n'ai pas plus de répugnance à me raser, que par le passé. Je ne borne pas mes espérances à l'heure du dîner, ni mes projets « aux migrations de la chambre bleue à la chambre brune [1]. » Le mariage m'a pris ambitieux, il ne m'a pas guéri de cette passion; il a seulement mis en un faisceau mes projets épars et donné un corps à mes rêves. Si je suis moins avide qu'auparavant de la réputation qui s'acquiert dans la société, je suis plus ardent pour l'honneur qu'on peut obtenir dans le monde; et au lieu d'amuser mes ennemis, et les salons, j'ai la confiance d'être utile encore à mes amis et au genre humain.

Cette espérance est-elle tout-à-fait vaine et insensée; dans la bonne opinion que j'ai de moi-même comme tous les hommes (et vous ajouterez plus que les autres), peut-être me suis-je abusé à la fois sur la puissance et sur l'intégrité de mon esprit, car l'une est inutile sans l'autre,

1. Vicaire de Wakefield.

c'est ce que ni le monde ni moi nous ne pouvons décider encore. « Le temps, dit un des Pères, est la seule pierre de touche qui distingue le prophète du charlatan. »

Cependant, ami lecteur, durant les deux années que je me propose de consacrer à la retraite et à l'étude, je ne serai pas tellement occupé de mes champs et de mes in-folios que cela me rende incivil envers toi. Si jamais tu m'as connu à la ville, je t'invite de bon cœur à me venir faire visite à la campagne. Je te promets que les vins et les mets de ma table ne feront pas honte au compagnon de Guloseton ; et que ma conversation ne sera pas plus ennuyeuse que mon livre. Je te ferai compliment de tes chevaux, tu me féliciteras de ma femme. Un verre de vin vieux à la main, nous causerons des événements du jour, et, si les derniers nous attristent, eh bien ! nous aurons toujours la ressource de nous consoler avec les souvenirs du passé. Bref, à moins que tu ne sois trop insensible ou trop difficile, ce sera ta faute si nous ne sommes pas ex-cellents amis.

Je sens qu'il ne serait pas poli de ma part après avoir tenu compagnie à lord Vincent, dans le voyage de ces pages qui n'est pas toujours amusant, de le congédier brutale-ment sans un mot d'adieu. Puisse-t-il dans la route poli-tique qu'il a choisie, trouver toute l'admiration que ses ta-lents méritent ; et si jamais nous nous rencontrons comme adversaires, puissions-nous ne pas nous décocher de traits plus acérés qu'une citation ou une plaisanterie !

Lord Guloseton correspond régulièrement avec moi, et la dernière lettre contenait la promesse de me faire visite dans le courant du mois, pour aiguiser par l'air de la cam-pagne son appétit qui s'est beaucoup émoussé, dans ces derniers temps.

Mon oncle m'a écrit, il y a trois semainss, pour m'an-noncer la mort de l'enfant que lady Glenmorris lui avait donné. Sincèrement je souhaite que cette perte puisse être réparée. J'ai déjà bien assez de fortune pour mes besoins, et bien assez d'espérances pour mes désirs.

Thornton est mort comme il avait vécu, le réprouvé ! le scélérat ! « Peuh, dit-il, dans son langage brutal, au digne prêtre qui l'assistait à ses derniers moments avec plus de zèle que de succès; peuh! quelle différence y a-t-il entre votre argot et le mien? N'est-ce pas de même un vain son? Seulement vous êtes la cloche et moi je vais être le battant. Pendant que vous jaserez encore, moi je me balancerai suspendu. »

Dawson est mort en prison, tranquille et repentant. La lâcheté qui gâte l'honnête homme, est souvent ce qui sauve le coquin.

J'ai reçu de lord Dawton une lettre dans laquelle il me prie d'accepter un bourg (à sa nomination) qui vient de devenir vacant. Quel dommage que la générosité, si prodigue pour ceux qui n'en ont que faire, soit souvent si avare pour ceux qui en auraient besoin! Il n'est pas nécessaire de vous dire ma réponse. J'espère cependant apprendre à lord Dawton qu'on peut pardonner au ministre sans oublier l'affront. En attendant je me contente de m'ensevelir dans ma retraite avec mes professeurs muets de logique et de législature, pour justifier dans la suite la bonne opinion que Sa Seigneurie a de mes capacités. Adieu, Brutus, nous nous rencontrerons à Philippes!

Il y a quelques mois que lady Roseville a quitté l'Angleterre; les dernières nouvelles que nous avons reçues d'elle nous informaient qu'elle vivait à Sienne dans la retraite la plus absolue et dans un triste état de santé.

« Le jour marche, même quand l'orage dérobe le soleil. — Ainsi le cœur se brise; mais, tout brisé qu'il est, il n'en continue pas moins à vivre. »

Et la pauvre lady Glanville! la mère d'un fils si beau, si heureusement doué, et perdu si malheureusement! que pourrais-je vous en dire que vous, vous, et vous, vous tous qui êtes père ou mère, n'ayez ressenti mille fois plus vivement dans ces replis du cœur trop profonds pour y laisser pénétrer les paroles de consolation ou les larmes. Il y a encore bien des heures où je trouve la sœur de celui qui nous a quittés, dans un chagrin dont ne peut la consoler même son époux; et moi, moi, ô mon ami, mon frère, ne crois pas que je t'aie oublié dans la mort? Je laisse tomber la plume, je me détourne de mon travail, ton chien est à mes pieds, il me regarde, comme s'il comprenait ma pensée, avec un œil rempli de larmes.

Mais ce n'est pas ainsi que je veux me séparer de mon lecteur; notre premier bonjour ne s'est pas dit dans le chagrin, nos adieux ne se feront pas dans la tristesse. Toi, donc qui m'as suivi à travers les phases variées de mes confessions, je voudrais bien pouvoir me rendre cette justice que j'ai eu quelquefois en vue ton instruction, lorsque je paraissais seulement me vouer à ton amusement. Mais je ne veux pas insister là-dessus; c'est souvent le moyen de faire perdre à la leçon morale la plus grande partie de son effet. Trop heureux si j'ai seulement ouvert à tes yeux une page fidèle et moins rebattue que tant d'autres du grand livre, du livre varié de la vie humaine. Dans ce monde d'activité je n'ai pas été un contemplateur sans but, ni un comparse oisif. Tandis que tout autour de moi veillait, se tenait debout, je ne me suis pas jeté sur mon lit pour dormir, pas même pour me donner le luxe d'un rêve de poëte. Semblable à l'écolier, je n'ai vu dans l'étude que l'étude, mais dans l'action une volupté.

Néanmoins, tout ce que j'ai vu, ou entendu, ou senti, je l'ai recueilli dans ma mémoire, pour le couver avec mes propres pensées, j'en dépose le résultat devant vous,

> « Sicut meus est mos,
> Nescio quid meditans nugarum ;

mais non pas, peut-être,

> Totus in illis. »

Quelque société que j'aie représentée, mes esquisses sont prises sur nature : j'ai été un témoin et non un copiste. Je n'ai jamais évité un cercle ou un individu qui pouvaient me présenter la vie sous un point de vue nouveau, ou l'homme sous de nouveaux rapports. Il est juste cependant d'ajouter que, n'ayant pas voulu faire de satires individuelles, mais des observations générales, j'ai, à l'occasion, dans les caractères secondaires (tels que ceux de

Russelton et de Gordon) emprunté seulement les contours à la nature et que je me suis réservé de les peindre à ma guise.

Quant à ce qui me touche personnellement j'ai été plus candide. Je n'ai pas seulement montré, *non parca manu*, mes fautes, mais (sacrifice beaucoup plus rare !) mes faiblesses ; décidé, avant tout, à ne rien épargner pour votre amusement, je ne vous ai pas ménagé le rire, même à mes propres dépens. Pardonnez-moi donc si je ne suis pas un de ces héros à la mode dans nos romans de la fashion ; pardonnez-moi si je n'ai pas pleuré sur un « génie méconnu, » si je ne me suis pas vanté de posséder un « cœur Breton » et convenez qu'un homme qui, lorsque les Werther sont si à la mode, n'a pas essayé de jouer ce rôle, est au moins une nouveauté dans la littérature, quoique (j'en ai peur) il soit assez commun dans la vie.

Et maintenant, bienveillant lecteur, que fidèle au proverbe, en voulant dire un mot pour toi j'en ai dit deux pour moi-même, je ne te retiendrai pas plus longtemps. Quoique tu puisses penser de moi, et de mes mille défauts, comme auteur et comme homme, crois-moi, c'est avec un désir sincère et affectueux de me séparer de toi en bons termes que je te dis adieu !

FIN DU SECOND ET DERNIER VOLUME.

Coulommiers. — Typ. A. MOUSSIN

DICTIONNAIRES ENCYCLOPÉDIQUES

(AOUT 1873)

Dictionnaire de la langue française, contenant : 1° *pour la nomenclature :* tous les mots qui se trouvent dans le Dictionnaire de l'Académie française, et tous les termes usuels des sciences, des arts, des métiers et de la vie pratique ; — 2° *pour la grammaire :* la prononciation de chaque mot figurée et, quand il y a lieu, discutée ; l'examen des locutions, des idiotismes, des exceptions, et, en certains cas, de l'orthographe actuelle, avec des remarques critiques sur les difficultés et les irrégularités de la langue ; — 3° *pour la signification des mots :* les définitions ; les diverses acceptions rangées dans leur ordre logique, avec de nombreux exemples tirés des auteurs classiques et autres ; les synonymes principalement considérés dans leurs relations avec les définitions ; — 4° *pour la partie historique :* une collection de phrases appartenant aux anciens écrivains depuis les premiers temps de la langue française jusqu'au seizième siècle, et disposées dans l'ordre chronologique à la suite des mots auxquels elles se rapportent ; — 5° *pour l'étymologie :* la détermination ou du moins la discussion de l'origine de chaque mot, établie par la comparaison des mêmes formes dans le français, dans les patois et dans l'espagnol, l'italien et le pro-

vençal ou langue d'oc ; par E. Littré, de l'Institut (Académie française et Académie des inscriptions et belles-lettres).

Ce dictionnaire se compose de 30 livraisons de 20 feuilles, très-grand in-4, qui se vendent séparément 3 fr. 50 c.

L'ouvrage complet se vend, broché en 4 volumes, 100 fr.

Prix de la première partie du tome I, comprenant les lettres A, B et C. 1 vol. de LX-944 pages. Broché, 22 fr. 50

Prix de la seconde partie du tome I, comprenant les lettres D, E, F, G, H. 1 vol. de 1136 pages. Broché, 22 fr. 50

Prix de la première partie du tome II, comprenant les lettres I, J, K, L, M, N, O, P (livraisons 14 à 22). 1 vol. de 1396 pages. Broché, 31 fr. 50

Prix de la seconde partie du tome II, comprenant les lettres Q, R, S, T, U, V, W, X, Y, Z (livraisons 23 à 30). 1 vol. Broché, 28 fr.

La reliure dos en chagrin, plats toile, tanches jaspées, se paye en sus, par volume, 5 fr.

Dictionnaire géographique de la France, de l'Algérie et des colonies, contenant pour chaque commune la condition administrative, la population, la situation géographique, l'altitude ; la distance des chefs-lieux de canton, d'arrondissement et de département ; les bureaux de poste, les stations et correspondances des chemins de fer et le bureau télégraphique ; la cure ou succursale ; l'indication de tous les établissements d'utilité publique ou de bienfaisance; tous les renseignements administratifs, judiciaires, ecclésiastiques, militaires, maritimes; le commerce, l'industrie; l'agriculture; les richesses minérales; la nature du terrain; enfin les curiosités naturelles ou archéologiques; les collections d'objets d'arts ou de sciences; avec la description détaillée de tous les cours d'eau, de tous les canaux, de tous les phares, de toutes les montagnes, et des notices géographiques, administratives, statistiques sur les 89 départements, et précédé d'une introduction sur la France, par Adolphe Joanne, avec la collaboration d'une société d'archivistes, de géographes et de savants; 2ᵉ édition soigneusement revue et considérablement augmentée, suivie d'un *Supplément* contenant la liste des communes qui ont cessé de faire partie du territoire français. 1 vol. grand in-8 imprimé sur deux colonnes (2430 p.). Broché, 25 fr.

Le cartonnage en percaline gaufrée se paye en sus 3 fr. 25 c. et la demi-reliure en chagrin, 5 fr.

Dictionnaire des antiquités chrétiennes, contenant le résumé de tout ce qu'il est essentiel de connaître sur les origines chrétiennes jusqu'au moyen âge exclusivement, savoir : I. Étude des mœurs, et coutumes des premiers chrétiens : 1° Vertus, travaux, professions, luttes, épreuves, vicissitudes diverses pendant les six premiers siècles; 2° Culte, liturgie, hiérarchie, discipline, symbolisme; 3° Institutions relatives à la vie cléricale, religieuse, monastique, à l'assistance fraternelle, à l'instruction; prédication, écoles, bibliothèques, etc. — II. Étude des monuments figurés : 1° Architecture : Son origine et ses premiers essais dans les Catacombes, églises souterraines, cryptes, *cubicula*, etc.; architecture en plein air : oratoires,

basiliques, baptistères, etc. Monuments funéraires, cimetières, *loculi*, sarcophages, etc.; 2° Iconographie : Antiquité et culte des images; explication archéologique et morale de tous les sujets historiques et symboliques retracés par les arts d'imitation dans les monuments de toute sorte, etc.; 3° Épigraphie : Notions générales; caractères spéciaux des inscriptions chrétiennes; leur application à l'apologétique catholique; 4° Numismatique : Énumération des signes de christianisme graduellement introduits dans la monnaie publique depuis le quatrième siècle jusqu'à la chute de l'empire d'Orient. — III. Vêtements et meubles : 1° Vêtements des apôtres et des premiers chrétiens; vêtements des clercs dans la vie privée, dans les fonctions sacrées; articles spéciaux sur chacun de ces vêtements; 2° Meubles, instruments, ustensiles divers pour l'usage de la liturgie, pour la vie commune, etc. — IV. Histoire littéraire de chacune des parties de l'archéologie chrétienne, citations exactes de tous les auteurs qui les ont traitées *ex professo* ou incidemment; indication de toutes les sources, y compris les découvertes les plus récentes, etc.; par M. l'abbé Martigny, curé-archiprêtre de Bagé, chanoine honoraire de Belley, membre de l'Académie romaine-pontificale de la religion catholique, de la Société des Antiquaires de France, etc. Ouvrage accompagné de 270 gravures. 1 vol. grand in-8. Broché, 15 fr.

Le cartonnage en percaline gaufrée se paye en sus 1 fr. 50 c.; la demi-reliure en chagrin, 3 fr.

Dictionnaire des antiquités grecques et romaines, d'après les textes et les monuments, contenant l'explication des termes qui se rapportent aux mœurs, aux institutions, à la religion, aux arts, aux sciences, au costume, au mobilier, à la guerre, à la marine, aux métiers, aux monnaies, poids et mesures, etc., et en général à la vie publique et privée des anciens. Ouvrage rédigé par une société d'écrivains spéciaux, d'archéologues et de professeurs, sous la direction de MM. Ch. Daremberg et Edm. Saglio, et enrichi de 3,000 figures d'après l'antique, dessinées par P. Sellier et gravées par M. Rapine.

Ce dictionnaire se composera d'environ vingt fascicules. Chaque fascicule comprendra 20 feuilles d'impression (160 pages) et se vendra, 5 fr.

Le premier fascicule est en vente; il paraîtra trois ou quatre fascicules par an.

Dictionnaire des synonymes de la langue française, avec une introduction sur la théorie des synonymes, par M. Lafaye; 3ᵉ édit., suivie d'un supplément. 1 vol. grand in-8 de 1500 pages. Broché, 23 fr.

Ouvrage qui a obtenu de l'Institut le prix de linguistique en 1843 et 1858.

Le cartonnage en percaline gaufrée se paye en sus 2 fr. 75 c.; la demi-reliure en chagrin, 4 fr. 50

Le *Supplément* séparément, 8 fr.

Dictionnaire de géographie ancienne et moderne, contenant tout ce qu'il est important de connaître en géographie physique, politique, commerciale et industrielle, et les notions indispensables pour l'étude de l'histoire; par MM. Meissas et Michelot. Nouvelle édition entièrement revue et corrigée. 1 vol. grand in-8, avec des cartes coloriées. Broché, 7 fr. 50

Le cartonnage en percaline gaufrée se paye en sus, 1 fr. 50

Dictionnaire historique de la France, contenant : *Pour l'histoire civile, politique et littéraire :* La biographie; la chronologie; les traités de paix et d'alliance; les assemblées politiques; la législation ancienne; les parlements; les tribunaux; les coutumes; les droits et usages féodaux; les charges, offices, corporations, etc. Des notices sur les principales familles nobles et leurs branches; le blason; les monnaies; le calendrier; la paléographie, etc. Les institutions et établissements artistiques, littéraires, politiques et scientifiques; la liste des académiciens. — *Pour l'histoire militaire :* Les guerres; les expéditions; les batailles; les siéges et les prises de villes; les armes; les ordres de chevalerie; les institutions et établissements militaires, etc. — *Pour l'histoire religieuse :* Les conciles; les institutions, les fêtes et les établissements religieux; la législation; les usages et les dignités ecclésiastiques; les ordres monastiques; les sectes; les archevêchés et évêchés; les abbayes; les saints, etc. — *Pour la géographie historique :* Les divisions territoriales et administratives de la Gaule et de la France; les noms latins des peuples, villes, rivières, etc.; les provinces; les grands fiefs; les principautés; les duchés, marquisats, comtés, vicomtés, baronnies, seigneuries, etc.; les départements anciens et nouveaux; les colonies; des notices sur les principales villes, etc., etc., par M. Lud. Lalanne. 1 vol. gr. in-8, br. 21 fr.

Le cartonnage en percaline gaufrée se paye en sus, 2 fr. 75

La demi-reliure en chagrin, tranches jaspées, 4 fr. 50

La demi-reliure en chagrin, avec tranches et gardes peignes, 5 fr.

Dictionnaire des noms de baptême, par M. Beleze, ancien élève de l'École normale. 1 vol. in-8. Broché, 2 fr.

Dictionnaire universel de la vie pratique à la ville et à la campagne, contenant les notions d'une utilité générale et d'une application journalière et tous les renseignements usuels en matière : 1° *de Religion et d'Éducation :* obligations religieuses, offices, dispenses, sacrements, cultes, etc. ; instruction publique et privée : conditions d'admission aux écoles du gouvernement et aux emplois publics ; lecture, écriture, orthographe, calcul, dessin, peinture, musique, chant, savoir-vivre, professions diverses ; 2° *de Législation et d'administration :* droit politique civil et commercial ; procédure ; formules pour les actes, lois, décrets, règlements d'administration publique ; contributions, douanes, octrois ; passe-ports ; postes, télégraphie ; crèches, asiles, ouvroirs, hôpitaux ; monts-de-piété, etc. ; 3° *de Finances :* placements de fonds ; achat et vente de titres ; opérations de bourse ; banques, assurances, tontines, sociétés de prévoyance et de secours mutuels, etc. ; 4° *d'Industrie et de commerce :* prix et qualités des marchandises ; monnaies, poids et mesures : professions commerciales ; 5° *d'Économie domestique :* substances alimentaires, cuisine bourgeoise, pâtisserie domestique, office, conserves, vins, liqueurs, service de table ; médecine domestique, hygiène, soins à donner aux enfants ; secours aux malades et aux blessés, pharmacie usuelle ; bains de mer ; art vétérinaire ; animaux domestiques ; habillement, blanchissage, ameublement, ménage et comptabilité domestique ; constructions ; 6° *d'Économie rurale :* agriculture, arboriculture, jardinage, sylviculture, arpentage, drainage, apiculture, pisciculture, maladies des plantes ; 7° *d'Exercices de corps et de jeux de société :* chasse, pêche, gymnastique, danse, escrime, natation, équitation, jeux d'adresse, de combinaison, de hasard, etc. Ouvrage rédigé avec la collaboration d'auteurs spéciaux, par M. BELÈZE, ancien élève de l'École normale supérieure ; 4° édition, revue, corrigée et augmentée d'un supplément ; 1 beau vol. grand in-8 de plus de 1900 pages, imprimé en petits caractères et sur deux colonnes. Broché, 21 fr.

Le cartonnage en percaline gaufrée se paye en sus, 2 fr. 75
La demi-reliure en chagrin, 4 fr. 50
La demi-reliure en chagrin avec tranches et gardes peignes, 5 fr.

Dictionnaire universel des sciences, des lettres et des arts, comprenant : 1° POUR LES SCIENCES : I. Les *Sciences métaphysiques et morales :* Religion et théologie naturelles ; psychologie, logique, morale, éducation ; droit et législation, administration, économie politique. — II. Les *Sciences mathématiques :* Mathématiques pures : arithmétique, algèbre, géométrie ; Mathématiques appliquées : mécanique, astronomie, génie, art militaire, marine, calcul des probabilités ; assurances, tontines, loteries, arpentage et géodésie ; métrologie (mesures, poids et monnaies), etc. — III. Les *Sciences physiques* et les *Sciences naturelles :* Physique et chimie ; minéralogie et géologie ; botanique, zoologie, anatomie, physiologie. — IV. Les *Sciences médicales :* Médecine, chirurgie, pharmacie et matière médicale, art vétérinaire. — V. Les *Sciences occultes :* Alchimie, astrologie, magie, sorcellerie, etc. — 2° POUR LES LETTRES : I. La *Grammaire :* Grammaire générale, linguistique, philosophie. — II. La *Rhétorique :* genre oratoire, genres didactique, épistolaire, etc. ; figures, tropes. — III. La *Poétique :* Poésie lyrique, épique, dramatique, didactique, etc. ; prosodie. — IV. L's *Études historiques :* Formes diverses de l'histoire, histoire proprement dite, chroniques, mémoires, etc.; chronologie, archéologie, paléographie, numismatique, blason ; géographie théorique, ethnographie, statistique. — 3° POUR LES ARTS : I. Les *Beaux-Arts* et les *Arts d'agrément* : Dessin, peinture, gravure, lithographie, photographie; sculpture et statuaire; architecture; musique, danse et chorégraphie; gymnastique, escrime, équitation, chasse, pêche; jeux divers, jeux d'adresse, jeux de hasard, jeux de combinaison. — II. Les *Arts utiles* : Arts agricoles : agriculture, silviculture, horticulture; Arts métallurgiques : extraction et travail des métaux et des minéraux; Arts industriels : arts et métiers, fabriques et manufactures, produits chimiques; Professions commerciales: négoce, banque, change, etc. ; avec l'explication et l'étymologie de tous les termes techniques, l'histoire sommaire de chacune des principales branches des connaissances humaines, et l'indication des principaux ouvrages qui s'y rapportent; rédigé, avec la collaboration d'auteurs spéciaux, par M. BOUILLET. Nouvelle édition. Ouvrage dont l'introduction dans les lycées est autorisée par le ministre de l'instruction publique. 1 beau volume de 1750 pages, grand in-8, pouvant se diviser en deux parties. 10ᵉ édition entièrement refondue. Broché, 21 fr.

Le cartonnage en percaline gaufrée se paye en sus, 2 fr. 75

La demi-reliure en chagrin, 4 fr. 50

La demi-reliure en chagrin, avec tranches et gardes peignes, 5 fr.

Dictionnaire universel d'histoire et de géographie, contenant : 1° L'*Histoire proprement dite* : Résumé de l'histoire de tous les peuples anciens et modernes, avec la série chronologique des souverains de chaque État; — Notices sur les institutions publiques, sur les assemblées délibérantes, sur les congrégations monastiques et les ordres de chevalerie; sur les sectes religieuses, politiques et philosophiques; sur les grands événements historiques, tels que guerres, batailles, sièges, journées mémorables, conspirations, traités, conciles, etc. — 2° La *Biographie universelle* : Personnages historiques de tous les pays et de tous les temps, avec la généalogie des maisons souveraines et des grandes familles ; — Saints et martyrs, avec les jours de leur fête ; — Savants, artistes, écrivains, avec l'indication de leurs travaux, de leurs découvertes, de leurs systèmes, ainsi que des meilleures éditions et traductions de leurs écrits. — 3° La *Mythologie* : Notices sur les divinités, les héros et les personnages fabuleux de tous les peuples, avec les diverses interprétations données aux principaux mythes et aux traditions mythologiques; — Articles sur les religions, cultes et rites divers; sur les fêtes, jeux, cérémonies publiques ; sur les mystères, ainsi que sur les livres sacrés de chaque nation. — 4° La *Géographie ancienne et moderne* : Géographie comparée, faisant connaître les divers noms de chaque pays dans l'antiquité, au moyen âge et dans les temps modernes; — Géographie physique et politique, avec les dernières divisions administratives et la population, d'après les relevés officiels; — Géographie industrielle et commerciale, indiquant les productions de chaque contrée; — Géographie historique, mentionnant les événements principaux qui se rattachent à chaque localité, par M. BOUILLET. Ouvrage recommandé par le Conseil de l'Instruction publique, et approuvé par Mgr l'archevêque de Paris. Nouvelle édit. (23ᵉ) entièrement refondue. Un beau vol. de plus de 2000 pages, grand in-8, pouvant se diviser en deux parties. Broché, 21 fr.

Le cartonnage en percaline gaufrée se paye en sus, 2 fr. 75
La demi-reliure en chagrin, tranches jaspées, 4 fr. 50
La demi-reliure en chagrin, avec tranches et gardes peignes, 5 fr.

Atlas universel d'histoire et de géographie, comprenant : 1° La *Chronologie* : Notions préliminaires (principales ères, concordance des années olympiques et des années de Rome avec les années avant et après Jésus-Christ; concordance des années de l'ère chrétienne et des années de l'hégire; table des archontes d'Athènes, des consuls de Rome; catalogue des saints, calendriers, etc., etc.); suivies de tables chronologiques universelles, comprenant tous les faits de l'histoire universelle classés à leur date, année par année, depuis la création du monde jusqu'en 1865. — 2° La *Généalogie* : Tableaux généalogiques des dieux et de toutes les familles historiques de l'antiquité et des temps modernes; des souverains, des princes, des grands personnages de toutes les époques de l'histoire, accompagnés d'un traité élémentaire de l'art héraldique qui comprend le blason, la nomenclature des ordres de chevalerie et décorations, la description des drapeaux et pavillons des principales puissances du monde, et douze planches coloriées. — 3° La *Géographie* : 88 cartes gravées et coloriées faisant connaître la géographie physique et historique de tous les pays du monde (39 cartes sont consacrées à la géographie historique et 49 à la géographie contemporaine). Cette troisième partie comprend en outre un texte explicatif de ces cartes, indiquant les ressources commerciales et industrielles, les divisions politiques, militaires, administratives, judiciaires, financières, universitaires,

et religieuses de chaque pays; par M. Bouillet. Ouvrage formant le complément du *Dictionnaire universel d'Histoire et de Géographie*, du même auteur. 1 v. gr. in-8, broché, 30 fr.

Le cartonnage en percaline gaufrée se paye en sus, 3 fr. 25
La demi-reliure en chagrin, tranches jaspées, 5 fr.
La demi-reliure en chagrin, avec tranches et gardes peignes, 6 fr.

Le même ouvrage, sans les 12 planches du traité élémentaire de l'art héraldique. Br., 21 fr.

Le cartonnage en percaline gaufrée se paye en sus, 2 fr. 75
La demi-reliure en chagrin, tranches jaspées, 4 fr. 50
La demi-reliure en chagrin, avec tranches et gardes peignes, 5 fr. 50

Dictionnaire universel des contemporains, contenant toutes les personnes notables de la France et des pays étrangers, avec leurs noms, prénoms, surnoms et pseudonymes, le lieu et la date de leur naissance, leur famille, leurs débuts, leur profession, leurs fonctions successives, leurs grades et titres, leurs actes publics, leurs œuvres, leurs écrits et les indications bibliographiques qui s'y rapportent, les traits caractéristiques de leur talent, etc. Ouvrage rédigé et tenu à jour avec le concours d'écrivains et de savants de tous les pays; par M. G. Vapereau, ancien élève de l'École normale, ancien professeur de philosophie. 4e édition entièrement refondue et considérablement augmentée. 1 vol. grand in-8 de 1888 pages. Broché, avec un supplément de 181 pages (1872). 27 fr.

Le cartonnage en percaline gaufrée se paye en sus, 2 fr. 75
La demi-reliure en chagrin, 4 fr. 50
La demi-reliure en chagrin, avec tranches et gardes peignes, 5 fr.
Le *Supplément* de la 4e édition par Léon Garnier, consacré aux membres de l'Assemblée nationale et aux personnages devenus célèbres depuis le commencement de la guerre, se vend 2 fr.

Dictionnaire des mathématiques appliquées, comprenant les principales applications des mathématiques : à l'architecture, à l'arithmétique commerciale, à l'arpentage, à l'artillerie, aux assurances, à la balistique, à la banque, à la charpente, aux chemins de fer, à la cinématique, à la construction navale, à la cosmographie, à la coupe des pierres, au dessin linéaire, aux établissements de prévoyance, à la fortification, à la géodésie, à la géographie, à la géométrie descriptive, à l'horlogerie, à l'hydraulique, à l'hydrostatique, aux machines, à la mécanique générale, à la mécanique des gaz, à la navigation, aux ombres, à la perspective, à la population, aux probabilités, aux questions de bourse, à la topographie, aux travaux publics, aux voies de communication, etc., etc., et l'explication d'un grand nombre de termes techniques usités dans les applications, par H. SONNET, officier de la Légion d'honneur, docteur ès sciences, inspecteur de l'Académie de Paris, professeur d'analyse et de mécanique à l'école centrale des arts et manufactures, ancien répétiteur de mécanique industrielle à la même École. Ouvrage contenant 1920 figures intercalées dans le texte. Un vol. grand in-8, d'environ 1600 pages. Broché, 30 fr.

Le cartonnage en percaline gaufrée se paye en sus, 2 fr. 75
La demi-reliure en chagrin, tranches jaspées, 4 fr. 50

Dictionnaire de chimie pure et appliquée, comprenant : la chimie organique et inorganique, la chimie appliquée à l'industrie, à l'agriculture et aux arts, la chimie analytique, la chimie physique et la minéralogie, par Ad. WURTZ, membre de l'Institut (Académie des sciences), avec la collaboration de MM. J. Bouis, E. Caventou, Ph. de Clermont, H. Debray, P. P. Dehérain, Ch. Friedel, A. Gautier, E. Grimaux, P. Hautefeuille, A. Henninger, E. Kopp, de Lalande, Ch. Lauth, F. Le Blanc, G. Salet, P. Schutzenberger, L. Troost et Ed. Wilm. Ouvrage accompagné d'un grand nombre de fig. 2 vol. grand in-8.

Cet ouvrage formera environ vingt fascicules comprenant 10 feuilles d'impression (160 pages). Prix du fascicule, 3 fr. 50

Les quatorze premiers fascicules sont en vente ; les fascicules suivants paraîtront à des époques rapprochées.

Prix du tome Ier, comprenant l'histoire des *Doctrines chimiques* et les lettres A à G du Dictionnaire (dix premières livraisons). Broché, 35 fr.

Prix de la première partie du tome Ier, comprenant l'histoire des *Doctrines chimiques* et les lettres A et B du Dictionnaire. 1 vol. grand in-8. Broché, 17 fr. 50

Prix de la deuxième partie du tome Ier, comprenant les lettres C à G du Dictionnaire. 1 vol. grand in-8. Broché, 17 fr. 50

La demi-reliure en chagrin se paye en sus, 4 fr. 50 par volume.

La reliure en demi-veau, plats papier, 3 fr. 50 par demi-volume.

Paris. — Imp. Viéville et Capiomont, rue des Poitevins, 6.